高等院校早期教育（0—3岁）专业系列教材
中国学前教育研究会教师发展专业委员会组织编写

婴幼儿社会性发展与教育

主编 钱文 俞晖

上海科技教育出版社

图书在版编目(CIP)数据

婴幼儿社会性发展与教育/钱文,俞晖主编.—上海:上海科技教育出版社,2019.8(2023.9重印)
高等院校早期教育(0—3岁)专业系列教材
ISBN 978-7-5428-7010-0

Ⅰ.①婴… Ⅱ.①钱… ②俞… Ⅲ.①婴幼儿—社会性—高等学校—教材 Ⅳ.①G610

中国版本图书馆CIP数据核字(2019)第114145号

责任编辑　王　婷
封面设计　符　劼

婴幼儿社会性发展与教育
主编　钱文　俞晖

出版发行	上海科技教育出版社有限公司 (上海市闵行区号景路159弄A座8楼　邮政编码201101)
网　　址	www.sste.com　www.ewen.co
经　　销	各地新华书店
印　　刷	常熟华顺印刷有限公司
开　　本	787×1092　1/16
印　　张	11.75
版　　次	2019年8月第1版
印　　次	2023年9月第6次印刷
书　　号	ISBN 978-7-5428-7010-0/G·4056
定　　价	38.00元

高等院校早期教育（0—3岁）专业系列教材编写委员会

主　任　张明红　郑健成

委　员　（以姓氏拼音为序）

　　　　　贺永琴　康松玲　凌　玲
　　　　　刘　馨　马　梅　皮军功
　　　　　钱　文　师宇楠　孙　杰
　　　　　王　婷　叶平枝

总　序

0—3岁是人生的开端,是个体发展的起点,是教育启蒙和最基础的阶段。心理学、脑科学等研究表明,0—3岁是大脑、语言、精细动作等发育最快、可塑性最强的关键期,遵循0—3岁婴幼儿身心发展的特点与规律,为婴幼儿提供适宜的发展与教育条件,才能起到事半功倍的效果。重视0—3岁儿童的早期发展与教育已逐渐成为全世界学前教育发展的重要趋势。21世纪初,我国政府开始加大对早期教育的关注程度和投入力度。《中国儿童发展纲要(2001—2010年)》对2001—2010年0—3岁婴幼儿的教育发展提出了目标和策略措施。2003年,教育部等部委颁布的《关于幼儿教育改革与发展的指导意见》明确提出,要"全面提高0—6岁儿童家长及看护人员的科学育儿能力"。《国家中长期教育改革和发展规划纲要(2010—2020年)》在学前教育发展任务中也强调要"重视0—3岁婴幼儿教育"。

我国第六次人口普查数据显示,0—3岁婴幼儿约7000万。同时,国家生育政策的调整和实施势必带来未来几年新生人口的增长,也必然会对社会、经济和教育等各个层面产生影响;人们对0—3岁婴幼儿早期教育的重视程度越来越高,无疑也给0—3岁婴幼儿早期教育的发展提出了新的要求。科学、健康的早期教育需要高素质、专业的早教教师队伍。截至2017年,教育部已批准54所高专、高职院校开办早期教育专业。如何加快推进0—3岁早期教育专业建设,规范0—3岁早期教育专业课程与教材建设,尽快培养和培训一批专业化程度较高的0—3岁早教教师队伍,从而引领科学和高质量的婴幼儿早期教育,是一个亟待研究解决的现实问题。

针对这一现实需求,中国学前教育研究会教师发展专业委员会组建了早教教师委员会,于2015年、2016年分别召开了早期教育专业建设研讨会、早期教育课程与教材建设工作推进会,积极组织全国有关领域的专家学者及已经开设和准备开设早期教育专业的高专、高职院校相关负责人,深入研究制订早期教育专业人才培养方案,并组织华东师范大学、北京师范大学、广州大学、天津师范大学、哈尔滨幼儿师范高等专科学校、福建幼儿师范高等专科学校、贵阳幼儿师范高等专科学校、国家卫健委(原国家卫计委)等有关院校和政府部门的专业人员组成了早期教育专业课程与教材建设专家委员会,组建了由部分幼高专、卫生、保健等专业人员组成的早期教育专业课程建设与教材编写委员会领导小组,围绕0—3岁早期教育专业的核心课程建设,精心组织研究编写了这套0—3岁早教系列教材,由上海科技教育出版社出版。相信这套教材的编写与出版,不仅可以为已经开设、准备开设和拟加强早期教育专业建设的有关培养院校与机构提供0—3岁早期教育专业课程建设的试用、使用和实验参考,也能成为在幼儿园、早教机构、社区早教基地等相关机构从事早期教育、早期保育护理工作、早期家庭教育指导、早教管理与科研的教育者和工作者的参考用书。同时,也期望使用本教材的院校、培养培训单位和教育工作者能够根据实践,不断予以补充、修改和完善,共同推进0—3岁早期教育专业的课程与教材建设。

中国学前教育研究会教师发展专业委员会

洪秀敏

2017年7月于北京师范大学

前言

近年来,儿童的社会性发展日益成为儿童教育研究领域关注的课题,其中的原因非常简单,未来社会之人才,除了须掌握必要的知识和技能,拥有创新意识之外,具备良好的社会性技能也至关重要。联合国教科文组织将社会性技能列为21世纪必备的技能之一,欧美国家纷纷开设专门的社会性课程来使教育更加适应全方位的需求。

全面发展历来是我国的教育方针与指导思想,国家颁布的《3—6岁儿童学习与发展指南》将社会领域列为学前教育的五大领域之一。上述种种不难看出,在学前教育阶段开展社会性教育刻不容缓。

本书的写作思路是,以社会性领域中的认知、情感和行为三个亚领域为纲,每个亚领域分别从相关概念、理论、发展的主要任务和途径,以及影响因素等方面展开具体论述。同时,本书还增加了近年来儿童社会性发展中比较前沿的内容,如心理理论,整合了相关国家文件中对学前儿童社会性发展的要求。另外,编者针对每个亚领域收集并整理了一些家庭亲子游戏和早教中心的亲子活动案例,以增强本书的操作性与实践性。

本书的阅读对象为各高等院校、职业学校中早期教育专业的学生。在学习本课程之前,学习者应已经具备一定的教育学和心理学知识作为基础,并且最好每周有一定的在早教中心或机构实习的时间。本课程的学习方式主要有:① 温故知新,即在学习过程中,不断复习心理学和教育学的相关内容,并将其与社会性教育相关联。② 联系实际,即将书本中的知识与早期教育实践活动相关联,敏锐地捕捉实践中的关键点,并用理论知识去加以分析、辨别。③ 群体研讨,儿童社会性教育中的很多问题并没有固定的答案,开展群体研讨有助于学习者从不同角度看待问题,并能加深对相关概念和原理的理解。

本书各章的编写任务安排如下:第一、第二、第十章由钱文编写;第三、第四章由俞晖编写;第五、第九章由陈先珍编写;第六章由赵静编写;第七章由盛婴编写;第八章由沈燕华编写。后期由钱文和俞晖统稿。本书中的教育活动案例除了原文中标注的之外,其余的由沈燕华、陈先珍和张琴琴负责收集、整理和编写。案例收集过程中得到了上海市普陀区早期教育中心、蒙学园和静安区早期教育中心的大力支持,在此表示衷心的感谢。

钱 文
2019年1月于华东师范大学

目 录

1　第一章　绪论
1　　　　第一节　0—3岁婴幼儿社会性发展概述
7　　　　第二节　0—3岁婴幼儿社会性发展的理论
11　　　　第三节　0—3岁婴幼儿社会性教育

社会认知篇

19　第二章　社会认知概述
19　　　　第一节　社会认知的概念与内涵
22　　　　第二节　自我意识概述
27　　　　第三节　心理理论概述
30　　　　第四节　规则意识概述

34　第三章　0—3岁婴幼儿社会认知发展的特征
34　　　　第一节　0—3岁婴幼儿自我意识发展的特征
41　　　　第二节　0—3岁婴幼儿心理理论发展的特征
46　　　　第三节　0—3岁婴幼儿规则意识发展的特征

52　第四章　0—3岁婴幼儿社会认知教育
52　　　　第一节　0—3岁婴幼儿自我意识的教育
63　　　　第二节　0—3岁婴幼儿心理理论的教育
70　　　　第三节　0—3岁婴幼儿规则意识的教育

社会性情绪情感篇

79　第五章　社会性情绪情感概述
79　　　　第一节　情绪概述
85　　　　第二节　气质概述

I

89　　　第三节　归属感概述

96　第六章　0—3岁婴幼儿社会性情绪情感发展的特征
96　　　第一节　0—3岁婴幼儿情绪发展的特征
99　　　第二节　0—3岁婴幼儿气质发展的特征
102　　第三节　0—3岁婴幼儿归属感发展的特征

108　第七章　0—3岁婴幼儿社会性情绪情感教育
108　　第一节　0—3岁婴幼儿社会性情绪的教育
118　　第二节　0—3岁婴幼儿归属感的教育

社会性行为篇

128　第八章　0—3岁婴幼儿社会性行为概述
128　　第一节　社会性行为概述
129　　第二节　亲社会行为概述
133　　第三节　攻击性行为概述
137　　第四节　人际交往行为概述

145　第九章　0—3岁婴幼儿社会性行为的特征
145　　第一节　0—3岁婴幼儿亲社会行为的特征
148　　第二节　0—3岁婴幼儿攻击性行为的特征
150　　第三节　0—3岁婴幼儿人际交往行为的特征

159　第十章　0—3岁婴幼儿社会性行为教育
159　　第一节　0—3岁婴幼儿亲社会行为和攻击性行为教育活动设计
167　　第二节　0—3岁婴幼儿人际交往能力的教育

177　参考文献
178　后记

第一章 绪 论

学习目标

1. 掌握社会性发展的含义。
2. 理解影响婴幼儿社会性发展的因素。
3. 结合相关理论，掌握婴幼儿社会性教育活动设计的原则。

第一节 0—3岁婴幼儿社会性发展概述

刚刚出生的婴儿并不认识镜子中的自己，甚至不能将自己与周围的环境区分开。随着成人的悉心照料，婴儿开始慢慢地认识主要照料者并与之建立依恋关系，接着能够认识到自我，感受到自己和他人的情绪，开始学习正确表达自己的情绪与想法，开始尝试与他人合作、共享……所有这些都是儿童社会性发展的表现。那么究竟什么是社会性发展呢？

一、社会性发展的含义

（一）什么是社会性

在讨论社会性发展之前，首先要理解"社会性"。社会学家认为，所谓社会性是指生物作为集体活动的个体，或作为社会的一员在活动时所表现出的有利于集体和社会发展的特性。

从此定义中不难发现：第一，人不是唯一具有社会性的动物。社会性是在集体中生活的动物都具备的特性，例如蜜蜂群体中有着明确的社会分工，猴群中有着明显的等级社会地位的划分。第二，社会性对于集体和社会而言至关重要，一个集体或者社会要生存与发展，社会性是必不可少的。第三，对于人类而言，社会性是人不能脱离社会而孤立存在的属性，是人的社会属性中符合人类整体运行发展要求的基本特性，包括利他性、服从性、依赖性，以及更加高级的自觉性等。人类的社会性能力并不是与生俱来的，而是在其成长过程中与环境的相互作用中慢慢习得的。

（二）社会性发展的定义

不同的学者对于社会性发展的定义不尽相同，在此列举一些对婴幼儿社会性发展研究具有较大影响的定义。

1. 齐格勒的定义

心理学家齐格勒（A. Ziegler）对于社会性发展给出了这样的定义：社会性主要包括人的社会知觉和社会行为方式。通过社会知觉，人们觉察他人的想法，向他人表达行为的动机和目的；通过社会行为的学习，人们掌握约定俗成的举止方式、道德观念，从而能够适应自己所生存的社会。

齐格勒的定义简单明了，将社会性发展定义为"知"与"行"两个方面。"知"即认知他人的想法、社会规则、自己的内心需要与动机等，"行"即掌握基本的符合社会要求的各种社会行为。

2. 贝克的定义

与齐格勒的定义相比，美国心理学家贝克（L. E. Berk）则给出了一个更为具体的定义，她认为儿童的社会性发展主要是指儿童在情绪交流、自我理解、了解他人、人际技能、亲密关系，以及道德推理和道德行为等方面的变化。

3. 鲍姆林德和道奇的定义

有学者以结果导向来提出社会性发展的定义，其中以鲍姆林德（D. Baumrind）和道奇（K. A. Dodge）的定义为代表。鲍姆林德认为一个社会性发展良好的儿童往往表现出如下的特征：乐意对他人产生反应；愿意采纳建设性意见；独立；友好；愿意和他人一起；做事目标明确；能够自我控制，不冲动；更容易接受他人情感上的帮助，同时给予他人情感上的反馈。而道奇认为，除了上述社会性特征以外，儿童的社会性能力还应该包括社会认知、信息加工、交流和问题解决，以及自我调控等方面。

4. 我国学者的定义

我国学者也对儿童的社会性发展进行了研究。陈会昌提出，我国儿童的社会性发展内容应该包括儿童的自我意识、气质、同伴关系、社会认知、社会性情绪、社会行为、社会技能、道德体验与道德行为、自我控制能力、独立性等。张文新从心理学的角度出发，结合学前儿童的年龄特征，认为构成学前儿童社会性发展的最主要的内容有：自我意识、情绪情感、个性、社会性行为和道德。庞丽娟和李辉则认为儿童的社会性发展包括三方面的内容：第一，自我系统的发展，包括自我认知、自我意识、自我评价、自我反省和自我调节等；第二，社会系统的发展，包括亲子交往、同伴交往、师生交往以及其他社会交往的发展；第三，社会规则系统的发展，包括性别角色、社会角色、社会规范和社会道德等的发展。

虽然上述各种定义之间都有一些差异，但是综合来看，儿童的社会性发展是指儿童在自我意识、人际交往、情绪交流与控制、社会认知与行为等方面的变化。通过社会性发展，儿童获得了关于自我和社会系统的知识与技能，并产生了符合社会要求的社会行为。

(三) 0—3岁婴幼儿社会性发展的特殊性

对于0—3岁的婴幼儿而言,其社会性发展具有一定的特殊性。这主要是由年龄特征决定的,例如,当婴幼儿在18个月前还没有认知到自我的时候,要求其了解并掌握一定的社会规则是不现实的。因此,0—3岁婴幼儿的社会性发展具有其特定的内涵与外延。

近年来,学术界对0—3岁婴幼儿社会性发展的内涵进行了更为细致的划分,例如美国早期教育专家布里克(D. Bricker)教授领导的婴幼儿评价、评估和课程计划系统(Assessment, Evaluation, and Programming System for Infants and Children,简称AEPS)研究课题就将与社会性发展相关的领域细分为以下的两个分领域:

(1) 社会性沟通:即通过不同的表达方式与周围环境中的人进行交流。

(2) 社会性技巧:包括在不同复杂程度的事件中和人与物品互动的能力,对已经养成的一些社会性生活习惯产生反应,满足身体需要的能力,与同伴及成人在游戏等活动中互动的能力。

神经科学家和儿童心理学家对0—3岁婴幼儿的社会性发展做了比较全面的研究,发现这个年龄阶段的婴幼儿社会性发展主要通过对他人的兴趣、自我意识、情绪发展、社会性行为和自理能力等方面表现出来:

(1) 自我意识:对自己的知觉能力。

(2) 与他人的交往:对家庭成员、同伴及同伴关系的认知。

(3) 社会性情绪:情绪的发展与表达、自我控制。

(4) 社会性行为:包括亲社会行为、攻击性行为等。

(5) 自理能力:在生活中自己照料自己及适应周围环境的行为能力。

综合儿童社会性发展的定义,并与0—3岁婴幼儿社会性发展的特殊性相关联,本书对0—3岁婴幼儿社会性发展的定义如下:0—3岁婴幼儿社会性发展是指婴幼儿在自我意识、人际交往、情绪表达与控制、社会性行为,以及社会性适应等方面的变化,通过社会性发展,婴幼儿开始初步掌握社会规范,形成初步的自理能力,并且开始社会角色的学习。

二、影响婴幼儿社会性发展的因素:生态环境观

影响婴幼儿社会性发展的因素众多,有父母的教养方式、家庭环境、同伴作用等。传统的观点将影响婴幼儿社会性发展的因素主要分为生物学因素、环境因素和个体的自身因素。生物学因素主要包括遗传、气质、体貌特征和成熟速率等;环境因素主要包括家庭、学校(幼儿园)、同伴、媒体等;个体的自身因素指个性、自我意识的发展等。生物学因素和环境因素之间相互影响、相互作用,很难单独区分开来,而个体的自身因素同样受到环境及生物学因素的影响。因此,三者之间是相互作用、相互联系的。

近年来,越来越多的研究者从生态环境观出发,通过剖析婴幼儿成长的生态环境来探讨影响婴幼儿社会性发展的各种因素。图1-1显示了婴幼儿发展所处的生态系统。该系统分

为四个层次,从小到大分别是:微观系统、中观系统、外部系统和宏观系统。微观系统是指个体活动和交往的直接环境,这个环境是不断变化和发展的。对大多数婴儿来说,微观系统仅限于家庭。而随着婴幼儿的不断成长,活动范围也逐渐扩大,社区、幼儿园、学校等不断纳入到微观系统中来。中观系统是指各微观系统之间的联系或相互关系。如果微观系统之间有较强的积极联系,对婴幼儿的社会性发展就会有积极的影响;相反,如果微观系统之间缺少积极的联系,就会对婴幼儿的社会性发展产生消极的影响。外部系统是指那些婴幼儿并未直接参与但却对他们的发展产生影响的系统。宏观系统是指存在于以上三个系统中的文化、亚文化和社会环境等。宏观系统实际上是一个广阔的意识形态。

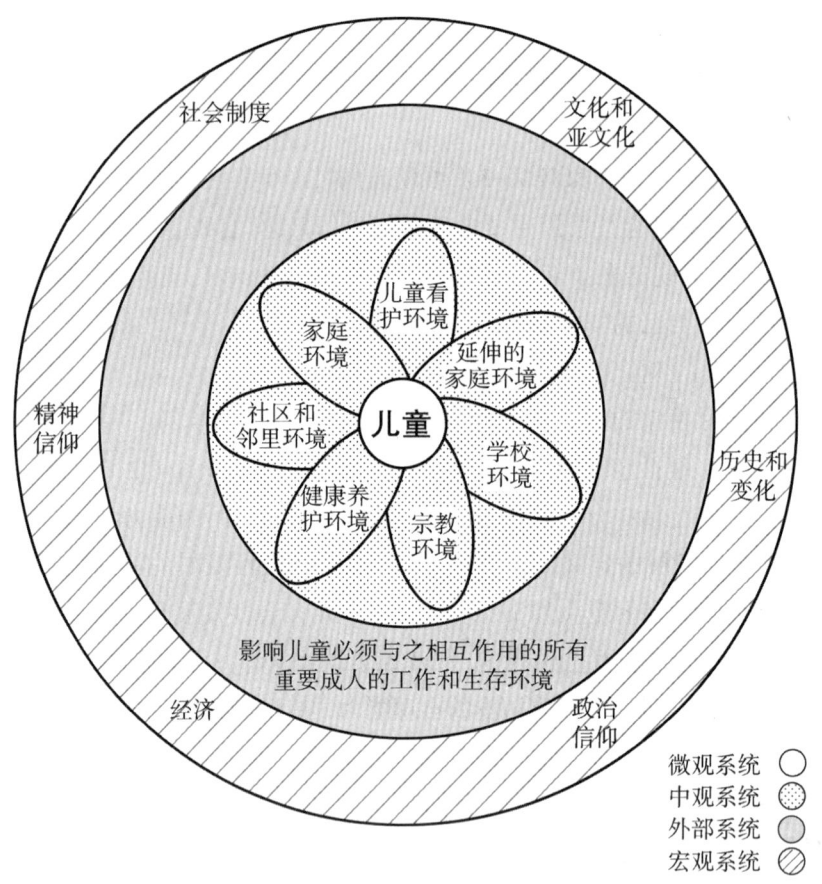

图 1-1　婴幼儿发展的生态环境

(图片来源:Marjorie J. Kostelnik. 儿童社会性发展指南:理论到实践[M]. 邹晓燕,译. 北京:人民教育出版社,2005:16.)

从图 1-1 中可以清晰地看到影响婴幼儿社会性发展的各个因素,本书选择其中最重要的四个因素进行分析。

(一)家庭

一方面,家庭是婴幼儿进行社会性学习的第一个,也是最重要的场所。婴幼儿个性的形成、对社会规则的认知、行为的养成等最关键的几年都是在家庭中度过的，社会主流的价值观、信念和对社会成员的要求等经过家长的筛选、过滤传递给婴幼儿。研究表明，父母自身的特征、教养方式与态度、社会经济地位、受教育程度、情绪表达特征、性别刻板印象等都会对婴幼儿的社会性发展产生显著影响。此外，家庭的氛围、家庭物质环境、家庭规模和结构等对婴幼儿的社会性发展也有较大的影响：在温暖的家庭氛围中，父母的价值观和社会性行为更容易传递给婴幼儿；而在冷漠的家庭环境中，婴幼儿的社会性发展会出现不同程度的障碍。

另一方面，婴幼儿所具有的一些先天特征也会反过来影响父母的教养方式与态度。例如，一个安静的婴儿会让父母产生较轻松的教养态度，而一个难以安抚的婴儿则会让父母产生紧张和压力感。婴幼儿的个别差异在与父母教养方式的相互作用中一步步扩大。

(二)早教机构和幼儿园

除家庭以外，婴幼儿在早教中心或幼儿园的时间最长。众多的研究表明，学前教育机构中的物理环境和心理环境(也即人文环境)是影响婴幼儿社会性发展的重要因素。作为婴幼儿教育工作者，我们应当充分认识学前教育机构对婴幼儿社会性发展的重要作用。

陈鹤琴先生曾这样定义幼儿园环境：幼儿园环境是儿童所接触的，能给他以刺激的一切物质。学前教育机构的环境一般分为物理环境和心理环境。物理环境包括空间与材料的总和，是显性的环境。空间过于狭小可能会导致婴幼儿在自由选择游戏活动时较多地发生负面的社会性行为；材料的色彩过于浓烈或布置过于复杂、夸张，容易使婴幼儿注意力分散、烦躁，从而引发攻击性行为。在活动空间较大、活动材料丰富的情况下，婴幼儿的攻击性行为和破坏性行为都要少于活动空间小、活动材料贫乏的情况下的同类行为。学前教育机构的心理环境主要指人际关系及一般的心理气氛，体现在教师与婴幼儿、婴幼儿与婴幼儿、教师与教师、教师与家长、家长与婴幼儿之间的相互作用、交往方式等方面。心理环境虽然是隐形的环境，但是它对婴幼儿的情绪、交往行为和个性发展等方面的影响却是直接的。

(三)社会文化

社会文化由物质文化、精神文化和行为文化构成，对婴幼儿的社会性发展有着非常重要的影响。从哲学角度来说，人是社会关系的总和；从心理发展角度来说，人是实现了社会化过程的产物，通过社会化，个体学习了所属社会中人们必须掌握的文化知识、行为方式和价值体系。因此，社会性发展本身就和个体所处的社会文化密不可分。

一般而言，每个社会都有其特定的价值观，每个社会成员都会受到这个价值观的影响，比如在东方社会文化背景下，集体主义往往是其社会成员的价值取向；而在西方社会文化背景中，对个体价值的认同可能会高于集体利益。因此，学前儿童的社会性发展一定会受到所处社会、时代以及历史文化的影响。

(四)婴幼儿自身的个性特征

从某种意义上说，婴幼儿个性发展的过程就是社会化的过程，个性和社会性是对立的统一。如果说个性是多样的，那么社会化的过程就给这个社会中每个成员的多样性赋予了一层区别于其他社会文化的色彩。

心理学一般把个性划分成三个子系统：个性倾向性，如动机、兴趣、需要和世界观；个性心理特征，如气质、性格与能力；自我意识。研究发现，个性对于社会性发展的影响是十分明显的，例如，婴儿不同的气质从出生开始便会对其人际交往产生影响，"容易型"婴儿倾向于形成积极的亲子关系，而"困难型"婴儿往往形成消极的亲子关系。

个性使得每个婴幼儿与众不同。个性中有些因素更多地受到遗传的影响，而有些因素则是更多地受到环境的影响。所以，在充分考虑婴幼儿个性的基础上优化环境，才能有效促进婴幼儿社会性的发展。

三、0—3岁婴幼儿社会性发展的重要性

曾有质疑的言论认为，对于0—3岁的婴幼儿而言，论及社会性发展为时过早。其实，无论是从发展的观点，还是从教育的观点来看，0—3岁都是恰逢其时。

首先，从儿童发展的整体视角来看，社会性发展是儿童全面发展的重要组成部分。我国的教育方针历来把全面发展作为教育的根本目标，力图培养德智体美劳各领域都健康发展的儿童。因此，全面发展的儿童既是我国历来教育价值观的体现，也是社会对于未来主人的要求。最传统的，有时也是最有生命力的，全面发展的完整儿童应该是教育的恒久目的。席勒在其《审美教育书简》中认为，一个处于"完整状态（holistic state）的儿童"是一个能够整合人的所有能力，统一理性与感性，专注地投入到学习状态的儿童。换言之，一个完整的儿童应该是在一个包容的环境中，不仅对知识、艺术进行探索与建构，而且对情感体验与表达、人际关系等都有自己的好奇与探究。社会性发展作为"完整状态的儿童"中不可或缺的一个方面，理应引起高度重视。

其次，从儿童发展的规律来看，新生儿其实从一出生就表现出其作为社会成员的倾向性。比如，研究者给新生儿听各种声音，包括自然界的风声和雨声、动物的叫声、美妙的音乐、人的说话声等，发现新生儿无一例外都最喜欢听人说话的声音，表现出最初的对人的兴趣。研究者又用专门的仪器测量得出，在众多图案中，婴儿最喜欢看的是人脸。因此可以说，从出生开始，婴儿就踏上了社会化之路。研究表明，各种亲社会行为的萌芽也往往发生在0—3岁期间，因此，婴幼儿社会性发展的培养已然成为当代科学育儿的重要内容。

最后，从教育的角度而言，从小培养儿童的社会能力，对其一生的发展都有重要影响。社会能力的获得不是天生的，也不是通过短期训练就可以获得的，更不是在课本中可以觅得的，它的培养须从娃娃抓起。而且，社会能力的培养更多是渗透在日常生活中，许多社会性行为的获得不能只靠"言传"，更要靠家长在日常活动中对孩子的"身教"。只有这样才能正确、有效地引导儿童的社会性健康地发展。

第二节 0—3岁婴幼儿社会性发展的理论

关于婴幼儿社会性发展的理论大都将视角集中在婴幼儿与他人交往中产生的行为模式、在群体中为适应规则所作出的改变等方面。换言之,大部分理论都是从心理发展的角度来论述婴幼儿社会性发展的现象、现象背后的机制等。比较重要的婴幼儿社会性发展理论有精神分析理论、行为主义与社会学习理论、习性学的发展理论等。

一、精神分析理论

(一) 弗洛伊德的理论

弗洛伊德一直坚信,成年人心理健康问题和适应不良的根本原因可以追溯到早年,特别是儿童与父母之间关系的质量。如果儿童在早期经历了某些创伤性体验,那么在人生以后的阶段中就更容易受到伤害,发生心理危机。在弗洛伊德的儿童心理发展理论中,0—3岁被划分为口唇期和肛门期两个阶段。

1. 口唇期(0—1岁)

婴儿出生后,最大的生理需要是获取食物以提供生长发育所需的营养。因此,弗洛伊德说过,"如果幼儿能够表白的话,毋庸置疑,吮吸母乳的行为,肯定是生活中最重要的事情"。新生儿的吸吮动作是快感的来源,婴儿快感最集中的区域就是口唇部位。这种寻求口唇快感的自然倾向使婴儿时时地从吸吮动作中获得快乐。婴儿即使不饿,也喜欢含着奶嘴不放,或者吸吮自己的手指。

弗洛伊德将口唇期又细分为前后两期。前期是0—6个月,此时婴儿还没有现实的人和物的概念,世界仿佛是"无对象的"。他们并不能区分自己和外部世界,只是渴望得到快乐和满足。加之成长完全依赖父母,并能得到外界的照顾和关爱,存在着自己即世界的假象,故而吸吮除了满足自己对食物的需要外,还表达着"将被吃的事物与自身融于一体,真正使自己获得滋养"的愿望。后期为6—12个月,婴儿开始分化人与物,开始认识自己的母亲。母亲的到来引起快乐,母亲的离去引起焦虑。这个时期婴儿长了牙齿,想咬东西,但又感到很麻烦,因而常常会无意识地希望回到早期的口唇阶段,那时的吸吮是多么地简便,容易得到满足。

2. 肛门期(1—3岁)

除吸吮外,幼儿最感兴趣的是排泄。排泄时所产生的轻松的快感,使幼儿进一步注意到自己的身体。幼儿往往欢喜成人抚摸他们的身体,尤其是臀部,因为生殖器部位的刺激往往形成更强烈的快感。在弗洛伊德看来,处于肛门期的幼儿,自我正从本我中渐渐分化出来,幼儿开始要求独立。但是表现出来的这种独立不是一种理性行为,而更多的是一种盲目反抗行为。在独立的名义下,无论父母或者主要照料者提出任何要求,几乎都会遭到幼儿的抵制。比如要求幼儿"请你把玩具放回架子上好吗",幼儿会马上说"不好",即使你问他"要不要吃一块巧克力",也许得到的回答仍然是"不要"。简言之,这是一个与父母进行竞赛并坚持自我的时期。

在肛门期,弗洛伊德认为最明显地表现出这种反抗行为的就是大小便训练。一般父母会非常重视幼儿自主大小便的情况,并用各种方法加以训练。但是训练一旦引起幼儿的反感,幼儿就会用一种抗拒的方式来抵制父母的要求。例如,有的幼儿拒绝排泄,有的经常尿湿裤子,有的以异常的姿势大小便。

口唇期和肛门期又被称为性欲的前生殖期。弗洛伊德一直认为早期经验对人的一生都有重大影响,因此,处于口唇期和肛门期的婴幼儿如果受到过度溺爱或者被剥夺感觉,那么他/她的人格发展也将会受到影响。例如,口唇期如果没有得到满足,长大后会表现出对口唇刺激过多的追求,如大口吞咽、吸吮手指、咬铅笔头以及吸烟等不良行为。更为严重的是成年后还容易形成口唇攻击型人格,这种人格类型的人往往嫉妒他人的成功,而且通过使用控制策略努力操纵他人。在大小便训练中发生问题的婴幼儿,长大后的人格往往具有顽固、吝啬、刻板且有条理、一丝不苟、刻意追求完美的特点。

弗洛伊德的理论表明,成年人身上存在的特定人格特征产生的根源是儿童早期的经历,因此,婴幼儿时期的抚养方式、主要照料者的照料质量等对其后的发展影响深远。

(二)埃里克森的同一性渐成说

作为弗洛伊德的门徒,埃里克森发展了弗洛伊德的理论,提出了人格发展的同一性渐成说。他认为儿童的发展遵循渐成论原则(epegenetic principle),把人一生的发展分为八个阶段,其中0—3岁占了两个阶段:基本的信任感对基本的不信任感,基本的自主感对基本的羞耻感与怀疑。

1. 基本的信任感对基本的不信任感(0—1.5岁)

这一阶段的发展任务是培养婴幼儿对周围世界,尤其是社会环境的基本态度。婴儿出生后有各种生物学需要,如吃、喝、被抚摸、被拥抱,当这些要求都及时获得了满足,婴幼儿就会对周围的人产生一种信任感,感到周围的世界是值得信赖的。这种对人、对周围环境的基本信任感是形成健康个性的重要基石。一个获得了信任感的婴幼儿长大后对人与周围环境的预期往往是积极的,从而可以自信地去探索。反之,如果婴幼儿的基本需要没有得到满足,那么婴幼儿在人之初便会对世界产生一种不信任感和不安全感,而且这种不信任感和不安全感会一直延续到以后的发展阶段。与弗洛伊德不同的是,虽然埃里克森也强调了喂食的重要性,但是他认为婴幼儿的健康并不依赖于食物或口唇刺激的数量,而是与照料者行为的质量有关。例如,母亲对于婴幼儿的哭声采取了迅速而敏感的反应,这种照料者行为就是高质量的。

2. 基本的自主感对基本的羞耻感与怀疑(1.5—3岁)

此阶段的主要发展任务是自主性。此时的幼儿已经学会了信任他的主要照料者与周围的环境,要发展的就是他们的独立性,他们开始渐渐变得有主见,并开始运用已经获得的信任感来判定他们能够做什么。他们开始变得喜欢显示自己的力量,爱说"我""我自己来"这样的话,同时尝试自己吃饭、穿衣、走路,对成年人的帮助也开始说"不"。幼儿的这种发展不仅扩大了他们的认知范围,还培养了独立性。但是幼儿在努力表现自主意志的同时,又保留着高度地对成人的依赖,因此,父母给幼儿提供合适的指导和合理的选择就显得非常重要。如果这个阶段父母耐心且持续地指导幼儿,那么幼儿就会发展出自主感和自我控制感。在这种教养方式下,幼儿在完成各种任务的过程中会体验到越来越强烈的自豪感,并对他人产生积极情感。如果父母对幼儿过于放纵或者过于严厉,又或者要求过高,尤其是限制和批评过多的话,那么幼儿便会体会到一种失败感,从而对自己的能力产生怀疑,其结果就是,幼儿可能会试图通过冲动性行为来重新获得控制感。

埃里克森的理论提出了各个发展阶段所面临的特定的心理社会发展任务,并将解决发展任务视为一种两极分化的对立面的争斗过程。儿童每个阶段发展任务解决的成败,直接影响到个体未来人格的整体面貌。

二、行为主义与社会学习理论

(一)传统的行为主义理论

传统的行为主义理论以俄国心理学家巴甫洛夫和美国心理学家华生为代表,他们通过一系列对动物和儿童的实验认定,环境是影响发展的最重要的因素。对于0—3岁婴幼儿的早期教育而言,传统行为主义理论的贡献主要集中在以下三个方面:

第一,重视家庭教育的影响。3岁前,家庭作为婴幼儿生活的重要环境对其成长影响巨大。华生特别强调家庭环境的重要性,认为父母是婴幼儿情绪的种植者和培育者,3岁的幼儿已经具备了日后所有情绪倾向的基础。

第二,发现行为习惯养成的规律。华生认为,习惯是在适应外部环境和内部环境的过程中学会更快地采取行动的结果,而年龄是影响行为习惯形成的重要因素。通过动物实验,华生发现年龄越小的老鼠形成行为习惯的速度越快,成绩越好。因此华生提出,从小培养儿童良好的行为习惯,并形成习惯系统是早期教育的重要内容。

第三,重视儿童早期行为习惯对成人后人格的影响。华生在其《行为主义》一书中曾说,"婴儿期和儿童期会使成年人的人格颇具色彩""许多已经形成的习惯系统从婴儿时期和青年早期一直遗留到成人生活"。因此,可以通过改善婴幼儿所处的环境帮助其形成良好的行为习惯,从而为健康人格打下基础。

(二)操作行为主义理论

美国心理学家斯金纳是操作行为主义理论的代表人物,他的理论中有两个主要观点对0—3岁婴幼儿的社会性发展与学习有指导作用。

第一,斯金纳认为儿童的行为可以通过强化与惩罚来塑造。所谓强化就是当儿童的行为符合成人的期望时,成人在儿童某种行为出现后给予强化物(如拥抱、抚摸、微笑、食物、玩具),这种方式可以增加该行为发生的概率。反之,惩罚就是通过诸如批评或者没收玩具等惩罚方式来减少那些与成人期望不符合的行为发生的概率。成人可以采取强化的方式让婴幼儿学会社会交往中所必需的交往技能，也可以用惩罚的方式修正婴幼儿自身存在的不良社会行为，推动其社会化发展的进程。

第二，斯金纳认为儿童人格的形成固然与其遗传有联系，但是更应该从儿童特定的社会性领域的学习经历和遗传的独特背景所形成的系统进行考察。换言之，斯金纳认为应该从学习的角度来探究儿童人格的形成过程，了解儿童是如何在环境中学习各种行为的，哪些行为得到了强化，哪些行为没有。通过学习，儿童最终形成了能够适应其社会文化的生存技能。

操作条件作用被广泛地运用在婴幼儿教育中，对婴幼儿心理发展和教育提供了有益的指导原则。

（三）社会学习理论

与上述两种行为主义不同的是，社会学习理论将研究的范围缩小至社会性行为，研究如何教育儿童掌握社会规范，为儿童的社会行为发展提供了更直接的解释。美国心理学家班杜拉是社会学习理论的重要代表人物。班杜拉在其理论中指出，社会行为的获得与认知领域的学习不同，前者不需要学习者直接反应，亲自体验强化，只要通过观察他人在一定环境中的行为，观察行为结束后产生的结果就能完成学习。他把社会行为的这种学习方式称为观察学习，亦称替代学习。婴幼儿时期的很多社会性行为都是通过观察周围环境中的成人或其他儿童的行为获得的，例如母亲用亲吻表达对孩子的喜爱，孩子也会用同样的方式去表达对同伴的喜爱。

社会学习理论揭示了儿童社会性行为获得的特殊性，对早期儿童社会性发展具有指导意义。

三、习性学的发展理论

习性学是生物学的一个分支，主要研究物种在自然环境中进化的、有意义的行为。所谓习性学的发展理论就是借用习性学的基本观点和研究方法来研究儿童发展。习性学的发展理论中对0—3岁婴幼儿发展与教育的研究主要集中在以下两个理论观点：关键期和依恋。

（一）关键期理论

关键期是指个体在一生中的某些特定时期对特定的刺激较为敏感，这时的学习效果比更早或者更晚学习都更富有成效。关键期的概念是著名习性学家洛伦兹于1935年提出的。他发现鸟类出生后第一天或第二天会追随它第一眼见到的活动的、具备某一特征的生物，并将之称为印刻。印刻现象使得幼鸟可以跟随自己的父母，从而获得食物和保护。洛伦兹认为印刻现象是不可逆的，过了关键期（一般是出生后第一天或第二天），印刻现象便不能发生了。在人类身上，人们也观察到了关键期现象。儿童心理学家格塞尔就曾说过儿童学习的时机非常重要，如果一种经验在适当的时候出现，那么儿童掌握这种经验就会很容易。

意大利教育家蒙台梭利提出了与关键期极为类似的概念——敏感期。现在的研究者们普遍认为,敏感期这一术语比关键期更适用于人类发展。蒙台梭利曾在其《童年的秘密》一书中对儿童敏感期的重要性提出了自己的见解,她认为"敏感期与特定年龄相适应……正是这种敏感性使得儿童以一种特有的强烈感觉接触外界环境,在这个时期,儿童很容易学会特定的事情"。蒙台梭利对儿童期特有的敏感期进行了归纳,认为儿童期一共存在着发展的九大敏感期,其中与0—3岁早期教育相关的敏感期有:语言敏感期(0—3岁)、秩序敏感期(0—3岁)、感觉敏感期(0—5岁)、细节敏感期(1.5—3岁)、运动敏感期(1—4岁)、生活和礼仪敏感期(2.5—4岁)。

敏感期概念的提出对于早期教育而言有着重要的意义,但是,关于人类的敏感期仍然需要大量更为准确的研究来规定其含义。

(二)依恋理论

依恋,一般是指个体对另一特定个体的长久持续的情感联系。在发展心理学中,依恋特指婴幼儿与成人(父母或其他看护人)形成的强烈的情感联结。弗洛伊德曾经指出,婴幼儿与母亲(照料者)的情感联结是婴幼儿成长中所形成的一切关系的基础,而婴幼儿与母亲(照料者)之间的充满感情的联系就是依恋,由此可见依恋的重要性。母婴依恋的建立有助于婴幼儿发展积极、健康的情绪情感,养成自信、勇敢、敢于探索的人格个性,形成乐于与人相处、信任他人的基本交往态度。

英国心理学家鲍尔贝(J. Bowlby)用习性学的观点对依恋现象做了深入研究,建立了依恋的习性学理论。该理论认为,婴儿与父母之间存在着天然的联结,婴儿会用自己的信号(如哭、咿咿呀呀声、注视)将父母召唤到自己身边,随着这种联结越来越紧密,婴儿与父母(照料者)之间便形成了真实的情感。

鲍尔贝认为依恋的生物学功能是保护,依恋使得婴儿与成人之间保持一种相对较近的距离,以保护婴儿不受环境中危险因素的伤害。

关于依恋的研究非常多,除了鲍尔贝的理论之外,安斯沃思(M. Ainsworth)也对依恋的类型进行了划分。这些研究揭示了依恋对0—3岁婴幼儿情感发展与社会化的影响,对婴幼儿的社会性教育具有重要意义。

第三节 0—3岁婴幼儿社会性教育

一、0—3岁婴幼儿社会性教育的基本原则

(一)尊重原则

1. 尊重婴幼儿父母的价值观

当代社会不再是一元价值观的时代,父母由于其生长环境、成长经历、地域、文化等差异

会形成不同的价值观。例如,有的父母认为儿童期最重要的事情是有个快乐的童年,有的则认为童年是为成年做准备的,学习应从小抓起。这两类家长对自己孩子的期望是不一样的,从而造成婴幼儿的自我认知和行为方式也是不同的。同样,早期教育机构或幼儿园中的教师也有自己的价值观,有的与家长一致,有的与家长不一致。对于教师来说,尊重婴幼儿首先就是要尊重家长价值观的多元化,理解家长的价值观有助于教师更好地了解婴幼儿,培养婴幼儿良好的自我认知与社会性行为。

2. 尊重婴幼儿不同的个性特质

每个婴幼儿都是不同的,各有各的特质,教师应该尊重每个婴幼儿特有的个性倾向。从心理学的角度来说,人的性格特征无所谓好坏,只是适合于不同的环境而已。以内向和外向为例,许多教师认为活泼开朗的外向型幼儿更好,因此习惯于对那些羞涩的内向型幼儿循循善诱,想让他们变得外向起来。而内向的幼儿会因为自己无法达到教师的期望而产生挫败感,从而形成较低的自我评价,变得自信心不足。其实,许多所谓的天才在其童年期也表现出内向,甚至孤独的个性,也许正是由于喜欢安静,让他们有着与众不同的视角与思考,从而成就了伟大的思想家、科学家和艺术家。

3. 尊重婴幼儿社会性发展的规律

婴幼儿社会性的发展有其规律性,了解这些规律能够帮助成人更好地理解婴幼儿。例如,3岁是幼儿性别意识萌芽的时期,对幼儿来说,性别是由什么决定的是一件非常值得探究的事情,和科学家从事科学探究活动并无两样。但是3岁的幼儿并不能理解性别是由什么决定的,他们会认为是头发的长短或衣着等外在因素决定了性别。因此,进行教育活动设计时必须考虑婴幼儿的年龄特征,遵循其发展规律。

综上所述,尊重婴幼儿具体体现为:尊重婴幼儿家长的价值观,尊重婴幼儿的个性特质,尊重婴幼儿社会性发展的规律。

(二)正面教育原则

在婴幼儿社会性发展的过程中,成人的期望、看法和评价会对婴幼儿的人格形成产生极大影响,尤其是会影响婴幼儿的自我评价,因为婴幼儿对自己的评价几乎就是家长或教师对自己评价的翻版。因此,为了帮助婴幼儿形成积极的自我意识,积极地进行各种人际交往,学习社会规范,养成符合社会要求的行为习惯,家长和教师在日常生活中或者教育活动中坚持正面教育就具有非常重要的意义。

1. 转换视角,发现婴幼儿积极的行为

家长和教师在日常生活与教学中对婴幼儿的"破坏性行为"一直比较敏感,因为这些行为容易造成不利的影响,纠正这些不当行为成为家长与教师日常教育婴幼儿工作中的很大一部分内容。这其实对于婴幼儿自我意识的形成有着较大的负面影响,因为不当的行为一再被强调,而好的行为却被忽略,婴幼儿在尝试调整自己的不当行为上花费了过多的时间与精力,就再无空暇发现自己的良好行为。因此,家长和教师在关注婴幼儿不良行为的同时,更应多关注他们好的行为,并及时赞扬。当好的行为越来越多地被关注、被称赞、被鼓励时,即符合社会规范的行为不断得到强化时,其发生率会大大上升,同时,婴幼儿的自尊、自信、自我评价以及自我控制等都会有所提高。

2. 纵向评价,让婴幼儿看到家长和教师的积极期望

评价一直是影响婴幼儿社会性发展的重要因素。在正面教育的理念下,真正意义上的正面评价其实是一种纵向评价,不会让婴幼儿产生与其他人进行比较的心理,而是与自己相比。积极的评价不一定是表扬,而是要让婴幼儿感受到家长或教师对自己的积极期望。因此,个别化的、真诚的、带有积极期望的评价才是正面教育中所需要的评价。

3. 言传身教,树立正面榜样

班杜拉在其社会学习理论中明确指出,儿童社会性行为的获得大部分源于观察学习。他们观察日常生活中身边的人的行为,当他人的行为——无论行为本身的性质如何,只要行为产生"好的"结果时,他们便会去模仿。例如,幼儿如果看到有成人随手扔垃圾没有受到任何惩罚,幼儿便会觉得这是一种于己而言非常方便的行为,便会倾向于模仿这种行为。因此,在日常生活及教育活动中,家长和教师应该时刻注意自己的言行,为婴幼儿树立正面的榜样。

(三)家庭与机构教育一致原则

在婴幼儿社会性发展的方方面面,家庭教育都扮演着至关重要的角色。教育机构应该就如何促进婴幼儿的社会性发展与家长进行沟通,达成一致。

一方面,教育机构应该帮助家长形成积极的儿童观。教育家吕型伟曾经说过,中国家长对待自己的孩子太过严格,一点小事便会上升到人格问题,甚至是生存问题的高度,与此同时,又不太会表达自己对孩子的欣赏。教师要帮助家长认识到,自己不经意的行为和言语都会影响孩子。例如有的孩子不会脱衣服,很多家长会说,"脱衣服都不会,将来去幼儿园老师不喜欢你了",这种表达不利于幼儿形成积极的自我评价。有人统计了家长对婴幼儿社会性发展不利的言行,这些言行是很多家长在不经意间都会采用的,但是对于婴幼儿来说却会造成一定的伤害。这些言行包括:长篇大论地教育婴幼儿,要婴幼儿重复说明自己做得不对的地方,将婴幼儿无意的不适当行为上升到有意的层面,将一些偶发的事件告知老师,要老师一起教育,将自己的孩子和他人进行比较,等等。这些做法往往会对婴幼儿的自尊造成严重的打击,还会让婴幼儿形成自卑感。

另一方面,在理解并尊重家长价值观的基础上,教育机构应该帮助家长理解婴幼儿社会性发展的特征,同时掌握一些符合婴幼儿发展规律的亲子游戏。首先,教育机构要提供丰富的信息帮助家长读懂婴幼儿。例如,很多男孩的家长会说,自己2岁的孩子非常胆小,到亲戚家不肯叫人,还躲到妈妈身后。其实这种表现是2岁幼儿社会交往中的典型表现。2岁的幼儿由于认知与语言发展所限,不能很好地判断陌生环境中的不安全因素,因此发展出了在陌生环境中产生害怕情绪的自我保护机制。他们会紧紧跟随熟悉的成人来获得安全感,拒绝与陌生人和不熟悉的物品单独接触,这些行为都是2岁幼儿的正常反应。如果家长能够获得这些关于0—3岁婴幼儿发展特征的知识,那么家长在婴幼儿教育问题上也能更有针对性。其次,教育机构要提供适宜在家庭中开展的亲子游戏活动。亲子游戏是增进亲子关系,促进

婴幼儿健康发展的重要教育途径，帮助家长掌握适宜的亲子游戏，使家庭与教育机构保持一致是非常重要的。

二、0—3岁婴幼儿社会性教育的主要任务

新生儿刚出生时，对周遭的世界可以说是一无所知的，他不知道周围世界是一个什么样的存在，他应该如何适应这个世界。同时，新生儿本身所具备的能力也十分有限，他有许多能力还处在潜伏状态，没有发展起来，例如他会用哭声表达自己的需要，但是还不会用笑声来表达自己的快乐。新生儿一步一步地成长，慢慢地了解、适应周围的环境，并且能够与环境发生相互作用，成为人类社会中的一分子。社会性教育的主要任务就是帮助婴幼儿了解所处的社会环境，学习与社会规则相一致的社会性行为，并在此过程中获得社会性体验。

（一）掌握与社会环境相匹配的社会知识

我们生活在一个非常复杂的社会环境中，这个社会环境由不同的人组成，每个人都扮演着不同的社会角色，在社会中发挥着自己的作用。为了使不同的个体能够有序地生活在同一个社会环境中，人们制定了各种规则来保证社会正常运行，这些规则是社会中的每一个人都必须遵守的。一个人要成为社会的一分子，他所要学习的知识与技能是非常复杂的。

1. 对自我的认知

婴幼儿社会化的起点是对自己的认知，即自我认知，它是自我意识中的认知成分，包括自我感觉、自我概念、自我观察和自我评价。罗森伯格（Rosenberg）认为自我认知是个体对自我客体的思想和情感认知的总和。自我认知既包括对自我的描述性内容，也包括对自我的评价。

2. 对他人及其社会角色的认知

社会性教育的根本目标是促进儿童的社会化进程，将一个自然人转化为一个适应社会文化、参与社会活动、履行社会职责的社会人。每个人都在自己的环境中扮演着多种社会角色，例如母亲、女儿、教师、妻子。特纳（J. Turner）曾论述过社会角色、自我意识与社会化的关系，他认为在社会角色的互动中，行动者总是以一种能够加强自己已有自我概念的方式来表现自己。婴幼儿社会性教育的一个重要内容就是认知他人，认知不同的社会角色。

3. 对人际关系的认知

在能够意识到自我和他人存在的基础上，婴幼儿转而开始慢慢地了解周围的世界，与此同时他会发现除了物理世界，他还生活在一个人际关系网络中，这个网络就是他所处的"社会"。这个社会中有不同的人，人与人之间有着不同的联系。人际关系是人们在生产或生活中所建立的一种社会关系，是人与人在交往中建立的直接的、心理上的联系。人一来到这个世界便处于人际关系之中。与成人、同伴建立良好的人际关系并不是一件容易的事情，它必须有一个前提，就是婴幼儿对于所要交往的人与自己的关系必须有一定的认识与理解，在这个前提下，婴幼儿才能学习如何与他人相处。对于婴幼儿而言，对亲子关系、同伴关系的认

知是人际关系认知中的重要内容。

4. 对社会规则的认知

社会规则指人们社会行为的规矩、社会活动的准则。它是人们为了社会共同生活的需要,在社会互动过程中衍生出来的,或者由人们共同制定并明确施行的准则。其本质是对社会关系的反映,也是社会关系的具体化。社会规则是每个社会成员都必须理解与遵守的规范,各种行为规范互相配合,形成一个完整的社会规范体系,调整人们各个方面的社会行为,维护社会秩序,使社会在正常的轨道中运行。社会规则不仅对于社会的存在、发展至关重要,对于个体的存在、发展也是必不可少的。社会规则反映了一个群体的共同意见,即一种共同的价值体系。个体要在群体中生活被群体接纳,就必须接受这种价值标准,并自觉地以此来约束自己的社会行为,调节与他人的交往活动。个体适应社会系统的价值需要过程,也就是个体获得社会标准,完成社会适应的过程。婴幼儿要想在成长的过程中融入社会,必须了解并遵守社会规则,因此,社会规则的认知是婴幼儿社会性教育中必不可少的内容。

(二)发展适宜的社会性情绪体验、表达与控制

在人与人的交往中,情绪是不可或缺的。我们通过自己的肢体动作、语言和表情等传达着情绪,也会通过观察体验他人的情绪,从而作出相应的反应。新生儿出生后发出的第一个声音——哭声,其实就是一种情绪表达。高兴、悲伤、厌恶、害怕、生气……我们每天都在体验着不同的情绪,婴幼儿也是如此。

1. 更好地理解自己的情绪

情绪没有对错之分,所有的情绪对婴幼儿的发展与生活都有着重要的意义。例如,婴儿出生后,通过哭向成人表达自己需要帮助,成人正是听到了婴儿的哭声才为他们提供食物、更换尿布或给予抚摸安慰等以满足婴儿生理或心理的需要。情绪还能够为婴幼儿提供关于周围环境的一些信息,例如,高兴和信任感会让婴幼儿觉得世界上一切都很好,他可以信任周围的成人和环境。如果伴随着某个行为出现快乐的情绪,会让婴幼儿产生重复这个行为的动机;反之,如果伴随着某个行为出现不愉快的情绪,会让婴幼儿避免再出现这种行为。例如,有的婴幼儿并不害怕火,当他看见点燃的蜡烛时,会试图用小手去抓跳动的火苗,但一碰到火苗,他就会马上将小手缩回来,因为他感觉到了疼痛,并同时有了不愉快的情绪体验,这种情绪体验会让婴幼儿今后避免再去触碰火苗。

0—3岁正是婴幼儿情绪发展的关键时期,他们的情绪由最初的喜、爱和怒发展出更多的种类,情绪体验也由单纯型发展到复合型,有时甚至会同时体验两种互相矛盾的情绪,这会让婴幼儿感到十分茫然。因此,帮助婴幼儿更好地理解自己的情绪便成为社会性教育的重要内容。

2. 学习适宜的情绪表达和初步的情绪控制

一般来说,情绪表达应该有一定的限度,过于强烈的情绪表达有时是不合适的。例如在电影院看电影时,当你受电影情节感染而异常悲伤时,也不宜号啕大哭,而只能默默流泪,或者低声啜泣,因为你知道这是在公共场合,不能影响到其他观影者。因此,在人际关系中如

何适宜地表达情绪是婴幼儿社会性学习的重要内容。

要调整自己的情绪表达,无论是表达的强度还是表达的方式,婴幼儿都必须能够在一定程度上控制自己的情绪。因此,婴幼儿在学习情绪表达的同时,已经开始学习初步的情绪控制。当然,对于婴幼儿来说,要完全做到控制情绪是不可能的,只能引导他们在一定程度上调整自己的情绪表达。

3. 学习识别他人的情绪

婴幼儿在很小的时候就能够识别他人的基本情绪,例如母亲对尿床这件事情是开心的还是生气的。大约在2岁的时候,幼儿就能够关注到他人的情绪变化,并且会将他人的情绪表达出来。例如,幼儿看见一起游戏的同伴哭了,便会告诉自己的父母某某哭了。婴幼儿往往是依赖面部表情来分辨他人情绪的,因此婴幼儿只能判断他人的情绪,而不能分辨引发这种情绪的原因。帮助幼儿分辨他人的情绪,同时又要能够判断引起这种情绪状态的事件或行为,这样的情绪识别才会对婴幼儿的社会性发展有帮助。因为只有这样他才会知道哪些行为在群体中是不适宜的,会引发别人的不愉快情绪;而哪些行为是受欢迎的,会让大家都产生积极的情绪。

但人的情绪是复杂的,有时,仅靠面部表情判断人的情绪并不准确,例如生气和悲伤、惊恐和愤怒,这两对表情如果仅仅是依靠面部识别很容易混淆。因此,帮助婴幼儿正确识别他人的情绪也是社会性教育的内容。

(三)学习适宜的社会性行为

婴幼儿生活的社会环境是复杂的,他们必须要学习很多东西,还必须去做一些"正确"的事情,才能在社会中与他人和谐相处。以打招呼为例,为了能更好地向他人表达自己的善意,你必须依据对象与场合的不同使用不同的招呼语,并配以恰当的肢体动作。虽然这些对成年人来说是常识,但是对婴幼儿来说却是陌生的。因此,帮助婴幼儿学习适宜的社会性行为也是社会性教育不可或缺的组成部分,其中主要的任务有学习人际交往技能与亲社会行为,减少攻击性行为。

1. 学习基本的人际交往技能

人际交往能力是指妥善处理集体内外关系的能力,包括与周围环境建立广泛联系和对外界信息的吸收、转化能力以及正确处理各种问题的能力。与同伴发生冲突了要如何解决,怎样去了解不同个性的人并与他们相处,这些都属于人际交往的内容。对婴幼儿而言,人际交往包括亲子交往、同伴交往、师幼交往和与其他人的交往四种类型。

2. 培养亲社会行为

亲社会行为指能够善意地帮助和支持他人,使他人受益的行为。一般而言,亲社会行为的主体在做出这些行为时并不期望得到外部的回报。美国心理学家霍夫曼(M. L. Hoffman)的研究表明,每个儿童都有关心他人、分享、帮助和合作的本性,即便是婴幼儿也会在不同的情境中表现出各种亲社会行为,如共情、分享等。由于婴幼儿在1岁以后便能够体验他人的感受,这表明婴幼儿已经具备共情能力,而共情能力恰恰是亲社会行为的基础,因此,培养个体的亲社会行为从婴幼儿时期就应该着手。

3. 减少攻击性行为

所谓攻击性行为，是指使他人或动物的身体或情感受到伤害，或者致使物品损坏的行为。攻击性行为可能是言语上的，也可能是身体上的。拍打、踢、抢夺、威胁或破坏等，都是攻击性行为的表现。

有研究发现，3—6岁是攻击性行为出现频率最高的时期。幼儿在2—3岁的时候就开始表现出攻击性行为，因为在这个时期，婴幼儿的情绪往往是冲动的，他们需要什么东西就想立即得到，不会停下来思考对错。而且这个年龄段的幼儿语言能力有限，缺乏必要的社会交往技巧，当他们不能够用语言很好地表达自己的需求时，往往会借助于身体攻击来达到目的。另外，以"自我为中心"的年龄特点使得婴幼儿非常不愿意分享自己的物品，从而也增加了他们攻击性行为的发生。虽然婴幼儿出现攻击性行为的概率较高，但是如果能够引导婴幼儿掌握适宜的人际交往技巧，为他们创设适宜的环境，是能够有效地减少婴幼儿攻击性行为的发生的。

本 章 小 结

本章首先说明了什么是社会性与社会性发展，尤其是对0—3岁婴幼儿社会性发展的内涵进行了界定，同时讨论了婴幼儿社会性发展的重要性和影响其发展的因素。其次介绍了对于婴幼儿社会性发展而言具有重要影响的三种主要理论：精神分析理论、行为主义与社会学习理论，以及习性学的发展理论。这三种理论对婴幼儿的社会性发展都进行了系统的阐述，但是它们的出发点和背后的哲学观是有所区别的。最后，本章主要从基本原则、主要任务和实施途径方面对社会性教育进行了阐述。

延 伸 学 习

 拓展阅读

斯腾伯格的实践性智力

西莉亚申请入心理学系攻读研究生课程，她的成绩不错但谈不上出众，测验分数尚好但不算鹤立鸡群，推荐信亦属令人满意但也不是相当具有分量的那种……事实上，她之后的表现证实了我们的预计——不错，但也不是出类拔萃——一切都不出所料。

但是西莉亚开始找工作时，却给了我们一个不小的意外——谁都想雇用她。这使我们不禁要问：为什么有些人不具备高超的分析智力和创造性智力，却在劳动力市场上如此受追捧？答案其实非常简单，因为她有丰富的实践智力，或者说有丰富的常识。西莉亚可以在任何一种环境中找到适合自身生存发展的方法，然后将之付诸实施。

例如，西莉亚知道如何有效地应对面试，知道如何与同学和睦相处，知道如何完成她的工作，还知道什么样的事该做，什么样的事不该做。可以这么讲，她在学习的环境中也具有一种日常生活的智慧。她深知那些很少得到承认，但又是生活中必不可少的实实在在的东西，即每个人都需要拥有一定的实用性智慧，以适应周围的环境。

这种才能在儿童身上也能发现。例如，一则电视新闻中曾经报道过一名五六岁男孩的故事，当他的母亲准备洗澡时，癫痫发作了，昏倒在浴缸中，滚烫的洗澡水就要将其浸没，家里除了小男孩之外就没有其他人了。正是这个小男孩拨通了911报警电话，并将屋子的方位告诉了调度员。然而真正给人印象最深刻的是，在打报警电话之前，为了防止母亲被更严重地烫伤，小男孩将冷水龙头打开并拧到最大。他曾试图关掉热水龙头，但是由于太烫而未成功。

几乎所有人都会认为那些学业成绩优异的人是聪明的人，但很少有人会认为西莉亚聪明，人们认为她只是颇具常识，而常识并不是智力。甚至有人会说她挺实干，但不认为实际操作也是智慧的一个要素。然而他们错了，西莉亚在学习、工作及日常生活中所显示出的实践性智力的重要性丝毫不亚于通常意义上的智力。

我们都会认识这样一些人，他们在学校成绩出众，但是在从业生涯中却相当失败；或者情况正好相反，他们在学校表现平平，在工作中却处处得心应手。这对我们而言时刻是个提醒，想要获得成功，还必须具有优秀学业以外的其他东西。

（资料来源：斯腾伯格．成功智力［M］．上海：华东师范大学出版社，1999：131—133．）

 学习活动

智力水平与社会性发展水平哪一个对成功的意义更大？可以小组为单位展开辩论。

复习与思考

1. 结合婴幼儿发展心理学的相关内容，谈谈如何深入理解0—3岁婴幼儿社会性发展的内涵？
2. 比较三种社会性发展理论的异同，说说每种理论对婴幼儿社会性教育的启示。
3. 阐述婴幼儿社会性教育的主要内容和基本原则。

第二章　社会认知概述

学习目标

1. 掌握社会认知、自我意识、心理理论和规则意识的定义。
2. 理解自我意识和心理理论的相关理论。
3. 识记0—3岁婴幼儿自我意识、心理理论和规则意识发展的主要特征。
4. 结合实际，理解促进婴幼儿社会认知发展的教育任务。

提起认知，我们一般都会想到对周围世界的认识，即对物理世界中的种种现象（如生物进化现象）及其规律的认识。但是，还有一种认知对人的发展同样重要，那就是社会认知，包括对自己、周围的人群以及人类世界中所有的规则等方面的认知，这个认知过程就是社会认知发展的过程。

社会性发展可以分为认知、情感和行为这三方面，社会认知从某种意义上说是社会性情感和社会性行为的基础。情绪情感往往是伴随着认知出现的，而行为也会受到认知的影响。

第一节　社会认知的概念与内涵

社会认知（social cognition）是指对人以及人类社会所有关系与现象的认识。社会认知以人类和人类事件为对象，只涉及严格意义上的社会领域，不包括其他诸如物理、数学、植物学等领域。社会认知和对物理世界的认知有什么关联？应该说，既然同为认知发展，本质上是一致的，但是由于认知对象的不同，两者之间会存在差异。对此，国内外众多学者都进行了探究。

一、社会认知的定义

社会认知，也称社会性认知，对社会认知的研究在20世纪80年代曾经成为心理学研究的热门课题。为什么人生来就具有自我保护能力？为什么人会有好奇心？好奇心从何而来？为什么有时人们的动机一样，但表现出的行为却不一样？……人类对于自身有太多的好奇，并一直试图弄明白自己是谁、他人的特点、人际关系和社会风俗习惯等方面的问题。对社会认知的研究正是在人类对自身好奇心的驱使下一步步深入的。

对社会认知的界定有许多种，早期的研究者从不同角度出发给社会认知下过不同的定义，下面主要介绍以下三种。

（一）汉密尔顿的定义

美国心理学家汉密尔顿（Hamilton）从信息加工心理学的角度将社会认知定义为：社会认知包括对所有影响人对信息的获得、表征和提取的因素以及这些过程与知觉者的判断之间的关系的思考。

这个定义将人的认知过程比喻为计算机的信息加工过程，信息经过筛选、输入，然后以某种形式进行编码、表征。例如，将同学的面孔以表象的方式进行表征，储存在大脑中，多年后将记忆中的人脸表象提取出来，从而认出多年不见的同学。汉密尔顿的定义强调的是人作为社会性的存在对其所有的认知活动的影响。

（二）科斯林等人的定义

科斯林（S. M. Kosslyn）等人提出，社会认知通常是指两种认知，一种是对人、群体的认知，另一种是对情感、动机、态度、情绪色彩的认知。

这种定义比较清晰，它划定了社会认知的两个内容：第一个内容是对自己和他人的认知，以及那些发生在自己和他人身上的事件的认知，是对可视、可闻的外显事物的认知；第二个内容是对情感、动机等发生在自己或他人身上的内部心理活动的认知。对婴幼儿来说，社会认知首先是对外显对象的认知，然后才是对自己和他人内心活动的认知。

（三）沙兹的定义

学术界普遍采纳的是沙兹（Shantz）的定义，即社会认知通常是指对人、自我、人际关系、社会群体、社会角色和规则的认知，以及对这些观点与社会行为的关系的认识与推论。

从这个定义不难看出，社会认知在内容上主要涉及以下三个层面的认知活动：第一个是关于个体的认知，包括对自己和他人的各种心理活动（感知、注意、记忆、思维、情感、动机、意向等）、思想观点，及个性品质等方面的认知；第二个是关于人与人之间各种关系（服从、冲突、合作等）的认知；第三个是对群体内部或群体之间各种社会关系的认知，如对社会规则、集体中不同角色等的认知。

二、社会认知的条件

（一）存在

存在是指一个人所具有的一种基本认识，即知道社会领域中某一特定的事实或现象是作为生活的可能性之一而存在的。这一点对于婴幼儿而言非常重要，如果婴幼儿还没有意识到人是有着感知、思维、动机等这些心理活动，那么他就不可能试图去了解自己的动机、想法,更不可能去推测他人内心的感受了。只有当婴幼儿意识到自己内心存在着情感,他才能认识情感,从而推及别人也有情感。

（二）需要

需要指婴幼儿试图进行某种社会认知行为的倾向或觉察到进行某种社会认知行为的必要性。婴幼儿可能清楚地知道自己的情绪,也知道别人有情感体验,但是他并不清楚在哪些特定的场合或时间需要他去觉察他人的情感体验。换言之,婴幼儿往往不知道如何恰到好处地使用自己已经拥有的认知技能。要使一个社会认知活动成功进行,婴幼儿首先要有做这件事的需要。例如,3岁的妹妹想得到姐姐正在玩的一个玩具,她跟姐姐要,但姐姐拒绝了她,她想了一会,然后拿起姐姐心爱的娃娃开始给娃娃穿衣服,姐姐看到这种情况马上赶过来要回自己的娃娃,而此时妹妹就跑向姐姐刚才玩的玩具,把玩具拿在手中。在这个例子中,妹妹的需要是得到姐姐正在玩的玩具,并且运用自己对姐姐喜好的了解,最终达到了自己的目的。

（三）推论

任何社会认知过程都是思维的过程,人们最终形成的对他人的认知结果几乎都是一个推论。所谓推论指的是涉及成功执行某些形式的社会认知所必备的思维能力。例如,婴幼儿觉察到了母亲面有不悦之色,由此推断出母亲不高兴,并尝试推测母亲不高兴的原因,但由于婴幼儿的观察力和生活经验都有限,所以作出的推论可能并不准确。

美国加州大学的高普尼克（A. Gopnik）教授在研究中考察了多大的孩子能意识到他人和自己的想法不一样。研究方法是:实验者在幼儿面前呈现一盘饼干和一盘西兰花,当着幼儿的面,实验者在吃饼干时露出厌恶、不喜欢的表情,而在吃西兰花的时候露出很好吃、很喜欢的表情,然后要求幼儿为自己拿一些食物。研究发现,尽管幼儿自己都喜欢吃饼干,但18个月大的幼儿会选择实验者喜欢的西兰花给他,而14个月大的幼儿无论实验者喜欢吃什么,都会给他选择自己喜欢吃的饼干。这就表明,18个月大的幼儿开始意识到他人的想法与自己的不一样,并且能依据他人的表情来推断他人的喜好。

三、0—3岁婴幼儿社会认知的内涵

婴幼儿的社会认知是从什么时候开始的？早期表现又是什么？众多的研究表明,人出生后建立起的第一个社会关系——依恋,便是婴幼儿社会认知的发端。据观察研究表明,婴儿期已经开始形成关于他人、自己以及自己与他人关系的观念。婴儿之所以在生命之初便开始练习这种社会认知技能,主要是因为人类婴儿必须依赖其他成人才能存活下来,这是为了保证生存的一种生物学适应。婴幼儿由于其认知能力、生活经验、动作技能等均处于最初阶段,因此其社会认知的具体内容也受到了限制。从认知对象上划分,社会认知的内容主要可以分为三类:对自己的认知——自我意识;对他人的认知——心理理论;对社会的认知——规则意识。

自我意识是指婴幼儿对自己的认知,如"我"是谁,"我"的特征是什么。有人会问:自我意识是对自我的认知，为什么也属于社会性发展的范畴？其实，自我意识正是社会性发展的基础，人们正是在认知自己的基础上，才能认知他人，对他人的认知其实是一个由己及人的过程。例如：婴幼儿只有意识到自己的快乐，才会知道他人的笑容意味着什么；只有自己有过悲伤的体验，才能理解他人难过时的情绪状态。

在对自己有了基本认知的基础上，婴幼儿开始认知他人，尤其是感受与推断他人的心理过程。这种认知他人的能力在心理学上称为心理理论（theory of mind）。心理理论不是一种理论，而是一个术语，它刻画了一种能力，即认识他人，推测他人心理活动的能力。

除了对自己和他人的认知之外，0—3岁婴幼儿开始对周围的世界发生兴趣，他们开始慢慢接触到社区及社区里的不同场所，开始进入到托育中心、早教机构、幼儿园等机构学习，开始熟悉医院、餐厅和超市等公共场所。与此同时，婴幼儿开始学习作为社会人所必须遵守的社会规则，如排队、等候、保持安静。因此，0—3岁婴幼儿社会认知的另一个重要内容就是社会规则。

第二节　自我意识概述

一、自我的界定

自我是一个重要的概念，无论是日常生活中，还是哲学、心理学中都经常被提及。但是关于什么是"自我"，却并没有一个统一的定义。

（一）国外学者对自我的界定

对自我的心理学研究最早始于詹姆斯（W. James）。他提出了自我的层次结构观点，即把自我分为主体我和客体我，其中，客体我又由身体自我（bodily self）、社会自我（social self）、物质自我（material self）和精神自我（spiritual self）四种水平或四个部分组成。

继詹姆斯之后，米德（G. H. Mead）也把自我划分为主体我和客体我。主体我是作为主体的自我，是"个人经验中对社会情境进行反应的东西"，是动态的、积极的自我；而客体我是作为认识对象的自我，是自我意识的本体，是个体在与他人、环境的互动中产生和形成的，是通过别人对自己的评价而形成的，是静态的。在米德的概念中特别重视客体我，因为它是一种社会自我。

同米德一样，库利（C. Cooley）认为个体的自我产生于和他人的交往中。他于1922年提出了"镜像自我"这一概念。镜像自我指个体对镜子面前所看到的自己的相貌、仪表和穿着等感兴趣，包括他人对自己的外表、形象的认识，他人对自己的行为举止和人格等方面的评价和某些自我感觉。

基于此，有研究者提出了自我系统结构的交错型描述，即自我的结构要素包括既相对独立又相互关联的四个成分,即个人自我、关系自我、社会自我和集体自我,每一个成分均存在其自身形成的判断标准、参照对象及决定因素等,即自我图式。

(二)我国学者对自我的界定

我国学者黄希庭指出,自我是一个复杂有序的、有层次结构的开放系统,可以做多种描述。至少可以从以下8个维度对自我进行描述:

(1)从主—客体关系维度。可将自我分为主体自我(self-as-perceiver)和客体自我(self-as-object of perception)。

(2)从与人的关系维度。可将自我分为个体自我(individual self)、关系自我(relational self)和集体自我(collective self)。

(3)与时间关系维度。可将自我分为过去自我(past self)、现在自我(present self)和将来自我(future self)。

(4)从发展的维度。可将自我分为身体自我(body self)、物质自我(material self)、心理自我(mental self)和社会自我(social self)。

(5)从个人活动领域维度。可将自我分为家庭自我(family self)、工作自我(working self)、学校自我(school self)、学业自我(academic self)、数理自我(logicomathematical self)等。

(6)从评价维度。可将自我分为好我(good self)和坏我(bad self)。

(7)从个体意识关注方向的维度。可将自我分为私我意识(private self-consciousness)和公我意识(public self-consciousness)。

(8)从中国传统文化特别重视的自我维度。可将自我分为自立、自信、自尊和自强等。

张文新在其《儿童社会性发展》一书中提到:"我国学者认为,自我是由知、情、意三方面统一构成的高级反映形式。知即自我认识,包括自我感觉、自我概念等……其中,自我概念、自尊和自我监控是个体自我系统的三个主要方面,也是该领域研究者关注的焦点。"可以说,张文新的观点较为全面地概括了自我系统的组成成分。

二、自我意识的含义

(一)自我意识的界定

自我意识是作为主体的我对于自己以及自己与周围事物的关系,尤其是人我关系的认识,是关于自我的"知"的方面。

首先,自我意识是意识的一种。所谓意识是人的头脑对于客观物质世界的反映,是感觉、思维等各种心理过程的总和,也是人类知道自我和了解世界的核心。根据意识对象的不同,可以把人类意识区分为对象意识与自我意识。对象意识是对世界的物的尺度的反映,主要包括自然意识和社会意识。自我意识是主体对自身内在尺度的反映,是人类作为主体对自身区别于他物的地位、性质以及与他物的关系的意识。因此,自我意识是意识中关于自我的那部分内容,具有主观性、同一性、流动性和能动性的特征。

其次，自我意识是人类意识区别于动物心理的标志之一。并不是所有动物都有自我意识，当把镜子放在动物的面前，大部分动物都不认识镜子中的自己，它们会去镜子后面寻找，说明这些动物并不知道镜子里的影像就是自己。动物行为学家研究发现，只有很少数的动物认识镜子中的自己，例如无尾的灵长类动物、海豚。对自己以及所处的社会关系的认知是人类意识的重要标志之一。

最后，自我意识是个性形成的标志。所谓个性是一个人区别于他人的，在不同环境中显现出来的相对稳定的影响人的外显和内隐性行为模式的心理特征的总和。个性由三个成分构成：个性倾向性、个性心理特征和自我意识。其中自我意识是个性的核心，它将个性的各个成分有机地整合起来。个性发展与成熟的标志就是自我意识的发展与成熟。成熟的自我意识至少表现在三个方面：一是能意识到自己的身体、身体特征和生理状况；二是能认识并体验到内心进行的心理活动；三是能认识并感受到自己在社会和集体中的地位与作用。

由此可见，自我意识是个体对自我的认知的高级反映形式，是个性形成水平的标志，是推动个性发展的重要因素。

（二）自我意识的结构

自我意识是一个由知、情、意构成的复杂结构，不同的学者有着不同的自我意识结构理论，其中比较具有共识的观点是以形式维度进行划分的自我意识结构，包括自我认识、自我体验与评价和自我调控三个方面。

自我认识，也称自我认知，是自我意识中最主要的成分，在婴幼儿时期主要包括自我概念、自我评价和性别意识等。具体而言，自我概念是个人心目中对自己的印象，包括对自身存在的认识，以及对个人身体、能力、性格、态度和思想等方面的认识。婴幼儿对自己的认知过程中，对性别的认知也是一项重要的内容。1—2岁的幼儿开始知道自己的性别，但直至6岁才能形成对性别比较全面、稳定的意识与认知。

自我体验与评价是伴随自我认识而产生的对自己的看法与评判。自我体验所产生的结果有很多种，如自尊与自信、成功感与失败感、自豪感与羞耻感，这些都是自我体验的产物。自尊与自信是人毕生发展中都非常重要的品质，也是婴幼儿社会性教育中必须重视的内容，因为婴幼儿时期的经验会影响成年后的人格特质。自尊是一种对自己的满意程度，是一种对自己的评判，同时又是一种内驱力，推动着个体去努力获得别人的尊重。自信则是对自己能力的信念，相信自己具有完成任务的能力。自尊与自信的建立对形成积极的自我体验与评价具有重要作用。

自我调控是自我意识的意志成分，主要表现为个人对自己的行为、活动和态度的控制与调节。学龄前的幼儿主要发展的是自我监督、自我监控和自我调节。自我监督是自我调控的前提，是个体自主地、独立地、自觉地从事和管理自己的行为，因此具有能动性。自我监控是个体在自我监督的基础上，依据周围环境的变化不断获得关于自身行为的进展、变化和结果的相关信息的过程，具有反馈性。自我调节是个体在自我监控反馈的基础上，不断地修正自己的行为活动，使自己的行为更符合外部要求的过程，具有修正性。

（三）自我意识的作用

自我意识在个体发展中有十分重要的作用，主要体现在以下四个方面：

第一，有利于婴幼儿的心理健康。荣格认为自我意识在调节心理健康方面有着重要意义。许多研究结论都支持这一观点，例如，罗杰斯（C. R. Rogers）的研究表明，一个人自我认可程度越高，表示他心理越健康，但自我评价过高的个体也容易产生孤独心理；班杜拉的研究表明，个体对自己的前景持有乐观态度有利于其心理健康，其情感会更加坚韧，较少焦虑和消沉，更能获得学术上的成功；塞利格曼（M. E. P. Seligman）认为消极的自我意识使人们容易抑郁，甚至变得淡漠而毫无激情；我国学者兰燕灵等人的研究发现，培养积极的自我意识有助于对婴幼儿的行为问题进行预防和干预。

第二，能为婴幼儿增加成功的动机和机会。有研究表明，婴幼儿对其能力持乐观的看法，即对自己能力的评价比较高，可能是有益的，因为这样的婴幼儿也倾向于对周围环境和事物持有乐观的态度，有助于婴幼儿适应所在的环境，在成人的帮助下也比较乐意去尝试一些具有较高难度的任务。

第三，有助于发展良好的人际关系。有研究表明，自我意识与受欢迎情况有显著相关，拥有积极自我概念的儿童一般较受欢迎，而自我评价、自我意识差的儿童容易产生孤独、低自尊和低自我评价，对个体建立和维持令人满意的人际关系会产生消极影响。

第四，自我意识能决定对自己的期望。儿童对自己的期望是在自我意识的基础上发展起来的，并与自我意识保持一致。研究发现，消极的自我意识不仅引发儿童消极的自我期望，还往往会使得儿童期待外部社会的消极评价与对待，这种期待决定了他们对消极的行为后果有着接受的准备，进而不愿意去尝试各种活动，不愿再付出过多努力。

三、0—3岁婴幼儿自我意识发展的理论

（一）安南耶夫的自我意识发展和培养的阶段性公式理论

安南耶夫认为，儿童自我意识的发生包括一系列准备阶段。首先，初级的自我意识阶段，安南耶夫把儿童自我意识的出现同儿童从自己动作对象中分出自己动作的能力联系起来。其次，儿童把自己同自己的动作分开，即儿童意识到他所做的动作是"他的动作"，这些动作都是他自己做的，他是活动的主体。再次，儿童语言的发展加快了自我意识发生的进程。安南耶夫把儿童叫自己名字的技能看成是自我意识形成的最重要因素，他把这个因素与以自己的愿望和动作表象为形式的"自我感觉"能力的出现联系起来。最后，自我意识明显发生，这时儿童从叫自己的名字过渡到谈自己时使用代名词"我的""我有"，尤其是有意识地使用第一人称代词"我"，这说明儿童从对自己的表象向思维过渡。

安南耶夫领导的研究组在19世纪40年代研究的基础上，提出了"儿童自我意识发展和培养的阶段性公式"理论，概括了儿童自我意识发展的四个阶段。

第一阶段：从动作对象中分出自己的动作（0—1岁）。例如，婴儿发现晃动绳子风铃会

响，便会有意识地晃动绳子。

第二阶段：从用名字称呼自己改为用"我"称呼自己（3—4岁）。例如一个正在画画的3岁幼儿开始会对家里的小狗说"我在画画，一会儿陪你玩"。

第三阶段：从对自己的表象的认识向对自己思想的认识过渡（5—6岁）。幼儿开始会表达自己的想法，在描述自己的时候，不再只是对动作、事物的具体描述，而是开始能对自己的心理活动进行描述了。比如同样是遗失了心爱的玩具，5岁以前的幼儿会说"玩具不见了，找不到了，我要玩具"，而大班幼儿则会这样表达自己："我最喜欢这个玩具了""我急死了""我很难过"，等等，显然更多了对自己内心想法的表达。

第四阶段：从对自己的思想的认识向自我评价过渡（学龄初期和少年期）。

（二）斯皮茨的自我系统发展过程理论

斯皮茨（R. A. Spitz）阐明了从新生儿开始的亲子关系中构造自我的发展过程。他对婴儿自我构造的三个阶段进行了描述。第一阶段，婴儿刚出生不久，只有一种混沌的一般机体的感觉，随着母亲奶头的得到与失去，形成了初步的辨别性感觉，2个月时开始对运动着的母亲的面孔发出微笑，这是对象关系的开始。第二阶段，婴儿开始认识自己的母亲，看到陌生面孔就哭，这一现象叫作"第八个月焦虑"或"陌生人焦虑"，说明对象关系达到新的水平。第三阶段，从15个月左右开始，母亲的声音变得重要起来，幼儿开始用语词参与交往，开始叫"妈妈"，同时也急需用语词表达自己抽象的思想，第一次抽象思想的表达常是说"不"，并伴有摇头的动作，这标志着语词交往的开始。

（三）雅可布森的自我心理结构发展模式

雅可布森（E. Jacobson）提出了一个包括对象关系在内的自我心理结构的发展模式，她把婴幼儿的自我发展分为四个阶段。第一阶段，前共生阶段，机体的各种因素共同决定着婴幼儿的内部心理过程，婴儿的"力比多"只能静悄悄地通过生理渠道向内部贯注。这一阶段的第一个外显表现就是愉快的情感。由于未分化的心理生理，自己既标志着自己表象又标志着对象表象的始发点，因此，"力比多"能量向自己和对象上贯注原本是同一个过程。第二阶段，婴幼儿逐渐区分出自己和表象世界，这一阶段一直到婴幼儿能将自己表象从对象中分离出来才结束。正是在这一心理发展的基础上，婴幼儿才能将自己和表象世界区别开来，因此，这一阶段在婴幼儿的发展中很重要。第三阶段，婴幼儿发展出一套理想化的自己表象和对象表象，进一步把自己从对象中分化出来，促进自我的自主。第四阶段，以对象恒常性为标志，大约在四五岁开始，幼儿理想化了的自己表象和对象表象已被整合成为自我理想，而自我理想又被合成为超我的一个部分。这时自我和超我才真正分化出来，从而完成了自我、本我和超我三分结构的建立。

（四）哈特的客体我与主体我的发展理论

哈特（S. Harter）总结大量的相关研究，提出了一个婴儿主体我与客体我的发展体系。她把婴儿自我认知的发生发展分为五个阶段，前三个阶段为主体我的发展，后两个阶段为客体我的发展。

第一阶段（5—8个月），婴儿显示出对镜像的兴趣，他们注视它，接近它，微笑并咿咿呀呀地"说话"，但他们对自己的镜像与对其他婴儿形象的反应没有区别，说明他们并未认识到镜中是自己的影像，未认识到自己与他人的差别以及自己是独立存在的个体。此时婴儿还没有萌生自我意识。

第二阶段（9—12个月），婴儿显示了对自己作为活动主体的认识，他们主动用自己的动作引起镜像的动作。这一阶段产生了初步的主体我。

第三阶段（12—15个月），幼儿已能区分由自己做出的动作与他人做出的动作的区别，对自己的镜像与自己的活动之间的关系有了清楚的觉知，说明幼儿已能把自己与他人分开。主体我得到明确的发展。

第四阶段（15—18个月），幼儿开始把自己作为客体来认识，表现在对客体特征（如红鼻头镜像）与主体特征的联系上，认识到客体特征来自主体特征，对主体的某些特征有了稳定的认识。反映了在客体我水平上的自我认知。

第五阶段（18—24个月），幼儿已具有用语言表达自己的能力，已经能意识到自己的独特特征，能从客体（如照片）中认识自己，用语言表示自己，表明已具有明确的客体我。

第三节　心理理论概述

一、心理理论的定义

20世纪80年代以来，对儿童社会认知发展的研究一直是发展心理学中活跃的研究领域之一，其中重要的一部分内容就是对儿童心理理论的研究。对自己和他人心理状态的认识是人类最基本的认知领域之一，也是儿童社会认知领域的重要内容。在日常生活中，我们总是会对自己或他人的心理状态进行推理，推知他人的意图和信念，通过推测心理状态预测他人的行为，这就是所谓的"直觉的心理理论"。

心理学家使用"心理理论"这个术语来表示儿童对心理世界的理解能力，即儿童是如何理解推理、信念、意图和目的等心理现象的。比如，儿童是否意识到心理世界和非心理世界之间的区别，即思想是存在于我们的心理世界中的，并不是现实物理世界的一部分？儿童是否能够认识到除了这些区别之外，这两者之间还存在着相互关联，即我们的实际生活经历使我们产生相应的认识和信念，这些认识和信念又转而指导我们的行为？儿童又能否认识到不同心理状态之间的区别，即对一件事情进行思考的心理过程和完全了解一件事情的心理过程并不一致，而想要达到某个目标的意图和某个目标一定能达成的意图又是不一样的？

对于婴幼儿来说，理解"梦"也是心理理论能力的一种体现。婴幼儿最初对梦有种害怕的情绪,因为他不能理解梦这种内在的心理活动究竟是什么。有的幼儿说梦像图画书,但是又不记得是否有色彩;有的幼儿说梦像电视,一幕一幕在说一件事情;有的幼儿说梦是真实的,有的幼儿又说梦是不真实的。这种对梦境的理解就是幼儿对心理世界理解的一种表现,也是其心理理论能力的一种体现。

二、心理理论的重要性

（一）心理理论是婴幼儿社会认知的重要内容

在对婴幼儿的社会认知能力进行研究的过程中,长期以来,研究者们都将焦点放在婴幼儿与周围环境相互作用的过程上,即把婴幼儿这个主体和其他客体的关系作为研究婴幼儿社会认知发展的着眼点,而忽视了婴幼儿对自己和他人的心理世界的认知过程。婴幼儿心理理论的研究完善了婴幼儿社会认知研究的范围,全面揭示了婴幼儿社会认知能力发展的方面和发展过程。

心理理论的研究者认为,婴幼儿心理理论的发展与其感知发展、注意和认知的发展、情绪的发展,以及交往的发展都有很大的关系。心理理论是社会性发展过程中不可或缺的一部分。

心理理论的研究者对婴幼儿社会性发展的假设是：只有具备了一定量的关于心理活动的指示,即形成了某种程度的心理理论,婴幼儿才可能习得一定的社会技能,并学会作出正确的情绪反应,进而发展适宜的社会交往行为。心理理论发展的重要性可见一斑。

（二）心理理论促进婴幼儿社会认知的发展

婴幼儿在掌握语言之前,仅用目光或肢体语言与这个世界接触,对这个世界进行探索的时候,就已经开始了社会认知的发展过程。

最初,婴儿在观察自己和他人时总是从外部可观察的方面着手,对于内在的动机、感情和其他心理特征则很少注意。而社会认知需要更为复杂的认知判断过程和能力,因为人们的感情和情绪都是不可预测的,外在行为也会发生变化。

这些方面的变化对婴幼儿来说是一个不小的认知挑战,而这个挑战因为婴幼儿和客观世界不断地反馈和交流而降低了难度。多方面的交流为婴幼儿理解和评价他人提供了充分的机会,正是这样的社会交往过程逐渐促进了婴幼儿自身的感知发展、注意和认知的发展、情绪情感的发展,以及交往能力的发展。

随着对婴幼儿社会认知能力研究的深入,研究者们发现,婴幼儿社会认知能力的发展情况最初都可以表现为对他人的视觉的认同和理解,即婴幼儿可以理解,即使是对同一个事物,不同的人看到的情况也可能是不一样的。以此为基础,婴幼儿开始逐渐地认识到除了视觉可能不同,他人的认知与自己也可能是不一样的。这些就是心理理论发展的初期阶段。

综上所述,心理理论的发展是婴幼儿社会交往能力发展的一个重要基础,心理理论的发展是婴幼儿发展阶段中不可或缺的一个重要环节，直接影响到婴幼儿以后的社会认知和社会交往能力的发展。也就是说，婴幼儿心理理论的发展是认知能力和社会性交往的一个桥梁。

三、0—3岁婴幼儿心理理论发展的主要理论

（一）理论的理论（Theory Theory）

理论的理论家们认为，我们关于心理的知识包含的不是实际的科学理论，而是某种日常的"框架"或"基础"的理论。研究者们发现，婴幼儿向成人的心理理论发展的过程中大致有三个重要阶段：第一个阶段是大约2岁时，幼儿获得某种愿望心理学，依靠愿望来解释行为；第二个阶段是大约3岁时，幼儿获得愿望—信念心理学，开始有信念和想法，但是仍然以愿望来解释行为，信念只是处于辅助地位；第三个阶段是大约4岁时，幼儿获得类似于成人的信念—愿望心理学，由自身产生的想法和信念来影响自己的行为。在婴幼儿心理理论形成的过程中，经验起到了一定的作用。经验的作用方式类似于皮亚杰的平衡化作用机制，即经验引发不平衡，由此促进某种新的较高的平衡状态，即新的心理理论的形成。

（二）模块理论（Modularity Theory）

这一理论的代表人物是莱斯利（A. M. Leslie）。他的许多研究是在自闭症儿童中进行的，他认为儿童的发展不是获得某种关于心理表征的理论，而是通过三个领域特殊性和模块化机制的连续神经成熟而获得。第一个机制被称为身体理论机制（Theory of Body Mechanism，简称ToBM），发展于出生后第一年早期。另外两个机制被称为心理理论机制（Theory of Mind Mechanism，简称ToMM）。心理理论机制的第一模块简称ToMM1，在第一年后期起作用；心理理论机制的第二模块简称ToMM2，在第二年开始发展。儿童在不同时期发展起来的机制决定了儿童不同的心理理论发展水平。模块论强调神经生理的成熟，经验在个体心理理论的发展中只起某种"触发"作用，并不是必需的。

（三）匹配理论（Matching Theory）

这种理论认为婴幼儿心理理论发展的前提是，婴幼儿必须意识到自己与他人在心理活动中处于等价的主体地位，认识到自己与他人在心理活动中的相似性，通过对心理活动情境的不断观察和再认，对这种等价关系的认识不断发展，逐渐获得系统的心理理论知识。但是这种理论的倡导者在对理论的深入理解上又存在不同，理论本身存在不同的理解和应用方法。

（四）模拟理论（Simulation Theory）

这个理论由哈里斯（J. R. Harris）及其他研究者提出，他们不赞同理论的理论，认为儿童的心理认识并不具有理论的性质。他们认为，儿童对自己的心理状态具有某种内省性觉知，并能够通过一种角色模拟过程来推测他人的心理状态，即儿童可以通过想象和心理上模拟其他人所处的情境来推测他人的心理状态。儿童发展的不是理论而是越来越准确的模拟能

力。尽管人们在预测和解释行为时求助于理论，但是模拟理论者认为在社会认知和技能获得过程中，心理模拟是十分重要的过程。

总之，不同理论的倡导者不乏支持自己观点及反对其他理论的论据，也从不同角度出发开展了许多具有价值的研究。当前最有影响力的可能还是理论的理论。但是这些理论或许都只是解释了儿童心理理论发展过程中的某个方面，我们在解释儿童心理理论发展的过程和特点时，需要采取源自不同理论的合理成分以便对实际的情况作出更为合理的解释。

第四节 规则意识概述

一、规则和规则意识的定义

规则是人类意识的产物，是保障社会正常运行的基本条件。规则是人类为维持社会正常运行而制定的，但个体对规则的适应与顺应并非本能反应，而是一种后天的习得行为。因此，在现代文明社会中，遵守规则是人们社会化的第一步，也是人类最初的道德。所谓规则意识，是指发自内心的、以规则为自己行动准绳的思想观念，是对规则认同并能自觉遵守，使之成为行为习惯的稳定心理状态。

二、规则意识对0—3岁婴幼儿社会性发展的作用

规则意识的形成和规则行为的养成是婴幼儿社会性发展的基本内涵。在社会化进程中，婴幼儿先认识、理解社会规则，再将遵守社会规则的外部要求逐渐内化到意识层面，最后通过行为表现出来，并将规则行为自觉化。可见，认知规则、发展规则意识是婴幼儿社会化过程中的重要内容，并为婴幼儿最终实现社会化奠定基础。

社会规则通过约定各种行为的规范标准并使其互相配合，从而形成一个社会规范体系，借此规范体系调整人们各个方面的社会行为，维护一定的社会秩序，以保障社会活动正常运行。对于一个社会的存在、稳定和发展而言，社会规则是不可缺少的，社会规则越完善、越充分，越有利于维护社会秩序，促进社会发展。另外，社会规则是一个群体共同价值体系的反映，个体唯有自觉遵循这种价值标准才能被社会所接纳。因此，社会规则是个体社会行为选择及定向的工具，个体需要用社会规则约束自身的社会行为、调节人际交往活动。"没有规矩不成方圆"，理解和遵守社会规则是每个人作为社会成员必备的素养。

作为社会的一员，也作为未来社会的主人，婴幼儿必须养成遵守社会规则的行为习惯。0—3岁婴幼儿时期是形成规则意识的重要时期。婴儿出生之后就开始认识和适应

新的生存环境,而家庭是婴儿最先接触的社会环境。在与家人的交往活动中,婴儿建立了最原始的自我系统,经历了初步的社会性发展(1岁以内)。1岁以后,幼儿对自己、他人以及自己与他人的关系有了初步认识,在此过程中开始形成自我意识,掌握了最初的行为规范。2岁左右,幼儿形成了最初的社会规则意识,比如在家长的教育下,幼儿知道应该关爱家人、帮助他人等。2岁以后,幼儿的社会规则意识会不断发展和完善,并且会在实际行动中践行这些规则。因此,婴幼儿规则意识的形成与发展有助于其社会性的发展,应予以足够的重视。

三、0—3岁婴幼儿规则意识的理论

婴幼儿规则意识的理论研究源于皮亚杰。在皮亚杰看来,婴幼儿规则意识的发展属于道德发展的范畴,因此,皮亚杰在儿童道德发展理论中对婴幼儿规则意识的发展进行了论述。

首先,道德和规则之间存在着从属关系。道德是一种特有的社会现象,指的是社会为了协调和控制社会生活而向其成员提出的一系列行为准则的总和,其效用在于解决人际冲突,发展良好的人际关系。道德是受社会舆论和个体内心驱使所支持的一种行为规范,是个人判断、调节自己行为的标准和依据。当一个人按照社会公认的准则去行动时,就会受到人们的赞许,为社会所肯定;反之,就会受到人们的谴责,为社会所否定。道德其实从属于规则,是规则中为了协调人们的社会活动而制定的那部分规则,并且这些规则是社会中的人都必须遵守的。

其次,在0—3岁婴幼儿身上,规则及规则意识的发展是与道德发展紧密相连的。皮亚杰认为成熟的道德包括儿童对社会规则的理解与接受。在20世纪20年代,他分别使用了自然观察法和对偶故事法来考察儿童对游戏规则的制定、完善、认识和执行的情况,并以此来说明儿童道德发展的水平。换言之,以皮亚杰的观点来看,儿童早期道德发展的主要任务与表现就是规则及规则意识的发展。

最后,0—3岁阶段的婴幼儿认为,规则不是有义务去遵守的条例,他们往往分不清哪些规则是必须遵守的,哪些规则是他自己定的,可以改变的。也就是说,婴幼儿的规则意识只是刚刚萌芽,还不能理解规则是必须遵守的这样一个事实,但是他们会在游戏中制定自己的规则,还会常常改变规则。

本 章 小 结

社会认知是社会性发展中与认知相关的部分,0—3岁婴幼儿的社会认知主要包括对自我的认知(自我意识)、对他人心理活动的认知(心理理论)和对社会规则的认知(规则意识)。自我意识是个性的核心,是作为主体的我对自己以及自己与周围事物的关系,尤其是人我关系的认识，它有着复杂的结构，并对人格的形成有着重要的意义。0—3岁婴幼儿的自我意识发展主要涵盖了自我认识、自我体验和自我控制三个方面。心理理论是婴幼儿对自己及他人心理世界的认知，对婴幼儿的社会化发展具有重要意义。0—3岁婴幼儿心理理论能力包括对自己及他人行为目标、意图、愿望等的认知。规则意识是婴幼儿人际交往和社会性活动的基础，对规则的认知是婴幼儿踏入社会的重要一步。

延 伸 学 习

 拓展阅读

文化差异对婴幼儿自我意识形成的影响

在20世纪90年代末，米勒（P. J. Miller）等人进行了一个跨文化研究来调查不同文化背景下父母在对事件的选择和解释上存在着的巨大文化差异对2岁半幼儿自我意识的发展的影响。

在将近两年的调查研究中，研究者调查了美国墨西哥州6个中等经济地位的美籍爱尔兰裔家庭，以及中国台湾地区6个中等经济地位的家庭。研究者从与成人和幼儿几百个小时的谈话录像中挑选家庭旅行作为研究事件，并对事件的内容、结局以及幼儿的评价进行编码，从中得出研究的相关结论。

两种文化中的家长都以类似的方式谈论愉快假期和家庭旅行的经历，但是中国家长会更多地唠叨幼儿的恶劣行为，如使用不礼貌的语言、在墙上写字、大声喧闹。在讲述这些事情时，家长是以温暖、关爱的语气传达给幼儿的，强调这些不良行为对他人造成的影响，例如"你让我很没面子"。而且最后家长会直接告诉幼儿适宜的行为是什么，例如"讲话时应该有礼貌"。爱尔兰裔家长也会谈到幼儿的违规，但是他们并不重视其严重性，而是将其与幼儿的勇气和果断品质相联系。

研究者分析认为，受到较为严格的纪律约束、集体意识和社会责任等传统观念的影响，中国的家长会把这些价值观念融入日常家庭生活的各个环节中，强调不要给家庭带来耻辱的重要性，并且在平时生活中会直接传达他们的期望。尽管美籍爱尔兰裔的家长也会约束他们的孩子，但是他们很少在日常生活中详细描述孩子的恶劣行为，而是以一种积极的方式来阐述孩子的缺点，这或许会促进幼儿自我意识中自尊的发展。

大部分北美人都相信，良好的自尊对健康发展来说非常重要。但是中国的家长一般认为自尊不重要，或者是可以忽略的，因此，在日常生活中常常强迫孩子听话、改正错误。中国的家长很少去培养孩子的独立性，相反，他们会利用说教来指导孩子做出具有社会责任的行为。

因此，研究者得出了一个结论：社会文化对婴幼儿的自我意识发展具有影响，中国婴幼儿的自我意识强调对他人的义务，强调社会责任，而北美婴幼儿更自主一些。

学习活动

阅读本章"延伸学习"的内容,联系婴幼儿发展心理学的相关理论,讨论影响婴幼儿自我意识发展的因素。

复习与思考

1. 自我意识的发展对婴幼儿的重要性表现在哪些方面?
2. 依据心理理论的定义和相关理论,尝试分析自己的心理理论能力水平。
3. 联系皮亚杰的儿童道德发展理论,就规则意识对0—3岁婴幼儿发展的重要性谈谈自己的见解。

第三章　0—3岁婴幼儿社会认知发展的特征

学习目标

1. 理解婴幼儿自我意识发展的特征，包括自我认识、自我体验与评价和自我调控的发展特征。
2. 理解婴幼儿心理理论发展的特征，重点了解有关3岁幼儿错误信念的发展。
3. 了解婴幼儿规则意识发展的心理基础，并理解其发展特征。

第一节　0—3岁婴幼儿自我意识发展的特征

一、0—3岁婴幼儿自我认识的发展特征

对0—3岁婴幼儿而言，自我认识中的自我识别和性别认知是其发展中的主要内容。

（一）自我识别的发展

婴儿呱呱坠地的时候并不认识自己，甚至在整个第一年中，他都没有自我识别能力，还没有把自己作为主体从客观世界中区分出来。他甚至不知道自己身体的各个部分是属于自己的，对于新生儿来说，自己的手指和小床的栏杆，哪个属于自己的身体，哪个是自己身体之外的，他并不了解。此时的婴儿还没有形成物我分离，更谈不上认识自己了。

那么，婴儿是从什么时候开始认识自己的呢？关于这个问题，心理学家作了许多研究试图寻找答案。沙弗尔(Schaffer)等人发现，8个月大的婴儿可以把自己面部的动态和静态图像与同伴的图像区分开来，5个月大的婴儿只能区分动态的图像，5—8个月的婴儿能够识别自己发出的非悲伤的声音，但很难将自己的哭泣声和别的婴儿的区分开来。这些研究表明婴儿具备了初步的自我识别的能力。

关于自我识别的研究中，最有名的心理学实验就是点红实验了。有很多儿童心理学家都做过点红实验，以至于现在都很难查证究竟谁是第一个做这个实验的人。点红实验的目的是了解婴幼儿自我识别能力的发展状况，了解婴幼儿多大时能够知道自己在镜子里的镜

像是自己,而不是别人。

点红实验研究的对象大多是6—24个月大的婴幼儿。实验的步骤如下:第一步,实验之前,实验者先观察记录婴幼儿用手摸鼻子的频率;第二步,在婴幼儿没有发觉的情况下,在其鼻子上用胭脂画一个小圆点;第三步,引导婴幼儿看面前镜子中的镜像;第四步,观察婴幼儿看到自己的镜像时的反应。点红实验的结果说明,婴幼儿的自我识别能力的发展大致经过三个阶段。

第一阶段在1岁左右,婴幼儿以为镜子里的镜像是另外一个孩子,他们常常会看看镜子里的镜像,然后到镜子后面去找那个并不存在的孩子。有的孩子在发现镜子后面并没有另一个孩子存在的时候,会对镜子里的形象感到害怕,表现出后退和哭泣等行为。第二阶段,婴幼儿开始显示出初步的自我识别能力。这个时候,婴幼儿看到镜子里的镜像时,开始出现了表情上的变化:有的发愣,有的有点不知所措,而有的开始自我欣赏起来。有些观察者认为这是婴幼儿开始能够自我识别的标志,但是大部分学者却认为这不足以证明婴幼儿已经能够识别镜中的自己了。第三阶段是大约20—24个月的时候,婴幼儿能够进行自我识别了。这个阶段婴幼儿出现的一个最关键的动作就是当他照镜子的时候马上用手去摸自己鼻子上的小圆点,而不是试图触摸镜子中形象的鼻子。很多研究都表明,婴幼儿要到20个月的时候,在照镜子时才开始不去指或者碰镜子里的镜像的鼻子,而是直接摸自己的鼻子;24个月时,几乎所有的幼儿都已经能够认识镜子中的镜像就是自己而不是别人,表现为直接摸自己鼻子上的小圆点。

点红实验表明,在婴幼儿出生后的第二年,自我识别能力在一点点发展,直至能够辨认出镜中自己的镜像。在这一年中,婴幼儿开始认识到自己的身体是属于自己的,因为自己的身体是有各种感觉的,同时开始学习自己身体各个部位的名称,也知道如何称呼自己,如"宝宝""妹妹"或"弟弟"。

2—3岁的幼儿开始把自己当作主体来认识。与1岁的幼儿不同的是,2—3岁的幼儿在表达自己愿望的时候,开始把自己的称呼挂在最前面,比如"宝宝要吃糖"。渐渐地,3岁左右的时候,幼儿开始用"我"来称呼自己,这是幼儿自我认识发展过程中的一个重要的里程碑。

(二)性别认知与性别角色偏爱

在我国,传统的男性行为与女性行为之间存在着非常明显的差异。如果男孩在行为上带有点女孩气质,便被称为"娘娘腔";反过来,如果一个女孩像男孩一样好动调皮,便被称为"女汉子"或者"假小子"。那么,婴幼儿是从什么时候开始意识到自己是男孩还是女孩的呢?这种性别认知对婴幼儿性别角色的发展起到什么样的作用呢?

柯尔伯格(L. Kohlberg)认为,幼儿在3岁左右的时候已经能够认知自己的性别了,知道自己是男孩还是女孩。但是此时的性别认知仅局限于能正确说出自己的性别,对性别的含义其实并不清楚。下面的对话就可以反映一个3岁幼儿对性别的认知状态。

Q：你是男孩还是女孩？

A：男孩。

Q：你是怎么知道自己是男孩的？

A：妈妈告诉我的。

Q：那天天是男孩还是女孩？

A：男孩。

Q：你怎么知道他是男孩呢？

A：因为他穿短裤，不穿裙子，还是短头发。

Q：你喜欢做男孩还是做女孩？

A：不知道，现在是男孩，等长大了我就变女孩了。

从这段对话可以看出：① 3岁的幼儿对性别的认知大多来源于成人的告知，且能够正确指出自己和同伴的性别；② 3岁以前的幼儿大都根据外部特征，例如衣着、相貌等判断性别；③ 3岁幼儿还没有形成性别的恒常性，认为性别是不稳定的，可以改变的。

与性别认知相关的是，婴幼儿在较早时期就表现出与自己性别相符的性别角色偏爱。所谓的性别角色偏爱是指婴幼儿对适合自己性别的玩具和活动表示出的特别喜好，例如：女孩子偏爱洋娃娃，喜欢扮演护士的角色；男孩子喜欢汽车玩具，乐于扮演消防员的角色。早在18个月大的时候，幼儿在玩具选择和游戏活动中就表现出与自己的性别特征相符合的偏爱。

测定婴幼儿性别角色偏爱的常用工具有IT量表。IT量表由36张卡片组成，是一种投射测验。整套卡片由如下几类组成：① 一张IT卡，这是一张绘制了一个未确定性别的模糊形象的卡片，被称为"IT"；② 具有女性特征的卡片，包括物体（如洋娃娃）、衣服（如裙子）和活动（如洋娃娃）；③ 具有男性特征的卡片，包括物体（如卡车）、衣服（如短裤）和活动（如跑步）。测验时，首先让婴幼儿看IT卡片，然后要求他们从各类卡片中加以挑选并询问："你觉得IT会喜欢哪一种？"一般而言，婴幼儿为IT选择的物品与活动就代表自己的偏爱。研究发现，婴幼儿18个月开始就对同性别的活动与物品表现出偏爱，而且这种现象从3岁开始有一个显著的增长期。

二、0—3岁婴幼儿自我体验与评价的发展特征

（一）自主意识的出现

自主性是一个复杂的概念，按词义解释就是不依赖于他人，不受他人的干涉和支配，具有自我判断和自我行动的能力。应该说0—3岁的婴幼儿还不可能具备完全意义上的自主性，他们只是开始出现了初步的自主意识。

婴幼儿自主意识的最初表现是开始说"不"。2—3岁的大部分幼儿开始反复地说"不"，

同时，他们还会说"宝宝自己来"，这种现象的出现就标志着婴幼儿自主意识的萌芽。人们也常常将婴幼儿反复说"不"的这一阶段称为"第一反抗期"。

第一反抗期的出现是因为婴幼儿的机体不断发育完善，各种生活能力逐渐增强，交往范围不断扩大，知识经验也不断增加，这些都促使婴幼儿意识到自己什么都会做，很能干，变得不愿听从别人的安排，常常想到什么就要做什么，不考虑后果，也不知道失败的危险。他们常常表现得不听话、固执，经常说"自己来""不要"这一类的话，呈现出个性心理的"自我"发展时期的种种特征。反抗的首要原因是婴幼儿开始萌发"自我"意识，开始意识到自我的要求，自我思维也变得越来越清晰，企图按照自己的想法行事。这时他们的要求与能力之间并不匹配，婴幼儿所具备的各种能力往往不能使他们完成想要做的事情。但是心理上对自主的需要又让他们有比较强烈的不听别人安排的倾向，所以就只能事事采取反抗的态度了。

当婴幼儿的自主意识与要求没有得到满足时，便会产生这样一种自我体验——羞怯和疑虑。埃里克森指出，"羞怯是一种幼稚的情感，它来源于不断增长的渺小感"，而疑虑则是对自己的怀疑，以及对周围环境的不信任。羞怯和疑虑的自我体验会导致婴幼儿人格发展的偏差，如果婴幼儿一直产生羞怯与疑虑的自我体验，那么长大后很可能形成强迫行为、吝啬、机械甚至偏执的人格特质。

（二）自尊与自信的出现

自信心，又可称为自信感，是指个体在对自己的行为能力进行自我认识和评估的基础上所产生的一种自我体验。自信心是人个性的重要组成部分，影响人整个个性的健全发展，具有自信心是一个人迈向成功的第一步。自信心对一个人一生的发展所起的作用，无论是在智力上，还是体力上，抑或是处事能力上，都有着基石性的支持作用。自信心作为一种重要的个性特质，是婴幼儿良好的心理素质和健康个性的重要组成部分。

自尊，即自我尊重，指个体基于对自己社会角色的自我评价而形成的自我价值感，是自我体验的重要成分。自尊是通过与他人的比较形成的，受社会比较、他人评价、完成任务时的成功与失败，以及自我肯定等众多主、客观因素的影响。

0—3岁婴幼儿随着自我认知能力的不断提高，开始有了对自我的体验，从而出现了"自尊""自信"等自我觉知。一般而言，自尊强的婴幼儿通常有着良好的自我认知，并对自己的能力有较高的评价，从而在日常生活中表现得比较积极，面对有挑战的任务时相信自己有能力完成（自信），会去积极尝试，即使面对失败，也会积极地、不停地尝试。反之，自尊水平较低的婴幼儿通常会表现得非常不自信，面对新的环境与任务，会表现出更多的焦虑和不适应，不愿意去尝试有挑战性的任务，容易退缩，害怕失败。

（三）自我评价的发展特征

一旦婴幼儿开始对自我有所认知以后，便开始使用心理表征和语言来描述自己的形象，这便是自我评价的开始，也有学者将其称为自我归类。自我评价或自我归类最初表现为比较，即将自己与他人进行比较。一般而言，18—30个月的幼儿会从以下三个方面将自己和他人进行比较：

（1）年龄。例如，幼儿会说："我是大宝宝了，我会走路了，小宝宝躺着只会喝奶。"

（2）性别。例如，幼儿会说："我是女孩子，他是男孩子。"

（3）身体特征。主要体现在对身体外貌的比较，包括身材高矮胖瘦，头发长短等。例如，幼儿会说："宝宝是个好看的宝宝。"

在这段时期，婴幼儿还可以依据成人的标准对自己或他人作出一定的评判，如"我是一个好孩子""打人的孩子都是坏孩子"。还有研究表明，不到3岁的婴幼儿已经开始会对自己的能力进行评价，比如"宝宝做好了""我不能够做，我不行"。

婴幼儿对自己的评价基于周围的成人对他的看法，而且婴幼儿对这些评价的理解也是有限的，更多是重复周围成人的话语而已。

三、0—3岁婴幼儿自我调控的发展特征

（一）从无意控制到有意控制

个体自我调控的发展，一般都要经历从无意到有意，再到自动化的过程。对于0—3岁的婴幼儿而言，自我调控当然还达不到自动化的程度，它的发展主要表现为从无意调控向有意调控的发展。

婴幼儿自我调控开始形成的时候，表现出很大的无意性。研究表明，新生儿的自我调控表现为一种朦胧的、不自觉的意向性行为，所谓意向性行为，是指能够根据自己的目标来实施有效的行为。婴儿大约在6个月以后会出现意向性行为，能够要求自己主动调控自己的活动，但是由于注意力分配的能力有限，意志控制力较差，不能做到在进行活动的同时对自己的行为进行有目的、有意识的调控。因此，早期的自我调控往往是一种不自觉的、无意识的状态。例如，婴儿尝试从椅子上爬下去捡掉落在地面上的玩具，他可能会尝试用不同的方法去捡拾，直至成功地捡起玩具。这种为了一个目标（捡起玩具）而不停地改变动作的过程，便可以视为一种无意识的调控。

随着婴幼儿生理的成熟、心理的发展，以及生活经验的不断丰富，婴幼儿开始对自己的活动进行有意识的调控。他能够注意到自己的活动哪些是有效的，哪些是无效的，然后根据活动的结果主动调节自己的行为。例如，一个2岁的幼儿为了有效地引起正在玩手机的母亲的注意，会主动调节自己的行为：从发出咿咿呀呀的声音，到声音越来越大地叫妈妈；从敲打玩具到将玩具扔向远处；从用语言呼唤妈妈到走过去拉妈妈的手；等等。在这一系列的动作过程当中，幼儿主动地调控了自己的行为，发现了对于母亲而言最有效的动作方式，并且这种动作方式可能被固化下来，成为下一次要引起母亲注意时所采用的首选方法。

应该说，3岁的幼儿，大部分都能够根据活动进行的效果的好坏去调整自己的活动方式。也就是说，此时的幼儿已经初步显示出有意识的自我调控。但这个时候的自我调控往往不够熟练和迅速，还经常会发生错误，或者出现一些多余的行为。

（二）从局部调控到整体调控

从局部到整体是自我调控表现出的一种基本发展趋势。在0—3岁婴幼儿自我调控的发展过程中同样有所体现。但是，婴幼儿的自我调控远不可能达到整体调控的水平，其从局部到整体的发展表现为调控的活动环节不断增加。

一般认为，婴幼儿最初的自我调控往往只是集中在活动过程中的某个局部的动作。例如，一个想要拿到远处玩具的1岁左右的婴幼儿，他的每次尝试与努力只是针对如何使自己的小手能够伸得更长。最初他可能只是伸出小手，然后发现不能够着远处的玩具时，就更努力地往前伸手，把手指都张开，发现还是不行，他会继续调节自己的行为，可能更努力地把小手向前伸，他可能重复这个行为很多次。在这个过程中，婴幼儿的自我调控只是关注于自己的一个动作——伸手，而并没有想到调整其他的行为。

同样的情景如果发生在年龄更大的幼儿身上的话，其自我调控所关注的动作环节将会更多，例如：对身体动作的调控——前倾，对肩膀动作的调控——侧身，还可以移动身体，如果移动身体还不能解决问题，还会利用一些工具，有一些幼儿会叫成年人把玩具给他送过来，而不是自己去够玩具。在这样的过程中，幼儿表现出更多的、更趋向整体的调控。

应该承认，在0—3岁婴幼儿自我调控发展的过程当中，这种从局部到整体的发展趋势虽然表现得十分明显，但是仍然达不到真正意义上的整体调控。

（三）从他控到自控

所谓他控，是指活动主要由他人来调节管理；而自控则是指活动由实践者本身来实施调节管理。婴幼儿对自己的调控就是一个从他控到自控的发展过程。

在日常生活中，如果我们仔细观察便不难发现，当婴幼儿还没有形成明确的自我意识，没有获得一定的自我调控能力之前，其行为通常是依赖外部控制来调节的。例如，婴儿虽然具有先天性的吸吮反射，但是他们并不会自己主动寻找食物，而是依赖于成人将食物送到嘴边，此时，进食这个活动就有着他控的特征。当婴幼儿的自我意识渐渐发展起来以后，他的自主性和独立意识促使他要对自己的行为产生一种控制，这便是自我控制的开端。

不同理论对婴幼儿如何从他控发展到自控有着不同的论述。按照弗洛伊德的精神分析理论，1岁以后幼儿的大小便练习便是一种从他控到自控的过程。在婴幼儿会自主排便以前，成年人会用口哨声或者"嗯嗯"声来控制婴幼儿的大小便，这是婴幼儿排泄活动他控的表现。1岁以后，随着自主性和独立性的发展，幼儿开始练习通过肛门收缩等行为来控制自己的排泄，排泄活动开始带有自控特征。

以维果斯基（Vygotsky）和鲁利亚（Luria）为代表的社会历史文化学派，通过对思维和语言的研究发现：儿童的自我调控能力最初来源于社会互动，具有他控的特征，然后随着儿童语言的发展，儿童的自控能力也渐渐发展起来，表现出自控的特点。该学派认为，自我调控起源于婴幼儿与帮助他们的成人，或者和他们一起游戏的同伴之间进行的社会性对话，这种社会性对话能帮助婴幼儿发展自我导向的语言。一旦婴幼儿把他人的标准整合到自己的语言中去，并用于指导自己的行为，就标志着婴幼儿已经具有真正的自控能力。由此，社会文化历史学派根据婴幼儿使用语言控制行为能力的发展,把社会自我调控能力的发展分为三个阶段。

第一阶段,父母言语控制。婴儿最初以先天的神经系统为基础,对环境刺激作出反应,成人通过运用信号(尤其语言信号)来控制环境中的即时刺激,进而调节婴儿的行为。到了学步阶段,婴幼儿开始能够借助外部信号调节行为反应,并开始运用信号去影响他周围的人。但是,这一阶段的婴幼儿掌握的只是信号和刺激之间的外在而具体的联系,自我言语并不奏效,只有成人的外部言语能够控制婴幼儿的行为,而且成人言语对婴幼儿的行为控制只具有启动功能,而不具备抑制功能。

第二阶段,外部言语控制。大约在2岁以后,幼儿能够积极地组织刺激并调节自己的行为以达到期望的反应。在这个阶段,成人言语既具有行为启动的功能,同时也具有行为抑制的功能;幼儿自己的言语只具有启动行为的功能,抑制行为的功能还不完善。说明这一阶段言语的语义内容开始发生作用,言语的控制点开始从第一信号系统转向第二信号系统,言语作为社会共享的意义信号,变成最有用的工具。

第三阶段,内部言语控制。幼儿的外部言语渐渐隐退,内部言语充当自我指导的功能,从而实现由外部言语调节向内部言语调节的转变。这个阶段,刺激、信号和行为之间的外在关系彻底内化,幼儿已经能够以语言为工具对认知和行为活动进行计划和指导。因此,幼儿可以在没有外部信号的帮助下,灵活地对自己的行为进行控制,这标志着幼儿自我调控能力的形成。

(四)阶段性特征

20世纪80年代初,美国心理学克普(Kopp)聚焦婴儿早期到学龄早期这段时期,对幼儿自我监控和自我调节的发生过程予以了多角度的分析。按照其理论,幼儿自我监控和自我调节的早期发生发展可以分为四个时期,呈现出发展的阶段性特征。

第一时期为神经生理调节期(0—3个月)。在这一时期,婴儿的生理机制保护着其免受过强过多刺激的伤害,比如由于此时中枢神经系统尚没有发育成熟,很多刺激便得不到加工。此外,婴儿还用其他一些方式来保护自己免受过多刺激,如通过自我吮吸来减少自身的唤起水平。面对刺激,婴儿在自我安慰或被安慰的能力上存在很大的个体差异,但是这种个体差异的长远意义尚不明确。在这一阶段,多数的唤起主要由婴儿个体的成熟力量来解决,但是状态的控制也很得力于照看者的护理工作。日常的护理为婴儿对睡眠和觉醒的内部控制提供了外部支持。

第二时期为知觉运动调节期(3—9/12个月)。在这一时期,婴儿能够自发做出动作(如伸手去抓物或人)或改变、调节自己的行为作为对环境事件的反应。调节自己的行为动作时,婴儿没有明确的意图,也不明了情境的意义,往往是与当前的交往对象或其他的刺激相关联。8个月时,婴儿只是简单地注意母亲的活动,这样,正是源于人和物的这种快乐、兴趣和欲望而非经认知活动的意图、意义结果激发了婴儿的行为。婴儿的行为反映出脾气和活动水平等气质倾向的个别差异。这一时期,照看者的敏感性对婴儿,尤其是兴趣缺乏或活跃性太低的婴儿来说是很重要的。照看者的敏感性不足,将导致婴儿行为的不协调或在某种情境中的不适当。那些敏于反应的照看者会积极地与婴儿进行互动,保持密切接触,并鼓励婴儿与环境发生相互作用(如摆弄玩具)。这样,婴儿就逐渐能够将自己的活动与对象、自我与他人的行为区分开来,而这是婴儿"自我"发生的重要标志。此时,婴儿的控制潜能便出现了。

第三时期是外部控制期(9/12—18/24个月)。这一时期,认知和运动能力的迅速发展使得婴幼儿愈发能将自我和他人以及物体区别开来,婴幼儿对身体机能的认识也不断加深,行为中的有意性成分开始增多,行为具有了目标导向性。在此基础上,婴幼儿开始能够服从照看者的命令、要求,并能自发地抑制自己先前被禁止的行为。这种能明确意识到照看者的希望和期望,并能自愿地遵守简单的要求和命令的顺从行为是婴幼儿最初自我监控行为的萌芽。然而,婴幼儿的控制力还特别受其认知力,尤其是记忆力的局限,对某一情境中一种行为比另一种行为更适宜的理由知之甚少,还不能充分认识到自我与自我行为控制间的联系,因此,控制力还很脆弱,需要照看者的外部支持。因此,照看者在婴幼儿早期自控发展中的地位就显得相当重要,照看者应指导和鼓励婴幼儿朝着正确的方向发展。

第四时期为自我监控出现和朝向自我调节的发展期(24个月以后)。自我监控出现在幼儿能够服从行为、应要求而延迟行为,以及在没有外部监督的情况下按照照看者的期待行事之时,它是控制的较高级形式,得力于表象思维和唤起记忆的出现。表象思维和唤起记忆相互联系,都出现在18个月左右,使得幼儿可以运用符号来代表事物,物体不在眼前时也能忆起它们的形象,并且使幼儿获得了自我统一性。这些能力和技能的获得,使得幼儿能够把自己的行为与照看者的要求联系起来,于是,自我作为一个独立的控制者出现了。即使在没有外界监督的情况下,幼儿也能够按照看者的意愿,做出或抑制自己的某种行为。自我监控表明幼儿拥有了内部的监控系统。显示出自我监控的幼儿已懂得在吃饭、穿衣、游戏等行为上的一整套常规,对于成人的期待也有了相当的了解。然而,自我监控与后来的自我调节相比,在适应环境上欠缺灵活性,由于认知的局限,幼儿难以多角度地看待问题情境,便也缺少灵活多样的策略来组织自己的行为。随着幼儿认知能力的进一步发展,约在36个月时,自我监控转化为自我调节。克普指出,两者只是程度上的差异,而非类或质的不同。与自我监控相比,自我调节在对变化的适应方面具有更大的灵活性和自觉性,它是控制的更为成熟的形式,意味着对反省思维和策略的运用。

第二节　0—3岁婴幼儿心理理论发展的特征

一、0—3岁婴幼儿的社会性参照

所谓社会性参照,是指婴幼儿在比较陌生的环境中,利用自我、他人和物体这三者之间的关系来调节自己的行为。一般而言,婴儿从6个月开始就能够从抚养者那里获得面部表情、身体姿态等信息，并可以根据这些信息来调整自己对某事物的行为反应。例如，1岁左右的婴幼儿随母亲一起去一个陌生环境的时候会表现得非常紧张，此时他会根据母亲的情绪状态以及身体肌肉的僵硬程度来判断环境是否安全，如果母亲表现得非常轻松，那么婴幼儿便会调整自己的反应，也变得更加有安全感和舒适。

众多研究都表明，婴幼儿对情绪表情具备早期的敏感性。当婴幼儿能够识别不同的面部表情之后，他们就开始具备用情绪进行信息交流的可能性。比如，一个婴儿遇到不熟悉的情境或物体时，不能够作出确定的反应，于是试图从熟悉的照看者脸上寻找线索以决定自己的行动，成人的情绪这时会成为婴儿情绪的参照，并引发一系列的行为。吉布森和沃克发明的"视崖"实验也可以说明情绪的社会性参照作用。视崖装置是一张1.2米高的桌子，顶部是一块透明的厚玻璃，桌子的一半是由红白格图案组成的结实桌面（浅滩），另一半是同样的图案，但它在桌面下面的地板上（深渊）。在浅滩边上看，另一半垂直降到地面，但实际上有玻璃贯穿整个桌面。在浅滩和深渊的中间是一块中间板。

实验者将12个月大的婴儿作为被试，并让这些婴儿的母亲也参加了实验。每个婴儿都被放在视崖装置的浅滩一侧，母亲在另一侧呼唤自己的孩子，并用玩具吸引孩子爬过来。在实验中，研究者观察母亲的面部表情对婴儿行为的影响。当爬到浅滩与深渊的交界处时，婴儿开始犹豫不前。如果此时母亲微笑着鼓励婴儿，大多数婴儿都能选择爬过去；但如果此时母亲表现出恐惧的表情，没有一个婴儿选择爬过去。可见，社会性参照作用可以直接影响婴幼儿的行为。

为什么婴儿可以利用母亲的面部表情来改变自己的行为？研究者探讨了其内在的机制，其中有两种解释比较合理。第一种解释是，抚养者的面部表情可能会作为一种心情转变信号，使得婴儿变得自信或者谨慎。此时，婴儿不需要考虑这个物体或者这种情境会引起母亲的情绪变化，仅仅是对母亲表达的信号产生共鸣，如果母亲微笑就继续向前爬，如果母亲恐惧就往后退。另一种解释是，婴儿不仅注意母亲的面部表情，还注意母亲的表情所针对的事物。此时，婴儿可能是把母亲的表情作为对其活动的一种评价，微笑表示鼓励、赞赏这种行为。

二、0—3岁婴幼儿对目标、愿望和意图的理解

（一）婴幼儿对他人行为目标的推测

对婴幼儿推测他人行为目标的研究源于普雷马克（D. Premack）和伍德拉夫（G. Woodruff）对黑猩猩心理理论的研究。两位学者认为，说某个个体具有心理理论时，意指该个体将心理状态归因于自己和他人（自己的同类或其他物种）。这种推理系统之所以可以恰当地视为理论，首先，是因为这种状态不可以被直接观测到；其次，这种系统可以用于对其他机体的行为具体地作出预测。为了研究黑猩猩是否具有心理理论能力，两位学者给黑猩猩反复观看某些电影片段，并且将电影片段里演员行为背后的目标做成图卡让黑猩猩来选择。结果显示，

黑猩猩能够正确指出演员的行为目标，表明黑猩猩拥有心理理论能力。受此研究的影响，许多研究者开始研究人类婴幼儿预测他人行为目标的能力。

首先，人类的婴幼儿会区分人的动作和无生命物体的运动，并对人的动作敏感。研究表明，7个月大的婴儿会对无生命物体的运动感到迷惑，并且不会推测这些无生命物体运动的目标。例如，一个球在地板上不停地弹动和人类向前跳跃移动这两类动作，婴儿会对前者表现出疑惑。这些研究结果表明，人类的婴幼儿对人的动作目标具有先天的敏感性。

其次，研究发现，1岁以内的婴儿已经能够对他人的行为目标作出直接有效的推测。美国心理学家格盖里(Gergely)和他的同事对9个月大和12个月大的婴儿进行了实验。他们让婴儿观看一部电影，在电影中，一群孩子围成一个大圆圈，在这个大圆圈里面，母亲围成一个小圆圈，在两个圆圈之间有一道障碍，孩子必须越过障碍才能到达母亲身边。影片中的孩子们开始练习跨过障碍回到母亲身边，练习一段时间以后，有一部分障碍被拆除了，此时，影片中的孩子可以采取两种方式回到母亲身边，第一种是直接走到母亲身边，另一种是继续翻越障碍，回到母亲身边。研究结果表明，无论是9个月还是12个月大的婴儿，当看见影片中的孩子采取第一种方法回到母亲身边时表现出理所应当的表情，而看到影片中的孩子采取第二种方法时表现出非常困惑的表情。很明显，婴儿预期影片中的孩子应该采取的行为目标是直接回到母亲身边，而不是继续翻越障碍。由此研究者得出结论，1岁以内的婴儿已经开始对他人的行为目标表现出敏感性，并且对他人行为目标的判定是直接而有效的。

最后，2—3岁的幼儿除了能够有效地确定他人的动作目标，还能够对这些动作进行一个有层次结构的编码。卡朋特(Carpenter)等人2002年的实验证明了这一点。研究者让2岁的幼儿在观看成人是如何打开盒子(拔出盒子上的一个钉子后，盒子的前面部分才可以被打开)之后，让幼儿自己去打开一个相同的盒子，但是多数2岁的幼儿不能完成任务。为什么会这样？因为当幼儿在看成人拔钉子的时候，他们不知道成人究竟在做什么，毕竟拔钉子对打开盒子来说，并不是一个标准的操作程序。随后的实验中，卡朋特等人先让幼儿关注成人的动作目标，例如成人先展示直接打开盒子，但是打不开，只有拔出钉子后才能打开，这时再让幼儿去打开盒子，大多数幼儿就都能够完成任务了。这似乎说明，成人的失败经历使得幼儿更容易对成功打开盒子进行有顺序的编码。

（二）婴幼儿对愿望的理解

愿望是一种常见的心理活动，我们常常会用"我希望""我想要"这样的语词来表达自己的愿望。很多心理学家都认为，对婴幼儿是否具有愿望的心理概念，并不存在直接的和严格的实验测量方法，只能通过记录婴幼儿的自主语句来推测其对愿望这一心理概念是否理解。因此，对于太小的婴幼儿，并不存在研究的条件。威尔曼等人研究了18个月到5岁的幼儿，定期观察和记录幼儿的自主语言，一共记录了大约20万句话语，确认其中有1.2万句含有心理状态术语。他们把这些句子分为两类：一类是思维和信念语词，如"我认为""我知道"；另一类是愿望语词，如"我要""我希望""我盼望"。研究发现，幼儿在18—24个月的时候就开始使用愿望语词了。此外，当幼儿处于24—30个月大时，就能够说出各种愿望对比性的语言，例如，他们开始将想要得到的东西跟实际得到的或将要得到的东西进行比较，"我想要一只乌龟，但是妈妈给我一条小鱼"。他们还会比较一个人与另外一个人想要的东西，例如，"我想要一颗草莓糖果，但是我妹妹想要一颗巧克力"。研究者据此推断，18个月大的幼儿已经理解愿望这一心理术语了。

（三）婴幼儿对意图的理解

如果说愿望是想要做的事情，意图就是对行为背后的动机的一种推测。婴幼儿对意图的理解，最早的研究可追溯至皮亚杰的道德理论。皮亚杰认为，幼儿理解意图和道德判断之间存在关联的过程，是相对比较缓慢的，3岁的幼儿往往把结果作为衡量行为问题的主要指标，而忽略其意图。例如，在皮亚杰的研究中，一个男孩为了偷糖吃而打碎了妈妈的一个玻璃杯，另一个男孩为了帮妈妈做事，而打碎了妈妈的15个玻璃杯，幼儿会认为打碎15个玻璃杯的孩子犯的错误更大。皮亚杰的研究表明，婴幼儿还不能理解行为的意图，也就是他们对意图这一心理概念的理解比较晚。

但是现在的研究发现3岁的幼儿就能够理解意图，表现为3岁的幼儿做错事的时候会自动去纠正。例如，他们读单词的时候不小心读错了一个音，便会努力地再去读一遍，他们会说读错单词并不是故意的。这表明，3岁的幼儿能够理解哪些动作结果是有意的，哪些动作结果是无意的，能够在一定程度上理解意图的含义。

弗拉维尔（J. H. Flavell）等人进一步探究了幼儿能否区分愿望和意图这两种心理活动。研究者给3岁和4岁的幼儿呈现几个故事，在这些故事中，主人公的愿望和意图都是不一样的。例如，在一个故事里，主人公想要去爬山，但是他在妈妈的命令下得去踢足球，然而由于司机的失误，最后主人公去爬了山，而不是去踢了球。结果表明：4岁的幼儿能够很好地区分愿望和意图，他们能够认识到主人公出门的意图是去踢足球，而期望做的事情是去爬山；相比较之下，3岁的幼儿就不太能够区分，他们会报告说主人公更喜欢爬山，但是不能够明确地区分出愿望和意图。由此可以得出一个结论：3岁的幼儿开始能够初步理解意图这一心理概念，但是并不是很清晰，还不能将意图和愿望区别开来。

三、0—3岁婴幼儿对错误信念的理解

所谓错误信念是指婴幼儿可以认识到他人所持有的观念是不正确的。错误信念主要是在前运算时期发展起来的，具有识别错误信念的能力证明婴幼儿已经具备了区分心理世界和非心理世界的能力。由于婴幼儿在错误信念认识任务上取得的成绩与许多其他任务上的成绩相关，因此，人们把婴幼儿对错误信念的认识水平当成心理理论发展水平的一个重要标志。

这类研究的典型做法是用一个客体位置的变化预测他人行为，经典的实验如下：实验者让被试看一个用玩偶演示的故事，故事是一个小男孩将巧克力放在厨房的碗柜上（位

置A），然后离开，他不在时，他母亲把巧克力放到另一个碗柜上（位置B）。要求被试判断男孩回到厨房拿巧克力时会在什么地方寻找。对于成年人来说，答案是显而易见的，小男孩会在位置A处寻找，因为这是他最后看到巧克力的位置所在。之所以成人能够得出这个答案，是因为成人能够将巧克力的正确位置B放在一边，而从小男孩的角度出发，认识到小男孩所知道的巧克力的位置和我们所知道的正确位置是不同的，即小男孩持有的是一个错误的观念。研究结果表明：小于5岁的幼儿会作出错误的判断，认为男孩会在位置B处寻找；大于5岁的幼儿则能够作出正确的判断。这种被称为错误信念认识任务范式的实验在以后的研究中经常被采用。最新的研究结果显示，4岁是幼儿错误信念能力的分界线。

研究者改变这种故事的内容后进行更深入的研究发现，如果故事情境是幼儿熟悉的内容或日常生活中的场景，甚至3岁的幼儿也能够表现出某种错误信念认识。邓恩（Dunn）等人在一项研究中发现，2岁半的幼儿已经能够自发性地使用一系列以错误信念的认识为前提的欺骗策略。

总之，关于错误信念的研究结果表明：3岁的幼儿错误信念的认识能力是有限的；4岁左右是幼儿认识错误信念的心理转折期；5岁的幼儿克服了实验任务中几乎所有的困难，能够追随故事线索且不会被其他线索所迷惑，能够对自身及他人的心理状态作出较好的推断。

四、0—3岁婴幼儿的心理理论在其他心理现象发展中的特征

（一）心理理论在0—3岁婴幼儿视觉发展中的特征

弗拉维尔和他的同事已经确定了幼儿视觉认同他人的能力有两个水平：在第一个水平阶段，婴儿后期到3岁，开始认识到自己和他人的视角是不一样的；第二个水平阶段，视觉认同的能力在3—4岁的幼儿身上有明显的体现，并且在以后的几年时间里被更好地巩固下来，幼儿可以成功认识到他人的视觉感受有特殊的个体局限。

在早期的学校教育中，婴幼儿开始了解，当从不同角度观察一个复杂的物体时，它的几个独特特征之间的联系会发生变化。这反映了婴幼儿视觉认同能力从自己和他人的不同视觉认知以及空间认知中获得的进步。

（二）心理理论在0—3岁婴幼儿注意发展中的特征

弗拉维尔等人的研究发现，在婴幼儿认识到自己与他人对一件事物的视觉经验有所不同之后，在不同程度上继续认识到人们在注意的四个方面，即注意的选择性、注意的建构性、注意的有限性，以及对刺激的反映上都有可能处于不同的注意或觉知水平。

（三）心理理论在0—3岁婴幼儿情绪发展中的特征

研究表明，2岁的幼儿已经能够参照一些基本情绪（快乐、伤心、害怕等）或参照他人的情绪来谈论自己的情绪，而且他们还有可能提到未来的情绪或过去的情绪。因此，他们

是用一种参照的方式或描述性的方式，而不是直接谈论的方式来解释自己的情绪。这要求婴幼儿具有一定的觉察他人情绪的能力，即心理理论的能力。

对于3岁的幼儿而言，当他们谈论一种情绪时，可能只会提及情绪的外在表现，如眼泪和微笑，或者会提及情绪所引起的体验变化。他们开始了解情绪体验与伴随情绪出现的动作和表情，例如，笑是伴随着快乐这种情绪出现的面部动作。这表明，3岁的幼儿就能够将情绪作为指向某物或某个目标的意图状态，他们认识到人们因某事而伤心，因某事而害怕，或因某人而愤怒。这再次体现出了婴幼儿心理理论能力的发展。

（四）心理理论在0—3岁婴幼儿动机发展中的特征

婴幼儿心理理论的早期发展有助于婴幼儿初步推测他人的行为动机。比如，给幼儿看一段无声电影，让幼儿作出评论解说，电影的内容是一个人起床，吃早饭，做一些家务，然后去上班。3岁左右的幼儿通常会从他人的角度和动机出发进行解说，如"他想要知道……""他试着……""他需要……"。

幼儿早期言语研究者认为，幼儿在有了最早的行为之后就能够理解动机。事实上，在很多情况下，三四岁的幼儿就能够像成年人一样了解他人的行为是由动机和信念引起的。

第三节　0—3岁婴幼儿规则意识发展的特征

一、0—3岁婴幼儿规则意识发展的基础

（一）婴幼儿语言能力的发展

1. 语言理解能力的发展

规则意识的产生和发展，首先有赖于婴幼儿对规则的理解能力，要能听懂规则所描述的内容是什么。因此，语言是婴幼儿理解规则的重要工具。大约在18个月的时候，幼儿开始快速地获得大量的词汇；2岁左右能够说出完整的简单句；3岁左右，绝大多数幼儿都能够听懂成人的指令，并且能够表达他们的基本需要。当然，此时幼儿语言表达的快速性和有效性还是不够的，他们并不总是能够在第一时间表达出自己的诉求，因此可能会用抓、推、打等肢体语言来表达自己。但是相比于语言表达，婴幼儿在语言理解方面发展得更好，只要解释得当，3岁的幼儿几乎能够理解日常生活中所有常用的规则。因此，语言理解能力的发展为婴幼儿规则意识的产生与发展打下了基础。

2. 内部语言的发展

规则是规范人行为的准则，遵守规则要求婴幼儿有一定程度的自我监控能力。婴幼儿的内部语言是自我调节的一种重要手段，对自我监控有着重要的作用。我们经常听到幼儿

时不时地大声对自己说话,比如他说"把娃娃拿到一边去",其实并不是让成人来帮他,而是他自己去把娃娃拿开。这种大声的自言自语其实是幼儿内部语言的一种反映。通过内部语言的外化,幼儿可以调节自己的行为。曾经有家长记录下自己2岁大的女儿穿袜子的情景:一边在笨拙地尝试穿袜子,一边在发出喃喃自语:"小脚,袜袜,小脚,袜袜……"这种喃喃自语在2岁左右的幼儿身上是非常常见的,他们有节奏地、出声地重复一些话,并将此作为自己行为与动作的指示。这种以自言自语的方式所表现出来的内部语言对2—3岁幼儿的行为产生了很大的影响,是婴幼儿规则执行意识的重要基础。

（二）婴幼儿情绪的发展

1. 内疚感

内疚感是一种因为过失而感到后悔的情绪体验。内疚感会告诉婴幼儿某些行为是不可取的。研究表明,人在3岁之前就已经产生了内疚感,甚至有研究认为,1岁左右的婴幼儿能够体会到由于过失（如打翻牛奶）而产生的内疚。

内疚感是婴幼儿理解并遵守规则重要的情感基础。一方面,在日常生活中,婴幼儿由于自身生理和心理发展的限制,经常会遭受到失败,如弄翻桌上的食物,打碎家里的器皿。在一次次的失败之后,婴幼儿会看到成人对自己的失败所发出的叹息或责备,有时婴幼儿还会被粗暴地带离"灾难现场",这所有的行为都会引发婴幼儿的内疚感,而这种体验会让婴幼儿努力避免再次失败。避免失败往往是遵守某些日常生活规则的开端。另一方面,婴幼儿通过观察学习,看到了日常生活中他人由于违反规则而导致失败,而失败会让失败者不开心。社会学习理论告诉我们,婴幼儿虽然没有亲历这种失败与内疚感,但是观察学习同样会使他们避免去违反规则。内疚感是婴幼儿产生规则意识的基础。

2. 同情心

0—3岁婴幼儿的情绪发展中已经出现了同情心。当个体认同他人的情感并可以感受到那些情感时,同情心便产生了。婴幼儿同情心最初的表现是通过简单地模仿其他幼儿的痛苦来表达对他人的同情,1岁左右的婴幼儿已经出现一种最简单的"情感共鸣"现象,例如,当婴幼儿看到别的孩子哭,他也跟着伤心地哭,看到别的孩子笑,他也会跟着一起笑。这就是"同情心"最初的表现。随着婴幼儿年龄的增长,同情心也开始慢慢发展。受心智发展所限,婴幼儿并不能真正意义上站在对方的角度理解、感受与处理问题,但是在情绪体验上却能够越来越具备同理心,能够对他人的情绪感同身受。例如,两三岁的幼儿看到别人打针时,自己就会害怕,有的还会说自己也感受到了针扎般的疼痛。研究表明,同情心这种对他人困境的敏感性,也是婴幼儿规则意识发展的重要因素。

（三）婴幼儿认知与记忆能力的发展

1. 认知能力

我们通常所说的认知能力指的是对自然界的认知,也有人称之为自然认知。自然认知和社会认知一样,都是人类的认知活动。规则意识作为社会认知中重要的组成部分,其产生和发展有赖于婴幼儿整体认知能力的发展。

研究表明,婴幼儿对行为适宜性的区分能力和他们的认知发展是同步进行的。认知能力的发展使得婴幼儿能够去判断是非,而判断是非是规则意识的重要基础。规则实质上就是某个群体中的所有人都认为是对的程序,而违反规则就是不适宜的行为。婴幼儿对是非观念的判断,是随着认知能力的发展而发展的。2岁的幼儿往往把惩罚和奖励作为判断行为对错的重要标准,家长表扬某种行为,那它就是好的行为;家长批评某个行为,那它就是坏的行为。但是,3岁左右的幼儿就能够意识到,惩罚和奖励并不是唯一判断行为对错的标准,而是会将规则作为评判是非的另一个标准,违反社会规则的往往是不适宜的行为,例如,在公共场合大声喧哗,不按次序排队。

2. 记忆能力

记忆能力的发展是婴幼儿形成规则意识的重要保证。研究表明,随着成长,婴幼儿能够越来越好地使用储存在记忆中的信息,将其作为行为决策的资源。随着记忆能力的发展,婴幼儿越来越少地依赖他人的示范或提示,而是更多地使用储存的信息来决定自己的行为方式与实施具体的行为。

婴幼儿对规则的理解、储存和提取都会受到记忆能力发展的影响。

二、0—3岁婴幼儿规则意识发展的特征

皮亚杰认为道德首先表现为一套规则系统,而这套规则系统是理性建构的产物。儿童对遵守规则的意识反映了他们特定的道德理性能力。皮亚杰的核心问题是从儿童的观点来看所谓遵守规则是什么意思,儿童是怎样学会遵守规则的。皮亚杰通过对儿童弹子游戏的观察和访谈,证实规则实践存在四个阶段:① 运动阶段(儿童出生的头几年);② 自我中心阶段(3—6岁);③ 早期的协作阶段(7—10岁);④ 普遍规则形成阶段(11—12岁)。皮亚杰以儿童的规则表现来阐述道德发展的模式,由此他描述了儿童规则意识的三个发展阶段,这三个发展阶段也是和儿童的认知发展、道德发展阶段平行的。

(一)前道德判断阶段

0—3岁的婴幼儿基本上是在这一阶段,也就是前道德阶段(0—4岁或5岁)。这时候,幼儿知道有规则但不明了游戏规则的作用,不能用之调节游戏行动。皮亚杰发现两个3岁的男孩在玩弹子游戏时,均处在自己玩自己的状态,规则对于他们来说是游离在游戏活动之外的,他们相信规则却按照自己的方式玩。

(二)他律道德阶段

服从别人规则的观念需要等儿童发展到道德他律阶段才能出现。这时,父母以及其他幼儿所尊重的人,如教师提出的规则,他们会无条件服从。而且他们存在严重的刻板印象,把规则看作是绝对的、不能更改的。通过游戏活动,他们获得了丰富而稳定的规则,进而可以通过规则更好地进行合作性游戏。到了道德自律阶段,儿童开始意识到规则具有相对性,可以通过沟通和协商来改变,制定新的符合大家共识的规则,进而让他们的游戏更有趣、更

富有挑战性。

在皮亚杰看来，儿童的规则意识、道德规范是其主动发展的。但也有心理学家认为，个体规则意识的获得与形成和遗传、人格特点、家庭教养习惯与教养方式、社会文化导向等多种因素有关。朱智贤教授指出，遗传只提供儿童心理发展的可能性，而环境和教育则规定了儿童心理发展的现实性。

道德规范是具有约束力的规则，通过两种方式产生：一是通过约束性的交往活动产生，是儿童和成人的人际交往方式的典型。二是通过协作性的交往活动产生，是儿童同辈群体的人际交往方式的典型。对0—3岁的婴幼儿而言，他们生活与受教育的主要场所是家庭，他们的主要陪伴对象是父母。他们在与父母的人际交往互动中逐渐习得有约束力的规则，比如不能随地大小便，不能碰危险的物品。父母也会引导婴幼儿在与他人的交往，尤其是同龄儿童的交往中意识到符合社会要求的协作性规则，帮助他们掌握一定的交往技巧。因此，父母的教养习惯和教养方式是婴幼儿规则意识发展与培养的重要影响因素。

（三）自律道德阶段（规则的内化）

很多研究者认为，婴幼儿规则内化的第一步是对父母提出的规则的服从。克普认为12—18个月大的婴幼儿就开始意识到某些行为规则，并能够根据这些规则启动和抑制某些行为。大约从第24个月开始，幼儿可以逐渐在没有监督的情况下进行自我控制。林顿（Lytton）等明确提出早期顺从是规则内化的前提条件，他们的研究发现2岁幼儿的顺从与他们在预期到违反规则时的自我更正行为呈显著的正相关。

从幼儿2岁左右开始，即能听懂语言并能理解其意义的时候，父母开始提出一系列规则要求幼儿遵守，并逐渐训练他们在没有监督的情况下也能自觉遵守规则。因此，幼儿对规则的内化也就逐渐形成和发展了：他们首先服从父母提出的规则，然后逐渐将这些外部的规则转化为自己内部的行为准则，即使在没有监督的情况下也能够按照这些行为准则行事，而后，随着幼儿年龄的增长，他们在社会化的过程中又逐步接受社会的行为与道德规范，逐渐形成一套自己的内部规则并指导自己的行为。这就是规则的内化过程。内化的形成是幼儿规则意识乃至社会化进程中的一个重要的里程碑。因此，有研究者认为，幼儿道德行为的早期形式就是对父母提出的规则的内化。

本 章 小 结

0—3岁婴幼儿自我意识的发展主要涵盖了自我认识、自我体验和自我调控三个方面。大约在18个月以后，幼儿开始认识自我，知道了"我"的存在，进而开始了自我体验与自我调控方面的不断发展。心理理论能力的发展表现在社会性参照，对行为的目标、意图、愿望、信念和错误信念的认知，以及其他的心理现象与过程中。婴幼儿认知、语言和记忆等能力的不断提高，使其对规则的认知与内化成为可能。

延伸学习

 拓展阅读

儿童心理理论发展的主要研究实验任务范式

心理理论研究发展至今20多年的时间里,通过各种各样的实验和分析,大致形成了三种经典的实验任务范式,分别是:外表—事实任务(Pretense-reality Distinction)、错误信念任务(False-belief Understanding)和欺骗性任务(Task Involving Deception)。

1. 外表—事实任务

这类任务测试的是儿童对自己本身的心理状态的理解和表征。

在这类任务中,儿童被呈现的通常是某些外表特征和本质特征完全不同或极其近似的事物。实验者要不断向儿童说明呈现的事物外表是一个样而事实是另一个样,如果儿童能够顺利地完成这个任务,那么就说明儿童对自己的心理状态的转变和认识过程有一定的理解能力。

经典的实验情境是:实验者呈现给儿童一个装着白色液体的深色瓶子,在外表上看来,里面的液体是深色的,与事实上里面的白色液体正好相反。实验者先让儿童观察瓶中的液体颜色,然后将真实的液体倒进透明的器皿中让儿童观察,再问儿童瓶中的液体看起来是什么颜色的,而液体实际上是什么颜色的。这个实验情境呈现的是外表特征和本质特征完全不同的事物。另一种经典实验情境是实验者向儿童出示外表被染成褐色的像石头一样的海绵。这种实验情境中呈现的是外表特征和本质特征近似的事物,对儿童来说,作出外表—事实任务的判断有一定的难度。

2. 错误信念任务

错误信念任务测试的是儿童能否站在自己的立场上理解他人所持有的错误的心理观点和想法。

错误信念任务分为两种。一种是位置错误信念,其经典的实验情境称为莎莉与安妮范式(the Sally and Anne Paradigm)。玩偶莎莉把它的小球放在一个红色的碗柜里,然后出去了,在它不在的时间里,另一个玩偶安妮把这个小球从红色的碗柜移到了绿色的碗柜里,儿童要回答的问题是莎莉回来以后会在哪个碗柜里找它的小球。要正确回答这个问题,儿童必须明白其他人所持有的信念和自己所持有的信念是不同的,并且与事实是完全相反的,而且正是这种信念会决定人们的行为表现。

另一种是内容错误信念,其经典的实验情境称为"聪明人"的盒子(the Smarties of Milk-carton Task)。在这个所谓"聪明人"的盒子里放的东西与儿童根据盒子外表和自身经验判断得到的结果完全不同,例如,在一个糖果罐子里放的是一支笔。儿童要回答的问题是在他看到盒子里面放置的真实东西之前以为盒子里面放的是什么,一个不在场的人会以为里面放的是什么。

3.欺骗性任务

欺骗性任务检测的是儿童能否站在他人的立场上了解他人所持有的心理观点和想法。欺骗性任务的一种实验情境是呈现给儿童带有欺骗性的故事内容,然后就故事中带有欺骗性的情节向儿童提问。这个任务的完成需要儿童有较高的智力发展水平和一定的语言理解能力作支持。

心理理论的研究发展至今,研究者们对于儿童心理理论发展水平的研究已经相当深入。目前的研究结果认为,3岁的正常儿童对心理理论的几种任务范式的通过率都低于50%,而5岁的正常儿童通过率都高于90%,4岁正常儿童的通过率则在50%到75%之间,他们回答问题的正确率是与主试对他们的提示程度相关的,4岁对于正常儿童来说是一个心理理论发展的关键期。

 学习活动

在早教机构实习时,采用拓展阅读中的莎莉与安妮研究范式,每人尝试对一名30个月以上的幼儿进行关于错误信念的实验测试,并记录结果。最后汇总全班的结果,统计出能通过错误信念测验的幼儿的平均年龄和百分比。

 复习与思考

1. 基于3岁幼儿规则意识的特征,设计一份合理的家庭规则书,并说明设计的理念。
2. 婴幼儿心理理论能力与加德纳多元智能中的人际智能有何异同?
3. 思考2—3岁幼儿具有的性别意识特征对早期教育的启示。

第四章　0—3岁婴幼儿社会认知教育

学习目标

1. 理解婴幼儿社会认知教育的任务与内容。
2. 总结归纳婴幼儿社会认知教育的有效途径。
3. 思考教育活动设计中所反映的婴幼儿的发展特征。

有效的早期教育活动设计应该遵循婴幼儿心理发展的特征与规律，建立有效的教育途径，制定有针对性的教育内容，采用婴幼儿喜闻乐见的形式，这样才能设计出适合婴幼儿发展的教育活动。

第一节　0—3岁婴幼儿自我意识的教育

一、0—3岁婴幼儿自我意识教育的主要任务

（一）0—3岁婴幼儿自我认知教育的主要任务

1. 帮助家长了解婴幼儿自我认知发展的基础：客体永久性的形成

刚出生的婴儿并不能将自己同周围的世界分开，当然也不具备客体永久性的观念。所谓客体永久性，指的是无论物体是否在婴幼儿的视线之内，婴幼儿都理解该物体永远是客观存在的。对于新生儿而言，他们只能认知到在视线范围之内的物体，一旦物体移动到他们的视线范围之外，该物体对他们来说便不存在了。我们可以从下面两个例子中看到，8个月以前的婴儿不具备客体永久性的观念。

例1

对母亲的寻找

当母亲在房间里移动的时候，母亲对婴儿来说就是一个客体，婴儿会用视线一

直追随着母亲,他们通过眼球和头部的运动,甚至是肢体动作追寻母亲的身影。但是当母亲一旦走出房间,从婴儿的视线中消失以后,婴儿便立刻不再试图寻找母亲,好像母亲不曾存在过一般。

例2

皮亚杰的实验

皮亚杰曾经做过如下实验来证明七八个月的婴儿不具备客体永久性观念。他面对着一个七八个月大的婴儿,手里举着一个球,慢慢地把球放在婴儿面前,当婴儿正要伸手去拿球的瞬间,实验者在婴儿与球之间放上一层布遮住球。此时婴儿的小手立即缩回,而且并不打算掀开布去寻找那个球,仿佛这个物体已经不存在了。类似的实验,当一个婴儿在玩一个玩具的时候,实验者把这个玩具从婴儿的手中拿走,当着他的面把玩具放在枕头底下,而婴儿并不会试图寻找那个玩具,仿佛那个玩具已经消失了,从不曾存在过一般。

接近1岁的婴儿在上述两个例子的情境中会有不同的表现。第一个例子中,当母亲离开房间从婴儿的视线中消失后,近1岁的婴儿会牢牢地盯住门口,仿佛期待母亲会从门中再次出现。同样,在第二个例子中,近1岁的婴儿会去掀开布寻找那个"消失"了的球,或者从枕头底下把玩具找出来。这表明,接近1岁的婴儿已经开始具备客体永久性的观念了。

一旦婴儿开始具备客体永久性观念,婴儿的自我认知便开始渐渐发展起来了。帮助家长了解婴幼儿客体永久性观念的形成,是社会性教育中很重要的内容,婴幼儿自我意识的形成极大程度上受家庭教育的影响,只有让家长了解婴幼儿的发展规律,才能使家庭教育有力地促进婴幼儿自我认知的发展。

2. 帮助婴幼儿不断加深对自己的了解,促进自我认知的发生

婴幼儿认识自我的过程是可以促进的,这在很大程度上取决于外界对婴幼儿的刺激。婴幼儿对自己的认识来自环境,成人要有意识地促进婴幼儿认识自己,用多种方式让婴幼儿了解自己的变化,意识到自己的成长。

根据婴幼儿自我认知发展的规律,婴幼儿对自己的了解是从身体开始的。家长可以通过日常生活以及与婴幼儿游戏的过程中,帮助婴幼儿了解自己的身体。当婴幼儿躺着的时候,大人可以有意识地触动婴幼儿的小手小脚,通过碰触刺激婴幼儿手部、脚部的肌肉,引起婴幼儿相应的动作,这样有利于中枢神经的发育,让婴幼儿意识到自己的四肢的存在,还可

以使婴幼儿获得愉悦的感受。当婴幼儿开始能认识到镜中的人是自己时，便可以和婴幼儿一起坐在镜子前，问问婴幼儿看到了什么，让婴幼儿描述镜子里的人是什么样的人，他们喜欢什么，不喜欢什么，有什么爱好。这是一个让婴幼儿敞开心扉的好方法。当讨论镜中人而不是直接讨论婴幼儿自己时，他们通常会更少些拘谨和害羞。

3. 帮助父母均参与到婴幼儿的养育中，为婴幼儿树立良好的性别榜样

在0—3岁婴幼儿的养育过程中，很多人认为起主要作用的是母亲，认为这个阶段最重要的养育工作是生理上的照料，而这似乎就应该是母亲的工作。还有很多父母认为孩子小，很多事情都不懂，也记不住，因此放手给祖辈或者保姆带也没有关系。殊不知，0—3岁的早期经验对婴幼儿的一生都有着举足轻重的影响。

早期经验对婴幼儿的影响表现在两个方面：第一，早期经验直接留下了在成年后可以直接被追溯的痕迹。例如，对某种玩具或物品的偏好和喜欢，对某一类人的戒备与提防，可能都和他早期记忆中的相关经历有关。第二，早期经验对婴幼儿的整个性格特征都会产生的影响。例如，在训练婴幼儿大小便时，如果成年人过于严厉，那么可能对婴幼儿的人格特征产生影响，使其成年后易形成过分爱干净、爱整洁的行为方式，养成迷信权威以及刻板机械的人格特征等。

同样，早期经验对婴幼儿形成符合所处社会文化习惯的性别意识也有着非常重要的影响，这个过程中，对婴幼儿性别意识的形成影响最大的人就是父母。弗洛伊德认为，在幼儿自我意识形成的过程中，其潜意识领域里有一个"理想的自我"，这个理想的自我会引导婴幼儿学习与模仿与之一致的行为。婴幼儿理想的自我的形成往往源于对父母的模仿，例如，一个2岁的男孩为了获取母亲的注意与更多的关心，会想成为父亲那样的人，因此他的理想的自我往往是父亲的翻版，他会尽力地模仿父亲，从父亲身上汲取勇敢、果断、崇尚武力等男性行为。同样，女孩则常以母亲为理想的自我的原型，模仿母亲，从而获得温柔、细致等女性的行为模式。

父母共同参与婴幼儿的养育能为孩子树立最早的与异性交往的行为榜样。弗洛伊德认为婴幼儿通常模仿与自己性别相同的家长，并在此过程中获得了最早的男性或女性的社会性行为。父母共同参与养育还有一个重要的功能，就是能够让婴幼儿观察到父母之间的社会性互动与沟通，观察学习的结果是婴幼儿获得了最初的与异性交往的技能。

在婴幼儿开始形成性别意识的阶段，父母共同参与婴幼儿的抚养是十分重要的，他们为婴幼儿树立了最初的性别榜样。但是事实上，由于各种原因，父母双方都积极地参与到孩子的养育活动中的家庭并不多，因此有必要帮助父母理解共同养育的重要性。

(二) 促进0—3岁婴幼儿自我体验教育的主要任务

1. 培养婴幼儿的自主性

首先，对于0—3岁婴幼儿而言，放手让他们去玩、去游戏是培养其自主性的重要途径。家长和早教机构的教师要尊重婴幼儿的意愿，不要让自己的建议去左右他们的想法。我国

著名的幼儿教育家陈鹤琴指出:"要以幼儿为主体,将游戏的主动权交给幼儿。游戏的主体是幼儿,游戏的权利也在幼儿,要保证幼儿在游戏中有充分的自由度。"例如在早教机构里,婴幼儿玩什么玩具,怎么玩,和谁一起玩,在哪儿玩,一种玩具玩多长时间,都应该让婴幼儿自己选择,自己做主。而且在玩玩具的过程中,教师和家长尽可能地让婴幼儿自己动手,发挥他们的想象力,不去约束他们。

其次,成人要在陪伴过程中通过鼓励来激发婴幼儿的自主性。家长和早教机构教师要了解该年龄阶段婴幼儿发展的规律,从而在陪伴婴幼儿的过程中,利用一切机会通过鼓励来促进婴幼儿的自主性发展。例如,在陪伴孩子游戏时,成人若是了解重复行为是婴幼儿游戏的主要外显特征,重复机能是婴幼儿自主发展的需要,那么,面对婴幼儿表现出的一次又一次的重复,成人就会积极配合,而不是任意打断游戏过程。再如,在户外活动中,家长可以和孩子一起玩,一起探索游戏中碰到的问题,一起动脑筋想出更多更好的玩法,同时对孩子的想象、玩法都应给予充分的肯定与鼓励,让他们体验玩的幸福和快乐,从而因势利导地促进婴幼儿自主性的发展。

最后,多从纵向评价婴幼儿,帮助他们看到自己的进步。每个婴幼儿都是不一样的,要尊重婴幼儿在发展水平、能力、经验、学习方式等方面的个体差异,因人施教,努力使每一个婴幼儿都能获得满足和成功。因此,无论是家长还是教师都应该从多方面观察、评价和分析婴幼儿的发展,避免横向比较,而是要纵向评价婴幼儿的进步与发展。成人的肯定、赞赏和鼓励都会增加婴幼儿的积极情感和信心,形成积极的自我体验。

2. 提升婴幼儿的自尊与自信水平

作为自我体验中重要的成分,婴幼儿自尊与自信的发展与成人的行为和培养密不可分。婴幼儿通过与家庭成员、教师及其他婴幼儿的互动,不断地收集他们作为人所具备的价值,通过这些互动,婴幼儿开始渐渐形成关于"我是一个怎样的人"的自我意识。

首先,家长和教师可以通过观察发现婴幼儿自尊与自信发展的状况。例如,有的婴幼儿过分依恋父母,用较长的时间才能适应新的环境,同时惧怕陌生人;有些婴幼儿在早教机构中不敢参加集体活动或其他小朋友的游戏,对自己的活动结果或过程缺乏自信心,经常要求得到成人的肯定;还有些婴幼儿害怕尝试新事物、新活动,总是选择那些比较容易的活动,而害怕、逃避那些有一定难度的或有挑战性的新活动。有上述这些行为倾向的婴幼儿可能需要成人多多关注,注意平时的言语与教养行为,以提升其自尊与自信水平。

其次,家长和教师可以从婴幼儿的主动性和独立性入手来提升婴幼儿的自尊与自信水平。主动性和独立性是婴幼儿自尊和自信结构中的重要成分,主要体现在婴幼儿对外界活动的积极参与,以及独立行事、独立表达、独立解决问题的行为倾向,例如,对任何活动都有一种主动参与的积极性、主动尝试去完成比较难的任务。婴幼儿手的动作和躯体移动动作的发展为婴幼儿独立活动提供了可能,这种可能性使得婴幼儿对一件事能自己独立去做,摆脱成人的帮助,这种独立做事的经历一方面提高和改进了婴幼儿的活动能力,另一方面则增强了婴幼儿的自信心。

最后,有的婴幼儿比较怕生,在早教机构中往往表现得比较消极,在面对交给他的一些任务时不敢马上去做,但他会看教师的眼睛,说明他已经开始信任教师了,这时教师可以用眼神和肢体语言鼓励他,给他信心。

(三)促进0—3岁婴幼儿自我调控发展教育的主要任务

1. 提供适当的榜样,让婴幼儿观察到自我调控的行为,进而模仿

婴幼儿年龄较小,他们的思维与认知方式是直观的,对周围人物言行的有意或无意的模仿是他们很重要的学习方式,因此,榜样是提高婴幼儿自我调控能力的重要因素之一。首先,家长的榜样作用。父母是孩子的一面镜子,是孩子最好的榜样,婴幼儿通过观察父母的一言一行,观察父母的自控行为来为自己所用。其次,同伴的榜样作用。同伴是婴幼儿生活中的一个重要社会成分,同伴之间年龄相仿,同伴行为容易被婴幼儿理解、接受和模仿。因此,同伴的一些自控行为也是婴幼儿所模仿的对象,婴幼儿通过模仿来控制自己的行为,以此来强化自己的自控能力。最后,教师的榜样作用。教师更要以身作则,在各种环境中保持情绪的稳定性与行为的规范性,树立一个自我调控的良好形象。

2. 指导婴幼儿学会使用"自我言语"

语言与自控的关系非常密切。维果斯基很早就指出,在儿童能把成人所提出的标准整合到他们自己的语言中并用它来指导自我的行动之前,儿童不会有真正的自控。鲁利亚和维果斯基等人提出了儿童以语言控制行为能力发展的三个阶段:① 父母言语控制阶段(婴幼儿时期);② 出声外部言语控制阶段(幼儿后期和小学低年级);③ 内部言语控制阶段(小学中高年级以后)。

有一项研究,幼儿在从事一段枯燥乏味的抄写任务后可以得到一样可爱的玩具,但工作中会有小丑先生来打扰他们。实验者事先告诉幼儿不能看小丑先生。实验者教给一组幼儿在工作时不断用语言提醒自己"我要工作,我不要看小丑先生",而另一组幼儿未授予此方法。结果前一组幼儿完成任务的情况远比后一组幼儿好,这说明"自我言语"能提高自我监控水平。教育者可以指导幼儿使用"自我言语",促进其自我调控的发展。

3. 指导父母运用有效的教养方式来提升婴幼儿自我调控的水平

相关研究表明,适应性的、敏感的抚养方式与幼儿的自控水平呈正相关。佩蒂特(Pattit)和贝茨(Bates)对家庭亲子互动关系状况与儿童(6个月至4岁)问题行为的长达数年的追踪研究表明:父母与子女保持亲密、友好、教育和学习的互动关系,利于婴幼儿自我监控和社会化的发展,婴幼儿的问题行为最少;父母以压制态度对待子女将使婴幼儿产生较多的问题行为和较差的自我监控能力;父母与子女间缺乏互动,彼此冷漠,则婴幼儿的问题行为最多。鲍威尔(Power)等人对13个月左右婴幼儿的自控水平及其与母亲体罚的抚养方式之间的关系进行了研究发现,使用体罚的母亲,其孩子表现出了最低水平的服从,即最有可能违反母亲的指令而去碰危险或易碎的物品。其他研究者对年龄更大一些的幼儿进行的相关研究也表明,体罚对幼儿自我监控的内化来说是一种无效的方法。总之,诉诸权力的方法在短时间

里能让婴幼儿顺从,但是基于爱和说服的教育方法在帮助婴幼儿自觉自愿地服从要求上更有效,也更能增加婴幼儿在没有父母管束的情况下履行父母要求的可能性。对2岁幼儿与母亲的交往互动的行为特点进行研究发现:母亲弱权力控制方法(间接命令、说理、协商)与幼儿顺从和自作主张的行为相关,母亲强权力控制方法(直接命令、批评、否定性控制)与幼儿的反抗行为相关,而母亲带有指导性的控制则能引发幼儿更多的顺从行为,较少地引发其违抗行为。

因此,相比专制型、溺爱型和忽视型的家长,权威型家长能提供关爱的、支持性的家庭环境,能向婴幼儿解释有些行为可以接受,有些行为不可以接受,对婴幼儿的行为提出合理期望,有利于婴幼儿自我调控能力的发展。

二、0—3岁婴幼儿自我意识培养的主要途径

（一）设计教育活动与游戏促进婴幼儿的自我认知发展

由于自我意识以认知发展为基础,自我意识中也含有认知的成分,因此,可以设计一些专门的教育活动,在认知层面提升婴幼儿的自我概念。同时在家庭中也可以进行一些游戏来提升婴幼儿的自我认知。幼儿园小班教材中有一些主题活动是与幼儿的自我认知相关的,最常见的有"我长大了""我上幼儿园了",涉及的内容包括发现自己长大的证据(如身高、衣服、鞋子)等。这些活动设计都能让幼儿很好地感知自我的特点。但是总体而言,有关自我认知的教育活动其实还远远不够,需要教师更多地去开发设计。

设计促进婴幼儿自我认知的教育活动要考虑三个方面。第一,把握婴幼儿的年龄特征。不同年龄的婴幼儿自我意识的特点不一样,认知发展水平也不同。对18个月以前的婴幼儿来说,要让他们认识到自己是最重要的;18—36个月的幼儿应该知道自己的姓名、性别、喜欢的玩具等;对3岁的幼儿来说,活动设计中可以多一点艺术、故事等。第二,让婴幼儿在参与过程中体会成功的快乐。在教育活动与游戏中获得成功是婴幼儿获得自尊和自信的重要途径,也是形成良好自我概念与评价的必备经验。在设计教育活动和游戏时,应该考虑到不同婴幼儿的特点与发展水平,设置难度不同的任务,让每个婴幼儿都体会到成功的快乐。第三,让婴幼儿形成较为完整、客观的自我概念。婴幼儿的自我概念是在家长与教师的引导下形成的,要让婴幼儿从小就形成符合实际的自我概念,家长、教师应该大胆地鼓励幼儿发现真实的自己,并将孩子的特质从正面来加以解释:思维速度不够快的婴幼儿往往思考问题比较全面;动作慢的婴幼儿往往比较细致;调皮的婴幼儿时常能迸发创造的灵感;胆小的婴幼儿往往比较谨慎;等等。

（二）创设积极的心理环境提升婴幼儿的自尊与自信

在家庭与早教机构中,家长与教师不经意的行为和言语都会影响婴幼儿的自我意识,因此,早教教师与家长都要时刻注意,使自己的言行能有利于婴幼儿自我意识的健康发展。教师要对婴幼儿抱有真正的热情,坚信婴幼儿的发展潜力,并且不吝啬自己对婴幼儿的欣赏。

曾经有个教育家对教师提问道:"你能够确定地说,50年后我国的领导者现在不在你班级中吗?"如果一个教师能对婴幼儿抱有积极的期望,那么她的一言一行在不经意间都会流露出对婴幼儿的欣赏与期待。

有研究表明,那些富有爱心、耐心和同情心的成人更容易培养出具有积极自我评价的婴幼儿。具有这些品质的成人在和婴幼儿交往的时候往往会表现出对婴幼儿的喜爱,对婴幼儿正在做的事情表现出兴趣,会积极地参与到婴幼儿的活动中,这些行为都为婴幼儿营造了一个良好的心理环境。婴幼儿感到自己被重视,觉察到自己的活动是有意义的,从而会提升对自己的评价,认为自己既可爱又有能力。在这样的氛围中,婴幼儿的自我意识渐渐成型,无论是自我认知还是自我体验,都会是积极的。

(三)创设积极的语言环境提升婴幼儿良好的自我体验

研究表明,无论是在家庭还是在早教机构中,言语互动是成人与婴幼儿最常见的互动形式,成人的表扬、批评等言语都将影响婴幼儿的自我意识。因此,婴幼儿所处的语言环境也是影响其自我意识发展的一个重要因素。

语言环境包括在特定环境中发生的所有语言交流,它的构成因素包括语词和沉默——说了多少,说了什么,怎样说,谁说的,谁在听,以及沉默等。消极的语言环境是指让婴幼儿觉得自己没有价值、没有人喜欢、不受重视或没有能力的语言环境,之所以产生这样的感觉,完全是成人对婴幼儿所说的话,或者是肢体语言造成的后果。例如,当一个2岁的幼儿不停地问父亲许多"为什么"的问题时,父亲可能对第一个问题尚能耐心地回答,但是渐渐地会流露出不耐烦的神色,回答的语气也越来越敷衍,这时,幼儿便会觉得自己的问题很愚蠢,他是一个不被父亲重视的人,显然这种体验会严重降低幼儿的自尊和自信。

反之,在积极的语言环境中,婴幼儿能够与成人进行有价值的互动,成人的语言表达能满足婴幼儿的需要,并且能让婴幼儿感受到温暖、尊重,以及自己的重要性。婴幼儿觉得家长和教师是他们获得愉快情绪的源泉,婴幼儿的这种感受会使他们信赖并依恋成人,而这种信赖与依恋也能够让成人获得成就感。因此,在积极的语言环境中,无论是婴幼儿还是成人都是获益者。

三、0—3岁婴幼儿自我意识教育活动设计

(一)家庭亲子游戏

1. **镜子里的宝宝(3—5个月)**

游戏目的:了解身体各部位的名称,提高自我认知能力。

游戏准备:大穿衣镜一面。

游戏步骤:

(1)给婴儿穿上色彩鲜艳的衣服,将他/她抱到镜子前,让婴儿自发地触摸、拍打镜中的

妈妈和自己。

(2) 妈妈对着镜子做表情,让婴儿对着镜子模仿。妈妈也可以念儿歌助兴:"小镜子,照一照,里面有个好宝宝。我哭他也哭,我笑他也笑。"

(3) 摸一摸婴儿的头、鼻子、眼睛等,告诉婴儿每个部位的名称。

(4) 妈妈边说"小手,小手,拍拍;小脚,小脚,蹬蹬",边分别抬起婴儿的手和脚,让婴儿在镜子里看自己的手和脚。

游戏建议:

妈妈可以经常抱着婴儿照镜子,每次给婴儿穿不同颜色的衣服。游戏过程中多和婴儿说话。

(摘自:杨霞.陪宝宝玩到入园:0—3岁亲子早教游戏指导手册[M].
北京:中国人口出版社,2015:22.)

2. 点五官(12—36个月)

游戏目的:了解自己的五官,增强自我认知。

游戏准备:幼儿已经能够指认自己的眼睛、鼻子、嘴巴和耳朵。

游戏步骤:

(1) 幼儿和成人面对面坐好,成人拉住幼儿的小手,对幼儿说:"我们来指鼻子、眼睛、嘴巴和耳朵吧。"

(2) 成人先以比较慢的速度说出"鼻子",同时在幼儿的小手心上轻轻拍一下,让幼儿正确指出自己的鼻子,然后同样以比较慢的速度说出"眼睛""嘴巴""耳朵"等,按照顺序依次重复。

(3) 如果幼儿能顺利、准确地完成,成人可以加快速度让幼儿再次指认。然后可以进一步变换喊出五官的先后次序。

(4) 如果幼儿指认错误,成人可以善意地提醒幼儿,比如成人可以说"再摸摸这里是不是鼻子呀"。

游戏建议:

对年龄越小的幼儿,游戏的难度越要降低,例如,成人的语速要慢,或者在说出某个部位之前就一直盯着幼儿的那个部位看等。

3. 我的身体有需要(18—24个月)

游戏目的:了解身体有不同的需要以及物品与身体各部位的匹配关系。

游戏准备:一张图片,图中有一个小朋友在中间,小朋友的周围有牙刷、手套、米饭、梳子、轮滑鞋、耳机等物品。

游戏步骤:

(1) 请幼儿看图回答"肚子饿了""头发乱了""指甲长了""想听音乐""想去运动""要刷牙"时,分别需要用到哪些物品。

(2) 引导幼儿将图中的物品和身体部位连线。

游戏建议：

成人还可以提出更多的身体需求，让幼儿回答用什么物品或方法去满足。

（摘自：杨霞．陪宝宝玩到入园：0—3岁亲子早教游戏指导手册［M］．北京：中国人口出版社，2015：153．）

4. 我长大了（34—36个月）

游戏目的：了解并讲述人的成长过程，能够将人的成长阶段排序。

游戏准备：婴儿、幼儿、成人、老人的卡通图片各一张，家庭相册。

游戏步骤：

（1）出示四张卡通图片，鼓励幼儿看图讲一讲人长大的几个阶段。

（2）引导幼儿将图片按照人从小到大再到老的顺序排列。

（3）翻开家庭相册，给幼儿看爸爸、妈妈成长的照片，让幼儿对人的成长过程有所感知。

游戏建议：

这个游戏可以帮助幼儿了解自我的成长，增进自我意识。先给幼儿简单讲一讲人的成长过程，让幼儿有所了解再开始游戏。家长可以故意说错人的成长顺序，看幼儿能不能发现并纠错。另外，除了讲爸爸妈妈成长的照片外，还可以挑选一些幼儿自己各个时期的照片讲一讲，比如"宝宝出生了""宝宝周岁了""宝宝会跑了""宝宝会自己吃饭了""宝宝会读书了"……让幼儿感知自己是如何长大的。

（摘自：杨霞．陪宝宝玩到入园：0—3岁亲子早教游戏指导手册［M］．北京：中国人口出版社，2015：268．）

（二）早教机构中的教育活动设计

1. 小鱼小鱼游啊游（9—12个月）

活动目标：

（1）体会互动游戏的快乐。

（2）能在家长的帮助下介绍自己。

活动准备：

体操圈一个、音乐《许多小鱼游来了》。

活动过程：

（1）教师向家长介绍活动目标，介绍游戏开展的形式和方法。

（2）播放音乐《许多小鱼游来了》，教师手持体操圈走向婴儿，当音乐放到"快快抓住"时，教师用体操圈轻轻地套住一个婴儿，然后请被套住的婴儿的家长握着婴儿的手向大家挥挥手，介绍说："大家好，我叫××。"其他家长握住自己婴儿的手拍手说："××，欢迎你！"

（3）方法同上，教师用体操圈逐个套住婴儿，请家长帮助婴儿介绍自己。

注意事项：

婴儿被套住的时候，家长露出高兴的表情，用高兴的情绪感染婴儿，缓解婴儿的紧张情绪。

2. 小胖手（13—18个月）

活动目标：

（1）在握手、招手的过程中体验与人交往的快乐。

（2）在交往过程中提高模仿能力。

活动准备：

音乐《小胖手》。

活动过程：

（1）教师向家长介绍教学名称及活动目标。

（2）讲解示范。

① 引导幼儿观察自己的双手，并提问："我们的小手会做什么呢？"

② 两个教师面对面坐好，边念儿歌边表演：小朋友，小朋友（左右各拍一下手），一双胖胖的小手（双臂伸直，左右摆动双手）；见面我们握握手，握、握、握（两人握手并摇摆三下）；再见我们招招手，招招手（两人互相各挥手两下）。

（3）请家长和幼儿面对面坐好，听音乐带领家长和幼儿一起互相握手、招手。

（4）赞扬幼儿，指导家长回家练习。

注意事项：

（1）游戏过程中可以让两个幼儿一起表演，以此锻炼幼儿的表现力和交往能力。

（2）游戏过程中家长和教师要用表情和动作感染幼儿的情绪。

家庭延伸：

在幼儿与其他幼儿接触时，可着重加强握手问好、招手再见的动作，让幼儿在交往中学会使用正确的肢体语言。

3. 我会剥糖（19—24个月）

活动目标：

（1）初步学习剥糖纸的方法，锻炼"捏"的动作，掌握简单的生活技能。

（2）建立自信心，体验成功的快乐。

活动准备：

小碗一个、用不同颜色的锡纸包装的串珠两个。

活动过程：

（1）教师向家长介绍活动目标，介绍游戏开展的形式和方法。

（2）讲解示范。

① 教师展示自制糖果，询问幼儿有关吃糖的经验。

② 教师用左手拇指和食指将"糖"拿起，用右手拇指和食指捏住包装纸慢慢打开。将剥开的"糖"和包装纸一起放在左手手心展示，用右手拇指和食指捏起"糖"放在准备好的小碗中。

（3）带领家长和幼儿一起做。

（4）夸奖幼儿的表现，指导家长回家后带幼儿进行复习。

注意事项：

（1）糖纸包"糖"的方法要不一样，以锻炼幼儿手指的不同动作。

（2）糖纸内包的物体要能吸引幼儿的注意，如小铃铛。

家庭延伸：

在家可引导幼儿剥一剥真的糖果，并将剥好的糖给每个家人分一块，让幼儿在剥糖过程中建立轮流意识，并初步体验分享。

4. 我的照片（25—30个月）

活动目标：

增强自我意识，锻炼精细动作。

活动准备：

透明CD盒每人一个、宽双面胶、彩色包装纸、教师近照一张、幼儿近照一张（事先要求家长带来）。

活动过程：

（1）教师铺好工作毯，将教具放于工作毯中心位置，介绍、展示各个材料。

（2）教师出示自己的照片："瞧，这是××老师的照片，是吗？今天我们来一起做一个漂亮的相架，把自己的照片放在相架上。开始行动吧。先看××老师做一个，然后再和爸爸妈妈（或爷爷奶奶）一起动手做一个自己的相架吧！"

（3）教师用双面胶将彩色包装纸贴满CD盒里面的两个面，再贴住CD盒外面的一个面。把双面胶粘在CD盒外面的另一面上，并向幼儿说明："待会儿请宝宝把双面胶贴在这里，再贴上自己的照片，做爸爸妈妈（或爷爷奶奶）的好帮手！"教师在盒子外的双面胶上贴上自己的照片，将CD盒以一定角度撑开，放在桌上："哇，相架做好了！宝宝看，这是××老师的照片，我的相架做好了！现在该宝宝们做自己的相架咯！"

（4）幼儿和家长一起制作。

分发给幼儿和家长材料。家长拿出幼儿的照片，跟幼儿谈论照片中的人，问问幼儿照片中是谁，说一说照相当天的事情，培养幼儿的自我意识，激发幼儿做相架的兴趣。粘彩色包装纸由家长完成，一些简单的小任务可以交给幼儿完成，比如粘双面胶、贴照片。相架做好后，及时表扬幼儿是好帮手。鼓励幼儿跟别的幼儿交流，相互看一看彼此做的相架。

5. 传铃鼓（31—36个月）

活动目标：

（1）愿意在集体面前大方地介绍自己。

（2）知道自己的性别。

活动准备：

教具准备：铃鼓1只。

环境布置：地上布置半圆示意图，家长带幼儿坐在半圆上，教师坐在家长和幼儿面前。

活动过程：

（1）教师拿着铃鼓导入："今天我们来玩'小小铃鼓传啊传'的游戏，教师把铃鼓传给宝宝，接到铃鼓的宝宝走到前面来说'大家好，我叫××，今年×岁，我属×，我是男（女）孩子'，说完摇一摇铃鼓，然后大家一起拍手说'××，××，欢迎你'，说完后，把铃鼓传给下一位宝宝，接到铃鼓的宝宝上前介绍自己。"

（2）家长鼓励幼儿大胆上前介绍自己。介绍完毕，引导幼儿将铃鼓传给下一位幼儿。

第二节　0—3岁婴幼儿心理理论的教育

一、0—3岁婴幼儿心理理论培养的主要任务

（一）帮助婴幼儿学习认知与表达自己的愿望和意图

1. 帮助婴幼儿学习认知自己内心的愿望

婴幼儿大约在1岁半以后，开始有了对自主的渴望，他们开始变得不安分，寻求自己的主张。到了2岁左右，幼儿开始频繁地说"不"，心理学上将其定义为"第一反抗期"。第一反抗期是自我意识发展的一种体现，是婴幼儿要求独立的一种表现。对于成人而言，这一时期是帮助婴幼儿认知自己内心愿望的一个最佳时机。

首先，当幼儿说"不"的时候，成人要表现出冷静、耐心、和蔼的态度。要帮助幼儿认识到自己内心的愿望其实是一个比较艰巨的任务：一则婴幼儿的表达受到年龄的限制，不太能让成人明白自己的想法；二则处于第一反抗期的婴幼儿可能对自己内心真正的愿望并不清楚，只是习惯性地说"不"。因此，要帮助婴幼儿体验、认知自己内心的想法，成人一定要有耐心，循循善诱，才能让处于反抗期的婴幼儿有足够的时间去体验内心的心理活动。许多时候，当婴幼儿频繁说"不"的时候，成人会变得不耐烦，并且将这种不耐烦的情绪在各个地方表现出来，例如，言语催促、伸手拉拽以及沉下脸来。这些表现会让婴幼儿感到害怕或者内疚、无措，导致幼儿一再说"不"来给自己壮胆，将所有的活动与行为指向和成人的对抗之中，而非指向自己的内心。因此，成人要用冷静、耐心、真诚、和蔼的态度来接纳婴幼儿的"不"，让婴幼儿产生安全感，不再与成人相对抗。

其次，当婴幼儿说完"不"后，成人要让婴幼儿将注意力指向自己的内心想法。需要指出的是，有时婴幼儿可能并没有一个完整而稳定的愿望，因此，成人对此要有足够的心理准备。让婴幼儿学习感知内心活动并不是一个只求结果的任务，而更多的是一个过程性的引导。在大部分时候，婴幼儿面对成人的问题，并不能给出成人想要的答案。成人可

以通过一些提示让婴幼儿放弃与成人的对抗，而去关注自己。例如，成人可以平静地说："可以啊，不要就不要吧，妈妈同意。那宝宝告诉妈妈，你想要什么？"在此过程中，成人要给予婴幼儿足够的时间，不要去催促。有研究者表示，等待3岁以下的婴幼儿作出一个比较困难的回答起码要等待5秒以上。即便婴幼儿最后也无法给出一个明确的答案，只要他停止了对成人的反抗，那么成人的循循善诱便也达到了目的，即婴幼儿开始去体验自己的想法了。

2. 帮助婴幼儿学习适当的语言来表达自己的愿望

研究发现，2岁开始幼儿就会用"我要""宝宝想要""我想要"等语词来表达自己的愿望了。让婴幼儿学习适当地表达自己内心的想法很重要，语言的发展能够帮助婴幼儿更好地了解自己内心的想法。

在婴幼儿学习语言的过程中，父母往往比较关注的是名词，经常可以看见成人带着学步儿走在路上，然后指着周围环境中的事物教孩子词汇，教的词汇基本上都属于名词，例如"树""小鸟"。很少有家长会有意识地教授一些表达愿望的语词，例如"希望""想念"。另外，表达心理活动的词语也很少被父母提及，例如"不安""平静"。

要帮助婴幼儿学习表达自己，必须在平时重视语言教育，让婴幼儿学会使用适当的语言将自己内心的想法表达出来。例如"宝宝不想要吃饭，想要吃饺子"。

（二）帮助婴幼儿初步"去自我中心"化

婴幼儿早期的认知特征中有非常明显的"自我中心化"特征，婴幼儿习惯"以己之心，度人之心"。比如一个幼儿帮妈妈戴眼镜时，将镜腿冲着自己，而把镜片直接往妈妈脸上贴，这个过程就反映出幼儿的"自我中心"倾向。幼儿是站在自己的角度来替妈妈戴眼镜的，镜腿对着自己是给自己戴眼镜的方法，妈妈坐在对面，应该将眼镜翻转180度，才是妈妈能戴上眼镜的做法。心理理论能力有极大一部分是对他人心理活动的认知，要求婴幼儿能抛弃自己的立场，站在他人的立场来看待问题，就像要站在妈妈的角度来为妈妈戴眼镜一样。这个过程要求婴幼儿能够想到他人和自己不一样，也就是能够去自我中心。因此，要培养婴幼儿初步的心理理论能力，要从去自我中心化做起。

（三）帮助婴幼儿理解内在的心理活动

婴幼儿是不太能区分心理世界和非心理世界的。例如，婴幼儿不明白"梦"是什么，他们一定要将"梦"与现实世界中的某种事物，如图画书、电影对应起来。另外，婴幼儿普遍具有"泛灵论"的认知特征，所谓泛灵论是指婴幼儿往往会以自己的想法来看待周围的世界，将物理世界中的事物都赋予"灵魂"。例如，婴幼儿自己会感觉到痛，他们便会认为桌子、凳子等物品也能感觉到痛。曾经有位妈妈对自己2岁多女儿的想法大为吃惊，甚至认为女儿有心理问题，还去找专业的心理医生进行咨询。原因是这位妈妈的女儿入睡非常困难，在睡觉前经常要求妈妈一直陪伴到睡着，妈妈觉得应该让女儿独立入睡，于是就问问女儿为什么一定要让成人陪到睡着才可以。女儿说她觉得床边的柜子在昏暗的灯光中看着自己，她感到很害怕，睡不着。心理专家告诉那位妈妈，这是幼儿分不清心理世界和非心理世界的区别所致,是正常的幼儿心理特征。其实这正是婴幼儿认知发展中"泛灵论"特征的体现。

对于婴幼儿而言,帮助他们从小识别心理世界,感知自己内在的心理活动是帮助其健康成长的重要内容和任务,同时也为婴幼儿心理理论能力的发展奠定了基础。

二、0—3岁婴幼儿初步心理理论能力培养的主要途径

（一）假装游戏和角色扮演游戏

许多研究都表明,促进婴幼儿心理理论能力发展的最有效途径就是假装游戏和角色扮演游戏。假装游戏也称象征性游戏或想象性游戏,指的是在游戏情境中,婴幼儿可以通过假装来将知觉到的事物用它的替代物进行表征的游戏形式。例如,在搭积木时,婴幼儿可以把一块积木假想成不同的事物,一会儿它是一根轨道,一会儿又是一辆汽车,还可以是一部手机,又或者变成一支笔,总之,婴幼儿需要它变成什么,它就是什么。角色扮演游戏也称角色游戏,其核心是扮演,即幼儿扮演一个角色,通过一些行动再现角色在现实生活中的特征。角色游戏通常都有一定的主题,如娃娃家、商店、医院,所以又称主题角色游戏。角色游戏是幼儿期最典型、最有特色的一种游戏。角色游戏从性质上说,是假装游戏的一种,其假装的是人物。

无论是假装游戏还是角色扮演游戏,在游戏过程中,婴幼儿都经历了站在他人的角度上进行感知和体验的过程,在这个过程中,婴幼儿看问题的视角发生了改变,这就为心理理论中感知并理解他人的心理活动打下了基础。

（二）移情训练

移情是指设身处地地理解他人感受的一种能力。移情能力是一种可以通过特定训练发展和改善的心智技巧。

1. 情绪追忆

情绪追忆是通过语言、场景、情境、音乐等情绪模式,唤起个人过去的生活经历,亲身感受自己的情绪,通过对当时情境情绪的联想,设身处地地与别人所处的相似场景的情绪相联系,从而使个人与他人产生共鸣。例如,可以让2—3岁的幼儿在听故事的时候,将故事中主人公产生的情感（如害怕）与自己过去的经验联系。

2. 角色扮演

角色扮演是对他人内心的体验,也是一个人建立明确的自我角色概念的必要途径。角色扮演的移情训练更强调具体的、直接的、真实的参与,同时将"听、说、做"三者相结合,培养个人的移情能力。"听"是听故事以引导个体认识情感;"说"是续编故事让个体感受情感;"做"则是通过情境表演使个体进一步体验情感,产生情感共鸣。对于婴幼儿而言,由于身心发展的限制,"说"的环节可以因人而异,采取灵活的方法,其主要目的就是让婴幼儿能够理解他人的情感和内心体验。

3. 情境讨论

情境讨论训练是指通过为个人展示情境图片或讲述情境故事,然后引导个人进行讨论,引发个人的情绪反应和情感体验从而提高个人移情能力的训练方法。这种训练方法对个人移情水平的提高主要是建立在对情境图片或故事中认知对象的情感理解之上。因此,对于婴幼儿来说,选择的故事应该是非常简单的,而且要和婴幼儿的日常生活相关,这样才能让婴幼儿理解故事或图片,进而感知他人的情感。

4. 换位思考

换位思考是指自身在别人的处境下思考问题,体验别人的感情。换位思考使人不过分关注自己,能较快地摆脱自我中心,把自我的概念扩展到他人身上去。换位思考要求创造个体与他人交流的机会,在沟通中揣摩别人的心思。换位思考对于3岁的幼儿而言有相当的难度,家长和早期教育教师可以依据婴幼儿不同的发展水平,对一些能够初步理解换位思考的婴幼儿进行训练,使其养成一种对换位思考的敏感性,为将来的发展奠定基础。

(三)通过强化来鼓励婴幼儿表达自己的愿望

所谓强化是行为主义心理学中用来提升某个行为发生概率的措施。在培养婴幼儿心理理论能力的过程中,通过及时强化来鼓励婴幼儿对自己内心的心理活动进行觉察、认知与表达是十分重要的。当婴幼儿说出自己内心的想法时,成人要及时给予正面的反应,鼓励他进一步表达。面对婴幼儿不合理的要求,成人也要从两个不同的方面来看:一个方面是婴幼儿勇于表达自己内心的想法与愿望;另一个方面是婴幼儿的愿望可能是不切实际的。对于前者成人要给予肯定,对于后者要给婴幼儿提供一个可替换的选择。有人认为,对于后者要向婴幼儿说明道理,但其实0—3岁的婴幼儿,即便是2—3岁的幼儿,其认知能力都是非常有限的,一些成人觉得很简单的道理,他们并不能了解。因此,与其说一通道理,不如提供一个其他的选择。例如,孩子要在吃饭前吃巧克力,妈妈可以说:"宝宝很乖,告诉妈妈你的想法。不过鸡蛋马上要煮熟了,我们一起去看看,等鸡蛋熟了,第一个给宝宝吃好吗?"用这样的方式既鼓励了婴幼儿表达自己内心的愿望,又避免了饭前吃零食而影响正常进餐。

三、0—3岁婴幼儿初步心理理论教育活动设计

(一)家庭亲子游戏

1. 医院游戏(24—36个月)

游戏目的:通过角色扮演游戏,体验医生与病人等不同角色的活动。

游戏准备:医院游戏玩具一套(包括听诊器、针筒、病历本、笔等)。

游戏步骤:

(1)拿出医院玩具,放到幼儿用的小桌上,布置成小医院的样子。

(2)成人扮演病人,作出咳嗽发热等生病的表现以及痛苦的表情。

(3)让婴幼儿先扮演挂号的医生,再扮演看病的医生,期间让幼儿回忆自己看病的经历,

模仿医生的言行,妈妈作出回应。

(4)婴幼儿扮演病人,成人扮演医生。

游戏建议:

游戏无固定步骤,可以依据婴幼儿自身经验来进行,重要的是成人要引导婴幼儿模仿医生或病人,同时提醒婴幼儿站在不同角色的立场上想问题。

2. 躲猫猫游戏(18—36个月)

游戏目的:了解他人的视角和自己不一样,为去自我中心做准备。

游戏准备:适合躲猫猫的场地(如家里的客厅、小区某个区域)。

游戏步骤:

(1)向幼儿介绍游戏规则。

(2)分配游戏角色:谁扮演躲藏者,谁扮演寻找者,两者轮流。

(3)开始躲藏—寻找游戏。

(4)重复游戏几次,直至尽兴。

游戏建议:

当幼儿被找到时,告诉幼儿你看见了什么,让幼儿意识到要想躲藏得好,要站在寻找者的视角才行。

3. 白雪公主(24—36个月)

游戏目的:能够从他人的立场上来看问题,发展幼儿理解错误信念的能力。

游戏准备:故事角色的玩偶(公主、小矮人、皇后、巫婆、王子等)。

游戏步骤:

(1)用玩偶来引发幼儿分角色阅读《白雪公主》故事的兴趣。

(2)分配角色,引导幼儿进行角色扮演,可以一人兼几个角色。例如,妈妈扮演皇后、巫婆,爸爸扮演七个小矮人和王子,孩子扮演白雪公主。

(3)按照故事书一页一页开始讲故事,妈妈作为主讲者,其他人分别讲出自己的对话部分,并用玩偶来模仿动作。

(4)游戏过程中,在白雪公主被巫婆骗的几次,都要求幼儿回答一个问题:白雪公主知不知道发带/苹果有毒?

游戏建议:

在开始游戏之前应保证幼儿对白雪公主的故事已相当熟悉。游戏最重要的是让幼儿认识到白雪公主的错误信念,即她并不知道发带、苹果等有毒,但是这些东西其实是有毒的。

(二)早教机构中的教育活动设计

1. 坐电梯(13—18个月)

活动目标:

(1)体会有节奏的运动带来的舒适、愉悦的感觉。

(2)通过扮演妈妈,初步体会妈妈与孩子的情感。

活动准备：

《坐电梯》音乐、仿真娃娃一个。

活动过程：

（1）家长抱着幼儿，让幼儿的小脸贴在妈妈胸口上。

（2）教师用仿真娃娃讲解示范，与仿真娃娃面对面，双手抱住仿真娃娃腋下，边念儿歌《坐电梯》边做动作：

坐、坐、坐电梯，我和宝宝坐电梯。（抱着娃娃原地用脚后跟点地。）

上楼，上上上。（抱着娃娃踮起脚尖身体尽量往上升。）

下楼，下下下。（抱着娃娃尽量往下蹲。）

停下来。（突然停止，然后平端着娃娃身体转两圈。）

（3）引领家长听着音乐和幼儿一起做，还可以让幼儿自己来做动作。

（4）家长的发音吐字一定要清楚。

（5）请幼儿来扮演妈妈，抱着娃娃。

2. 生日快乐（19—24个月）

活动目标：

（1）体验过生日的快乐，感受他人的情绪。

（2）乐于参与过生日活动，大胆用语言和动作表达自己的情绪。

活动准备：

《生日快乐》布书人手一本，音乐《生日快乐》，玩具生日蛋糕和蜡烛。

活动过程：

（1）教师唱生日歌引出活动。

（2）出示布书，将幼儿吸引到身边，讲述故事，注意和幼儿互动，让幼儿根据故事情节回答问题，模仿点蜡烛、吹蜡烛、唱生日歌、吃蛋糕等情节。

（3）请家长根据画面语调缓慢地讲述布书，讲述过程中结合幼儿的经验进行一些提问，引导幼儿说说、做做，体验故事书中主人公的心情。

（4）给每个幼儿发放布书，一起阅读。

附：故事《生日快乐》

今天是我的生日，妈妈给我做了一个蛋糕，爸爸准备了许多苹果、香蕉和饮料。我打电话给小朋友们，请他们来我家做客。我先和小朋友们做游戏，然后我们把饮料全喝光。现在我切开生日蛋糕，请大家都来尝一尝。小朋友们还一起唱起了生日歌，你也来唱吧："祝你生日快乐，祝你生日快乐，祝你生日快乐，祝你生日快乐！"

3. 去小熊家做客（25—30个月）

活动目标：

（1）在游戏情境中跟着老师看看、说说，学说常见水果的名称。

（2）学习表达意愿的语句"我想要……"

活动准备：

水果塑料玩具若干。

活动过程：

（1）教师用故事情境导入：今天我们要去小熊家做客！宝宝们，我们和小熊打个招呼呀！"小熊，你好！"小熊知道宝宝们要来，为大家准备了好多好吃的东西。看看有什么哦！

（2）教师出示"香蕉""苹果"等水果，提问：这是什么呀？鼓励幼儿说出各种水果的名称、颜色、味道。

（3）教师：宝宝们，你们看，小熊家还有小图书呢，这本图书里也有香蕉、苹果、橘子，我们来找找看。

鼓励幼儿和家长自由阅读，找一找、看一看、认一认、说一说。

（4）教师：小熊要请宝宝们吃好东西咯！你想吃什么呢？

鼓励幼儿说出完整的句子"我想要吃……"让每个幼儿都大胆表达自己的愿望。

（5）教师：我们要回家了，和小熊说"再见"，谢谢小熊请我们吃水果。

4.逃家小兔（31—36个月）

活动目标：

（1）感受无私而伟大的母爱。

（2）在角色扮演中体会不同角色的心理。

活动准备：

《逃家小兔》绘本课件、图片、背景音乐。

活动过程：

（1）活动导入。

教师：今天老师给大家带来一个故事，是关于一个妈妈和她的宝宝玩捉迷藏的游戏，我们一起来欣赏一下吧。

（2）故事欣赏。

① 第一幅图。

教师：孩子们，逃家小兔，"逃家"是什么意思？小兔子在离家出走后跟妈妈玩起了捉迷藏的游戏，小兔子刚开始变成了什么？他的妈妈变成了什么？妈妈是怎么钓她的小宝宝的？为什么要用萝卜来钓小兔子呢？为什么不用鱼钩？

教师朗诵：当小兔子变成小鱼以后，妈妈就想要变成最了解小鱼的人，于是她就变成了捕鱼人，把小兔子带回家，可是又怕钓鱼的时候伤害到小兔子，所以用了胡萝卜钓小兔子。多么伟大的母亲啊！

② 第二幅图。

教师：可是小兔子特别调皮，他又变成了什么？他的妈妈变成了什么来找他？咱们一起来看一下妈妈的装备，妈妈爬山都带了什么？带着这么多东西爬山你觉得妈妈会有什么感觉？为什么还要去找小兔子？

教师朗诵：妈妈是世界上最爱孩子的人,为了孩子她会不怕辛苦、不怕困难,如果孩子有危险哪怕付出生命她也会去找到自己的孩子,把他带回家,多么了不起的母爱啊!

③ 第三幅图。

教师：可小兔子还是没有停止逃跑,他又变成了什么?妈妈变成了什么?你猜她在干什么?经过园丁浇水、施肥、松土,小花会变得怎么样?

教师朗诵：做妈妈的总是希望自己的孩子健康茁壮地成长,就像园丁照顾小花一样照顾好自己的孩子,让自己的孩子快乐地生活在阳光雨露下。

④ 第四幅图。

教师：我们来看看接下来小兔子会变成什么呢?小鸟的家在哪里啊?他的妈妈变成什么才能把小鸟带回家?妈妈是怎么变的?

请幼儿扮演小鸟,教师扮演大树进行表演。

⑤ 第五幅图。

教师：小兔子这次又变成了什么?你是怎么知道他变成帆船的?那他的妈妈会变成什么呢?帆船是靠什么行走的?

⑥ 第六幅图。

教师：小兔子最后是怎么做的?

小结：小兔子知道了妈妈有多爱他,再也不想离家出走了,从此以后他们幸福地生活在一起。

（3）创编。

教师：如果你是小兔子的话,你会变成什么?妈妈会变成什么找到你?

（4）结束。

教师：妈妈是世界上最爱我们的人,今天回家后,记得对妈妈说一声我爱你哦。

第三节　0—3岁婴幼儿规则意识的教育

一、0—3岁婴幼儿规则意识教育的主要任务

（一）关注规则意识的内涵,为婴幼儿树立正面积极的榜样

现在许多家长比较注重孩子的自由发展,忽视规则意识的培养。而规则意识的缺失给一个人带来的负面效应会影响他在今后工作生活中的表现和人际交往状态,进而影响其一生的幸福。因此,规则意识的培养要从娃娃抓起。

所谓规则意识是一个人对社会行为准则的认知与理解。其实很多父母和早期教育机构中的教育工作者对规则意识的内涵不是十分了解,在培养婴幼儿的规则意识时经常会无意识地忽略规则背后的含义,从而在日常生活中不经意地就做出了违反规则的行为,为婴幼儿

树立了负面的榜样。因此,成人必须明了规则背后的含义,避免生活中的负面形象。规则的内涵如下:

(1)每一种事物都有其自身的规律、秩序和准则,这是不以人的意志为转移的,不可肆意违背。

(2)生活中有许多事是可以做的,有许多事是不可以做的,人们只有遵守共同的行为准则才能愉快地相处。

(3)当自己的需求与社会规则产生冲突的时候,能意识到应该对自己的行为作适当地控制和调整。

(4)许多规则是人为的、可变的,应该客观、灵活地对待一些不利于自身发展的规则,积极、主动地争取更为宽松、自由的发展空间。

(二)强化婴幼儿的规则意识,提高规则执行能力

根据皮亚杰和其他心理学的研究成果,我们可以总结出0—3岁婴幼儿规则意识与执行能力教育的主要任务是:强化幼儿的规则意识,提高规则执行能力。

一方面,父母通过指令对婴幼儿从小进行规则内化的训练。婴幼儿对规则内化的早期表现形式是对父母要求的服从。因此,父母可以从婴幼儿很小的时候就开始进行规则的训练和指导。但是要注意的是,对婴幼儿提出的要求要符合其年龄特征和身心发展的规律。如果要求过高过严,使婴幼儿难以达成,他们就容易产生挫败感和对自我的否定,在后来的规则训练中也就难以配合。

另一方面,通过让婴幼儿参与规则制定,提高婴幼儿对规则的执行能力。父母应该尽可能让婴幼儿参与规则的制订,尤其是涉及与婴幼儿关系密切的事情。共同制订规则除了表示对婴幼儿的尊重外,还会增强其遵守规则的自觉性。另外,规则内容务必明确、具体,不能给婴幼儿讨价还价的机会,更不能"乞求"他遵守规则。

(三)建立有效的家庭规则,让家庭成为规则教育的第一课堂

"没有规矩不成方圆",一个家庭需要规矩来维持,一个社会需要秩序来规范。很多父母给孩子确立的规则是模糊的,随机性很强。情绪好的时候,对孩子犯的错误就能容忍;而情绪不好的时候,又会对孩子加重处罚。即使是婴幼儿也是非常敏感的,他们往往也开始能够察言观色了。他们的心里就会有这样一个印象:规则不是我做了什么,而是父母心情好不好。或许有的父母会觉得孩子能察言观色也是本事,但是这会造成孩子忽略规则本身。

一个完整的家庭规则系统包括奖励、处罚等相关制度,并且家庭规则的制定者要意见统一、严格执行。家庭中合理、积极的规则具有以下几个特点:

(1)经过深思熟虑后制定。合理、积极的规则是父母价值观的有效传递方式之一,它不是一时冲动制定出来的。它既不会因过于宽松而失去约束力,也不会因过于严格而难以实行。

(2)具有灵活性。规则要建立在父母对孩子、对自己以及问题情境充分了解的基础之上,是一种从多种方案中作出的明智选择,是对问题的一一对应的反应,因此会随着问题情境的变化作出相应的调整。

（3）能增强孩子的自尊心。父母在制定规则的时候要充分考虑孩子的感受和需要，保护孩子的自尊心不受伤害和积极性不受压抑。

（4）能促进孩子责任心的发展。合理的限制可以帮助孩子学会自我控制，帮助孩子判断对错，理解和重视别人的感受，意味着在合理界限内的自由。

（5）显示父母的能力和爱心。规则的设置不是说明父母束手无策或刻薄无情，而恰恰说明父母具备强有力的教育力量和智慧，是父母会爱的表现。

规则的制定是一门艺术。规则太多会造成婴幼儿恐惧、惊慌和愤怒；规则太少，无法保障婴幼儿安全成长和习得良好的价值观念。因此，从婴幼儿开始，父母就要逐步为其制定合理的规则，为婴幼儿提供一个安全、有序的环境，让婴幼儿在规则内自由表现，在父母的指导下健康成长。

二、0—3岁婴幼儿规则意识培养的主要途径

（一）在游戏中培养婴幼儿的规则意识

培养婴幼儿规则意识最重要，也最有效的途径就是规则游戏。游戏是婴幼儿学习的主要方式和途径，社会性领域的学习也是如此，通过规则游戏婴幼儿可以学习到很多社会性规则。所谓规则游戏是指按照一定的规则进行的游戏。规则可以是故事情节要求的，也可以是婴幼儿按其假设的情节自己规定的。在游戏进行的过程中，许多规则是可以更换的。

一方面，家长和教师要重视在游戏活动中渗透规则及规则意识。在游戏开展前，成人应向婴幼儿反复介绍游戏规则；在游戏中，应着重观察婴幼儿能否理解并遵守游戏规则。对遵守规则的婴幼儿给予奖励，让违反规则的婴幼儿暂停游戏。

另一方面，在游戏设计环节中加入与社会规则相一致的游戏规则。要顺利开展游戏，必须遵守游戏的规则；要遵守规则，就要对所遵守的规则有所认知。例如，在公共场所我们经常碰到需要排队等候的情况，等候的时候应该在规定的等候区域内，与目标位置保持适当的距离，以使在前面等候的人员能够有安全感。像排队等候的规则就可以引入到游戏环节中，让婴幼儿在喜闻乐见的游戏中提高对规则的认知与执行能力。

（二）设计专门的教育活动培养婴幼儿的规则意识

由于对社会规则的学习属于社会认知范畴，认知领域的学习往往可以通过言传的方式，因此，和其他领域（如语言领域）的学习相结合，设计专门的教育活动来让婴幼儿学习相关的社会规则，能够起到非常好的效果。

例如，教师可以为3岁的幼儿选择图画书《我排在你后面》，在引导幼儿阅读故事的同时，通过精心设计的提问，让幼儿明了故事的内容。在此之后，教师可以利用故事组织幼儿讨论：故事里不排队的是谁？你喜欢他吗？为什么？你还看见过哪些地方人们都是有秩序地排队的？让幼儿明白在公共场合排队的规则，启发幼儿回忆生活中和父母外出时排队的经验。（详细活动见本节教育活动设计《我排在你后面》。）

三、0—3岁婴幼儿规则意识教育活动设计

（一）家庭亲子游戏

1. 学礼仪（19—24个月）

游戏目的：掌握正确的生活礼仪，知道与人交往的一些简单的社会规则。

游戏准备：无需专门的物质准备。

游戏过程：

（1）家长示范咳嗽、打哈欠的方法。

家长：我现在喉咙不舒服，想咳嗽。（双手五指并拢捂住口鼻，上身和头部扭向一边，低头假装咳嗽。）

家长：我现在好困啊，我想打个哈欠。（示范打哈欠的动作，方法同上。）

（2）家长带领幼儿模仿练习。

（3）赞扬幼儿的表现，结束游戏。

游戏建议：

在家中，家长可有意识地让幼儿学习其他的交流方式，如见面问好，与同伴握手，和其他幼儿交换玩具。

2. 比比谁的反应快（25—30个月）

游戏目的：能够听口令快速地做动作，锻炼身体的反应能力，同时在游戏中增强遵守游戏规则的意识。

游戏准备：比较空旷、安全的场地。

游戏步骤：

（1）介绍游戏规则。

教师：妈妈发出一些动作口令，如弯腰、跳一跳，爸爸和宝宝听妈妈的口令做动作，比比谁的反应快。

（2）妈妈先发口令，爸爸和宝宝根据口令做动作，比一比谁能快速地作出正确的反应。重复多次。

（3）转换游戏角色重新游戏。

3. 我们都是木头人（31—36个月）

游戏目的：在游戏中提高自我控制能力，发展规则意识。

游戏准备：无需专门的物质准备。

游戏步骤：

（1）介绍游戏规则。

成人：认真听，在说完"我们都是木头人，不许讲话不许笑，还有一个不许动"以后，谁先动了谁就输了，动的人让没有动的人刮一下鼻子。

（2）重复进行游戏若干次。

(3)游戏结束,表扬幼儿的表现。

(二)早教机构中的教育活动设计

1. 看谁捡得多(13—18个月)

活动目标:

(1)感知游戏规则,学习遵守竞赛规则。

(2)做事有耐心,能坚持将事情做完。

活动准备:

一大筐小雪花片、爸爸、妈妈和幼儿每人一个小篓子。

活动过程:

(1)教师出示雪花片,告诉幼儿游戏的名称:"今天我们玩一个捡雪花片的游戏。"

(2)讲解游戏规则,示范游戏玩法。

教师:(一手拿篓子)当我发出"预备——"的口令时,宝宝们要做好准备;当我发出"捡"的口令后,宝宝就立刻开始捡地上的雪花片,看看哪位宝宝捡得多。(教师立刻蹲下,示范将地上的雪花片捡起来放进自己的小篓内。)

(3)带领幼儿一起游戏。

教师将一筐雪花片分散地撒在教室里,然后发出"预备——捡"的口令,幼儿开始捡雪花片。家长和教师在一旁加油鼓劲。捡完后,教师请家长和幼儿一起数一数自己的小篓子里雪花片的数量。教师表扬动作快、做事专心的幼儿,然后请幼儿将自己小篓子里的雪花片倒回到大筐内。

(4)邀请家长参与游戏,和幼儿进行比赛。

教师发布口令,让幼儿和家长进行比赛。教师将一筐雪花片撒在地上,发出"预备——捡"的口令,然后家长和幼儿一起捡。家长可以故意捡得慢些,让幼儿赢,增加其自信心和兴趣。捡完后,请家长和幼儿一起数一数自己小篓子里雪花片的数量。

2. 水果店(19—24个月)

活动目标:

(1)大胆与他人交流。

(2)学会等待和轮流的规则。

活动准备:

地毯上摆放三堆水果玩具(苹果、香蕉、梨、西瓜、草莓),幼儿人手一个小篮子。

活动过程:

(1)教师用故事情境导入:今天来了两位客人,(请出两位戴动物头饰的老师)是谁呀?(鼓励幼儿回答,并引导幼儿向客人打招呼。)今天××老师和小猫、小熊开了三家水果店,宝宝喜欢在哪一家水果店买水果都可以。买水果的时候要说清楚买什么水果,买几个,然后装到小篮子里,送到妈妈那里去,最后我们来看一看哪个宝宝买的水果多。

(2)在游戏的过程中,教师要告诉幼儿排好队买水果,学习等待和轮流,在买的过程中,如果幼儿不会主动说要买什么水果,买几个,三位教师要用提问的方式鼓励幼儿,帮助幼儿说出自己想买的水果。

(3)游戏结束时,教师表扬会排队买水果的幼儿,鼓励幼儿和家长数一数自己买了多少个水果。然后,教师逐一请幼儿向别的幼儿介绍自己买了什么水果,一共买了多少水果。教师、家长及时鼓励、表扬幼儿。

家庭延伸:

在家里吃水果、洗手等日常生活中,注意培养婴幼儿轮流与等待的规则意识。

3. 天黑了,要睡觉(25—30个月)

活动目标:

(1)学习、认识作息制度。

(2)能够根据作息制度做事情。

活动准备:

诗歌《月亮对我笑》,太阳、月亮展板各一个。

活动过程:

(1)教师介绍游戏目标和玩法。

教师:做一个听话的宝宝,要按时休息,作息规律。当我举起月亮展板,就表示天黑了,妈妈带领宝宝作休息睡觉状;当我举起太阳展板,就表示天亮了,妈妈和宝宝就可以"起床了"。

(2)教师阅读诗歌《月亮对我笑》,家长和幼儿一起做动作。

月亮越爬越高,
老对着我笑,我问她笑什么,
她说我该睡觉。
我说:"哎,不急,还早哩,
再看会儿电视多好!"
月亮生气了,
钻进云里不理我。
我说:"好,听你的话,赶紧上床去睡觉!"
她又对我眯眯笑。

(3)夸奖幼儿的表现,指导家长回家进行复习。

家庭延伸:

在家里,家长要及时规范幼儿的作息情况,使其养成良好的作息习惯。

4. 我排在你后面(31—36个月)

活动目标:

（1）知道在集体中要守秩序,有先后意识,知道守秩序的重要性。

（2）知道生活中需要遵守秩序的一些场合。

（3）乐意阅读故事,并愿意在集体面前大胆发表自己的看法。

活动准备：

故事《我排在你后面》幼儿用书人手一册。

活动过程：

（1）教师引导幼儿翻开幼儿用书,倾听故事《我排在你后面》。

建议教师提下列问题：

① 在汽车站,你看到了谁？它们在干什么？（引导幼儿观察小动物在有秩序地排队等汽车。）

② 汽车来了,小动物们排队上车,可是谁没有排队？它想干什么？

③ 大灰狼为什么不能站在松鼠的前面？什么叫插队？

④ 大灰狼插队,小松鼠怎么说的？小熊怎么说的？大象排队了吗？

⑤ 后来,大灰狼排队了吗？是谁说服了大灰狼的？大象是怎么说的？

⑥ 最后,大灰狼是怎么说的？

（2）迁移故事经验,组织幼儿讨论。

① 你喜欢故事里的谁？不喜欢谁？为什么？

② 插队好不好？为什么不好？

③ 在早教机构里,我们小朋友也要学会守秩序。如果不守秩序会怎样呢？

④ 想一想：如果做操时,不排队会怎样？

⑤ 如果大家同时都想上厕所,大家不排队都涌进厕所会怎样？

⑥ 如果小朋友出去游玩走在马路上,大家不守秩序,随便在马路上行走会怎样？如果大家都能守秩序又会怎样呢？

⑦ 平时,你还看见哪些地方,人们都是有秩序地工作的？（启发幼儿回忆生活中和父母外出时排队的经验,例如到银行、超市、餐厅等地方需要排队。）

（3）阅读故事《我排在你后面》。

教师带领幼儿共同阅读故事。

（来源：幼儿学习网）

本 章 小 结

社会认知是儿童社会性领域中与认知相关的部分,0—3岁婴幼儿的社会认知教育应建立在其发展特征之上。在促进自我意识的教育中,家长与早期教育工作者应该意识到如何从各个方面入手来促进婴幼儿自我意识的形成与发展,通过创设积极的语言环境与心理环境,设计专门的教育活动和游戏等途径来帮助婴幼儿在人生最初的阶段形成正确的自我认知、积极的自我体验与初步的自我控制能力。心理理论是认知心理世界的能力,发展婴幼儿心理理论能力的最佳途径是假装游戏和角色游戏,而规则游戏则是发展婴幼儿规则意识的重要手段。

延 伸 学 习

促进幼儿自我意识和自尊发展的积极语言策略——表扬

自尊是社会互动的产物,幼儿通过与生活中遇到的人物(如家庭成员、老师、同伴)互动,从而获得对自己的判断,而成人的语言(说话的内容、说话的方式)是幼儿获得自我感知的主要因素。如何在幼儿园或早教机构、家庭中创设积极的语言环境呢?教师和家长可以采取表扬的方式,表扬是一种积极的语言策略。

我们都知道要给幼儿鼓励,给予他们"正能量",表扬对家长与教师来说是常用的方式,但也许是太过于习惯化,反而不太"走心"。当孩子被"你真棒""你真聪明""乖孩子""真有礼貌"反复"表扬"后你会发现,表扬有时似乎并不那么管用。那么有效的表扬应该是怎么样的呢?

有效表扬的特征之一——外部特征。表扬者首先要有和蔼的态度、柔和的表情、自然的声音、积极的语调。这些外在的表情、声调和态度会让你的表扬显得真心实意,而不是为了表扬而表扬。

有效表扬的特征之二——有选择性。所谓有选择性就是只有在真正值得表扬的场所才使用表扬这一教育策略。例如,幼儿在建构游戏中虽然屡次失败,但是最终完成了搭建活动任务,那么这个时候幼儿表现出的坚持性就值得表扬。另有研究表明,在幼儿园中,有效表扬发生的场所往往是在局部的场合,针对一小群,甚至是一个幼儿进行的,针对全班进行的表扬往往是无效的。

有效表扬的特征之三——特定性。特定的表扬指的是表扬的对象是明确的行为,而非个体本身。例如,一个3岁的幼儿懂得去关心弟弟妹妹,家长应当表扬的是关心行为本身,而非称赞幼儿"懂事了"或"长大了"。原因很简单,只要幼儿的成长环境中没有特殊因素,每个幼儿都在朝着"懂事"的方向发展,但并不是每个幼儿都懂得如何用行为来表达,家长要表扬的是幼儿用适当的行为来表达了自我成长。

有效表扬的特征之四——积极性。有效表扬的第四个特征就是积极,所谓积极的表扬就是这种表扬不能存在消极的对比,不能抬高一个人,而打压另一个人,甚至是另一群人。在有两个孩子的家庭里,父母切忌表扬一个孩子,而明里暗里批评另一个孩子,例如,表扬妹妹吃饭快,会对还在"细嚼慢咽"的哥哥带来压力。在早教中心里更是如此,有时表扬一个幼儿做得好,往往会打击很多没有完成任务的幼儿。

 学习活动

在早教中心实习时,记录教师表扬婴幼儿的次数,并尝试分辨其中有哪些表扬是无效的,原因是什么。

 复习与思考

1. 为什么假装游戏是促进婴幼儿心理理论能力发展的最佳途径?
2. 成人在日常生活中应该如何鼓励婴幼儿发展良好的自我意识?
3. 观察2—3岁幼儿的规则游戏活动,记录下幼儿对规则的实施情况,并结合相关理论进行解释。

第五章 社会性情绪情感概述

学习目标

1. 掌握情绪、气质和归属感的概念。
2. 了解情绪、气质和归属感在0—3岁婴幼儿社会性发展中的作用。
3. 理解情绪、气质和归属感的相关理论。

0—3岁婴幼儿的社会性发展离不开社会性情绪情感的发展。情绪是个体对内部和外部刺激的主观体验,例如,饥饿和口渴等内部刺激引起的不安情绪。社会性情绪指的是婴幼儿社会性发展中的情感因素,是婴幼儿在人际交往和社会行为的反馈中所产生的蕴含着社会意义的情绪,与单纯的情绪相比,社会性情绪的最大特点是带有了社会意义,具有人际交往的指向,是婴幼儿社会性发展中的重要部分。

气质是表现在人的情绪和活动中的动力特征,如情绪和活动的强度、速度、指向性等,是一种稳定的心理特征。气质与情绪之间有着密切关联,气质作为一种具有先天性的心理特征,对婴幼儿的情绪体验、识别和表达有着重要作用,其中婴幼儿情绪体验与表达的强弱特征本身就是由气质来决定的。当我们描述某个人的气质特征时常常会用到情绪特征,例如,黏液质的特征是情绪稳定,胆汁质则是以情绪冲动、外向为其标识。

归属感是人们对自己所属的群体的认同体验,也是爱国主义情感的基础。教育部颁布的《3—6岁儿童学习与发展指南》中明确将归属感的发展作为社会性领域教育的内容,对归属感的培养更要从婴幼儿就开始。

第一节 情绪概述

一、什么是情绪

任何文化中的人都有情绪,快乐、悲伤、厌恶、生气、惊讶、兴趣和恐惧等都是人常见的情绪。那么,到底什么是情绪呢?

(一)情绪的定义

尽管给出一个情绪的例子相当容易,但是给情绪下定义却非常难,因为情绪是一个"似是而非"的概念,看起来直接明显,但是又会令人迷惑不解。对情绪定义的争论,可以追溯到古希腊时代。当时两个伟大的哲学家——柏拉图和亚里士多德都对情绪做过深入的探讨,他们看待情绪的方法或多或少影响到了现在人们对情绪的看法。柏拉图认为,情绪是狂乱而无法控制的,是与理性相抗衡的力量。亚里士多德是第一个提出情绪是一种认知的观点的人。亚里士多德认为,情绪与行为有关,情绪在某种程度上影响着我们的行为方式,情绪又是我们如何解释世界的反映。亚里士多德的观点对现代情绪理论的影响颇为深远。

当代心理学对情绪的定义颇多,美国心理学家布莱克(V. Brakel)曾经汇总了有关于情绪的22种不同的定义,将这些定义的共同之处归纳起来,却得到了有关情绪的一个最简单的定义,即情绪是人对外部或内部事物是否符合自身需要的内心体验,并伴随一系列相应的复杂行为反应。

从表面上看,情绪是一些身体的变化和情感的表现。事实上,情绪包含的东西远远不止如此,情绪不仅包含了动作、行为和社会相互作用的倾向性,还是一种理解世界的方式,即情绪能帮助我们感受事物。例如,美丽的花朵会引发我们产生愉悦的情绪,进而让我们想去知道有关这美丽花朵的更多知识。情绪的定义虽然简单,但是关于情绪成分的理论却有多种,这从另一个方面展示了情绪内涵的复杂性。

(二)情绪的成分

从情绪的组成成分来看,它由生理成分、行动成分、体验成分和认知成分四部分组成。美国机能主义心理学家詹姆斯曾经用一个例子来说明情绪的成分,这个著名的例子就是"遇到狗熊"。假设你通过一片树林,正欣赏周围的自然美景,突然,随着一声吼声,一只熊出现在你面前,你马上停了下来,心跳加快,口干舌燥,肌肉紧张,感到非常害怕。你记起当遇到熊时要站在原地,所以尽管你害怕,你还是保持不动。最后这只熊走了,你也安全了。

这个例子中,当你在树林里遇到熊时,你的情绪表现是很害怕、恐惧,这部分是体验成分,你的确感受到了害怕情绪。在害怕的同时伴随着生理上的变化,如口干舌燥、肌肉紧张、心跳加速,这个部分就是情绪的生理成分。此外,你在害怕的同时还准备要采取一些行动,要么逃跑,要么装死,这是情绪的行动成分。然而尽管有行动的准备,但是你并没有去行动,相反,你仍然在原地保持不动,因此,行动成分更多是一种倾向性。最后是认知成分,你之所以感到害怕,是因为你认识到熊在当前对你的生存构成了威胁。一般而言,任何一种情绪状态的产生都会伴随着这四个成分。

在情绪的四个成分中,对认知成分的理解是比较困难的,为此有研究者提出了专门的理论来解释为什么情绪的成分中包含有认知成分,这些理论统称为情绪的认知评价观。该理论认为,对外部世界的事件和来自我们自己身体的刺激的解释是情绪中的主要因素。

按照情绪的认知理论的说法,对情绪作出认知解释的过程含有两个步骤。步骤一是对环境刺激的解释。阿诺德(M. B. Arnold)认为"情绪是对趋向知觉为有益的,离开知觉为有害的东西的一种倾向"。与阿诺德的观点类似,拉扎勒斯(R. S. Lazarus)认为"情绪来自正在进行着的环境中好的和不好的信息的生理、心理反应的组织,它依赖于短时的或持续的评价"。比如我们将某人的行为评价为对我们的侮辱或轻蔑,我们将会产生愤怒的情绪。步骤二是对来自躯体刺激的解释。沙克特(Schachter)和辛格(Singer)曾对由自主唤起引起的躯体刺激所作的认知解释在情绪中的作用做过最早的研究。他们认为,在情绪体验期间,躯体的唤起并不针对不同的情绪。也就是说,不管体验到何种情绪,躯体,特别是内脏器官,都以相同的整体的方式被唤起。来自躯体的传入刺激只有通过对唤起的认知解释才会在情绪体验中起到重要作用。例如,当听到枪声时,如果你感到忐忑不安,那么你会把来自体内的这种感觉解释为恐惧,但如果在接吻后感到忐忑不安,那么你会将这种感受解释为爱。

(三)情绪的类别

至于究竟有多少种情绪,不同的研究者有不同的答案。詹姆斯认为,有多少描述情绪的词,就有多少种情绪,每一种情绪都是某种生理特征的反映。但是现在我们普遍认为的观点是,情绪包括几种核心的基本情绪及大量的复杂情绪,而复杂情绪都是从基本情绪中派生出来的。

1. 基本情绪

现在,大多数人都认同人类具有六种基本的情绪,即快乐、惊讶、害怕、悲伤、愤怒和厌恶。许多跨文化研究也证明,不同的国家和地区基本上都能够识别这六种基本情绪。现有的关于情绪面部表情知觉的研究涵盖了21个国家和地区(包括爱沙尼亚、阿根廷、巴西、智利、中国、吉尔吉斯斯坦、苏格兰等)的资料。在所有这些研究中,不同文化之间对六种基本情绪的认知有着惊人的一致性。由此我们可以说,这六种情绪是一种普遍性的基本情绪。

2. 复杂情绪

复杂情绪是从基本情绪中派生出来的,是若干个基本情绪的组合。例如,有人分析了嫉妒这种复杂的情绪,认为嫉妒是由一些害怕、一些厌恶和少许的愤怒几种情绪组合而成的。复杂情绪是从基本情绪发展而来的,它含有两个变量:第一个变量是组成复杂情绪的基本情绪的成分,第二个变量是组成复杂情绪的基本情绪的强度。这两个变量决定了复杂情绪的多样性。事实上,我们在生活中也能够体会到大量的复杂情绪,有一些情绪甚至很难用言语精确地描述出来。

新生儿是带着原始情绪来到这个世界上的,新生儿永远是以哭声来庆祝自己的诞生,而哭泣就宣告了他/她降生时的情绪是一种不愉快的体验。婴幼儿首先获得的是基本情绪,而后随着生活经历的日益丰富,生理、心理的不断发展,复杂情绪开始渐渐地发展起来。

二、情绪的特性

（一）情绪的生理特性

1. 情绪的生理基础

情绪一定带来生理变化，这些生理变化是由人体内自主神经系统中的交感神经和副交感神经的拮抗作用导致的，主要表现为包括呼吸系统、血液循环系统、消化系统、内分泌系统，以及脑电、皮肤电反应等在内的一系列变化。不同情绪的生理反应模式是不同的，如愉快时心跳节律正常，恐惧时心跳加速。然而，有些不同的情绪也会激起同样的生理唤醒，如爱、愤怒和恐惧都会使心率加快。克雷比格（Kreibig）总结了134篇有关情绪诱发的自主神经系统反应模式的实验报告，其中，大部分研究都发现：愤怒、恐惧、喜悦、惊奇会使人的心率、呼吸频率变快；悲伤会使人的心率显著下降。但对呼吸频率的影响研究结果存在不一致，有的研究发现悲伤时呼吸频率上升，有的研究则相反。皮肤电反应通常与情绪的激活程度有关，同时也是识别情绪的有效指标，抑郁和焦虑等负性情绪会显著地影响皮肤电反应。血压在不同情绪状态下也存在差异，焦虑和抑郁会显著地引起血压升高。还有研究考察了正负性情绪对指端脉搏的影响，结果发现：正性情绪下，心率变化不显著，指端脉搏容积显著下降；负性情绪下，心率显著加快，指端脉搏容积显著下降。不同情绪状态还会显著引起肾上腺、甲状腺和脑垂体分泌的各类激素的变化。

2. 情绪的过程

研究者描述了人类情绪的过程：① 唤起情绪反应的刺激情境的呈现；② 情绪唤醒，成为被意识到的体验，即我们所感受到的"情绪"；③ 在脑、自主神经系统、内分泌腺中所产生的一些变化引起一些内脏器官的生理唤起；④ 引发伴随情绪而发生的相关行为，如因害怕而退缩、战栗。詹姆斯-兰格理论（James Lange Theory）认为，有意识的情绪体验是来自生理反应及行为给大脑皮质提供的反馈所引起的。

3. 情绪的本质

在有关情绪本质的理论中，很多学者都倾向于用生理学术语来定义情绪。坎农-巴德情绪理论（Cannon-Bard Theory of Emotion）认为，引起刺激的信息首先抵达丘脑，然后信息从丘脑传递到大脑皮质，在那里产生情绪体验，同时信息也传递到下丘脑及自主神经，在那里激活生理反应。在坎农和巴德看来，意识到情绪体验和躯体的生理唤醒是两个同时但又独立的事件。

4. 情绪的发展

情绪的发展也受到了生理的影响。情绪的发展依赖于大脑的发育成熟，包括大脑情绪功能区域的发育、神经内分泌以及其他随年龄而快速变化的生物学过程。情绪起源于大脑的原始脑区，包括杏仁核神经中枢在内的边缘系统。但由于情绪也涉及人类复杂的行为，因此也受高级脑区的制约，特别是前额叶皮质（包括眶额回皮质）和扣带回皮质（特别是前扣带回皮质）的制约。也有诸多研究发现情绪是由大脑中的一个回路控制，包括前眶额皮质、腹内侧前额皮质、杏仁核、下丘脑、脑干、扣带回皮质、丘脑、海马、伏隔核、岛叶及感觉皮质等。

(二)情绪的外显特征

古语说:"情动于中,而形于外。"情绪的外部表现分为面部表情、姿态表情和语调表情。内部情绪状态可以通过面部表情来表现。相应的情绪会引起眼睛周围肌肉、面部肌肉和口部肌肉的变化,即特定的情绪状态对应特定的肌肉变化模式。人们还可以通过四肢和躯体的变化,即姿态表情来表现人的各种情绪状态,分为身体表情和手势表情。语调表情是通过言语韵律的形式,即通过音高、响度、节律等来表达情绪。如高兴时说话声音通常更高、更响亮、语速更快,而悲伤时音高较低、语速较慢。笑声、哭泣、叹气、哈欠等非语义发声也能够表达不同的情绪。

表情具有普遍性和跨文化一致性。达尔文在《人类和动物的情绪表情》一书中提出,不同的面部表情是天生的、固有的,并且能为全人类所理解。先天失明的儿童从未见过他人微笑和皱眉的表情,但他们微笑和皱眉的方式和视力正常的儿童是一样的。埃克曼(P. Ekman)等人让来自10种不同文化背景的被试对不同强度的面部表情进行评判,发现对于强度很高的表情被试的评判非常相似,为跨文化的一致性提供了有力的支持。

表情也具有后天习得性。表情方言理论认为,就像英式英语和美式英语,虽然不同的文化群体共享一个"普遍情感系统",包含相同的情绪模式,但是,各个文化群体还拥有自己的"独特情感系统",独立地执行相应的功能。后者是人们通过学习掌握的,受到文化、教育、环境等后天因素的影响。表情表达和识别中存在一些微妙的差异,即使很小,也会造成组外群体的困惑。

此外,表情还具有可控性。情绪主要受自主神经系统调节,一般不受大脑皮质的意识控制,而表情受躯体神经系统支配,可受大脑皮质的意识控制,具有可控性。因此,表情受文化及情绪表达规则的影响,我们既可以自然地表现情绪,也可以夸大或掩饰情绪。埃克曼认为当一种情绪被隐藏或用其他情绪掩盖时,真实的情绪会以微表情的方式表现出来。微表情是一种快速呈现的、压抑的、呈现时间在1/25—1/5秒之间、通过人眼难以观察到的一种表情。

(三)情绪的两极性

情绪是一种多维度、多水平的复杂的心理过程。情绪的维度指情绪所固有的某些特征,主要包括情绪的极性、性质、强度、紧张度等方面。这些特征的变化幅度又具有两极性,即每个特征都存在两种对立的状态。从极性上看,有正情绪(如快乐、高兴、满意、兴趣)和负情绪(如悲伤、烦恼、愤怒、厌恶)。从性质上看,有积极情绪和消极情绪之分。积极情绪与社会利益相符,有利于个性发展;消极情绪则与社会利益相悖,有碍于个性发展。从强度上看,情绪都有从弱到强的等级变化,如喜从弱到强可分为欣喜、欢喜、狂喜。从紧张度上看情绪有紧张与轻松两种状态。

情绪的极性和性质不一样。积极情绪可以是正情绪,也可以是负情绪,消极情绪也同样如此。例如,愉快是正情绪,而幸灾乐祸则是消极情绪。同样,愤怒是负情绪,但对敌人愤怒是积极情绪,而父母或抚养者对婴幼儿大发雷霆,则是消极情绪。

(四)情绪的情境性

情绪的情境性是指人的情绪会随所处情境的变化而变化。情绪是人对客观环境的主观体验,无论是基本情绪还是复杂情绪,都是个体在某种具体的情境之中,在客观事物的作用下,并以主客观之间的一定关系为中介而发生的。情境发生变化,情绪也容易随之发生改变。在教学活动中,教师往往会注意教学情境的创设,引发学生积极的情绪,提升教学效果。同时,情绪的情境性也让教育活动中教师的情绪调控技能变得很有必要。

三、0—3岁婴幼儿情绪发展的意义

(一)情绪是婴幼儿人际交往的有力手段

情绪是人与人之间进行信息交流的重要工具之一,在婴儿与人的交往中占有尤其特殊和重要的地位。有研究通过两种情况揭示了情绪在婴儿与照顾者之间社会互动中的作用:第一种情况("单调情境"),母亲面对婴儿说话声音平淡,面无表情,持续3分钟;第二种情况,母婴双方进行正常游戏,持续3分钟。结果表明,与母婴正常交往的情况相比,单调情境下的婴儿显得更警觉、谨慎,更少面部表情,行为更加混乱和不安。许多研究都证明,婴儿与成人间良好的感情联结是婴儿形成健康的情绪情感,养成乐观自信、勇于探索的个性,发展智能和良好社会交往技能的重要途径。婴幼儿在掌握语言之前主要以表情作为互动的工具。直到学龄前期,表情仍然是一种重要的交流工具,其作用不亚于语言。婴幼儿常用表情代替语言回答成人的问题或辅助自己的语言表述。

情绪能力是婴幼儿有效地与同伴交往的必不可少的一部分。情绪理解和情绪调节在婴幼儿的社会能力尤其是同伴关系的形成和发展过程中发挥着重要作用。情绪理解能力越好,与同伴的交流越多,越有可能对同伴表现出亲社会行为。社会互动通常也伴随着情绪唤起。采用积极的情绪调节方式有利于建立良好的同伴关系。

(二)情绪推动、组织婴幼儿的认知加工

情绪对婴幼儿的认知活动起着促进或干扰作用。感知、记忆、注意、思维都会影响情绪,同时受到情绪的调节。情绪对认知具有组织作用。情绪-认知的U形曲线表明,情绪的唤醒水平过低或过高均不如中等唤醒水平使其作用效果达到最优。有研究对情绪-认知的U形曲线做了补充:兴趣情绪与快乐情绪相结合,能支持操作活动持续进行,产生的结果不是"U"形而是"一"字曲线。兴趣-愉快与认知、操作相结合,促使婴幼儿的认知能力不断提高。与此相反,负性情绪,如紧张、过度激动或悲伤,会抑制婴幼儿的操作行为,延缓智力发展。情绪对认知过程的影响还体现在影响婴幼儿的注意力集中程度、记忆和学习能力方面。例如,接种疫苗时,情绪非常激动的幼儿比压力较小者能更清楚地记得此事件,可能是由于他们强烈的情绪体验加深了记忆内容。可见,婴幼儿的情绪与婴幼儿的认知有着密切的关联。

(三)情绪对人的终身发展有重要的影响

1. 情绪影响健康

情绪会激发一系列的生理反应。一般来说,人在愉快时,肾上腺素分泌适量,呼吸平和,血管舒张而使血压偏低,唾液腺和消化腺分泌适中,肠胃蠕动加强等,这些生理反应均有助于身体内部的调和与保养。而如果婴幼儿经常处于某种不良情绪状态,久而久之便会影响其身体健康。研究发现,持续的心理压力会以焦虑、忧郁情绪、易怒等方式表现出来,压力会使心率加快、血压升高,并使免疫系统的反应减缓,这足以解释压力与心血管疾病、传染病以及多种癌症之间的关联反应。压力还会降低消化系统的活动,因为血流都集中到脑部、心脏和肢体末端以支援身体行动所需,因此可能导致胃肠失调,引起便秘、腹泻、肠炎等疾病。

2. 情绪是婴幼儿适应生存的重要心理工具

婴幼儿会采取一些行动以维持或改变自己的情绪状态。高兴和信任的感觉让婴幼儿产生一种安全和踏实的感觉;爱的感觉会让婴幼儿觉得自己是可爱的,并且得到了别人的珍视;骄傲感让婴幼儿觉得自己是有能力的。这些正面情绪给婴幼儿提供了安全感,使他们维持或重复带给他们快乐的经历。婴儿出生后的生活完全靠成人照料,在成人的哺育、照顾和抚慰下得以生存。婴儿通过情绪传递信息,从成人那里得到最合适的哺育:用哭声表示疼痛、饥饿、寒冷等,引起成人对自己的注意和照顾,为自己消除有害刺激;用微笑表示舒适、愉快,吸引母亲的疼爱;在母亲离开时,用哭声表示伤心,想要挽留母亲;当母亲回来时,又用微笑和全身活跃的动作表示对母亲靠近的喜悦。婴幼儿所表现出的这些情绪情感能激起母亲对自己的抚爱,给予自己悉心的哺育和尽可能多的积极情感应答。

3. 情绪具有动机作用

在日常生活中,情绪对婴幼儿的心理活动和行为的动机作用非常明显。情绪直接指导着婴幼儿的行为,愉快的情绪往往使他们愿意学习,不愉快的情绪则导致各种消极行为。如果婴幼儿经常因体验到成功、受到表扬而感到愉快,他就会主动学习;如果经常受到批评、遭受挫折,就会产生厌恶情绪不愿学习。

4. 情绪影响个性形成

精神分析学派十分重视早期情绪对未来性格形成的作用。埃里克森以基本情绪的冲突和变化作为人生个性形成各阶段的特征。在生命的前两三年中,婴幼儿受环境和教养方式的影响很大。在不同的环境和教养方式影响下,逐渐形成对事物的比较稳定的情绪态度。例如,在充满关爱和合理需求总是得到满足的情况下,婴幼儿往往会产生良好的情绪反应,更加乐观、自信、活泼开朗;而经常处于被忽视或过于严苛的教养方式下的婴幼儿,往往会有更多消极的情绪反应,变得孤僻、胆怯、不信任人。

第二节 气质概述

一、什么是气质

(一)气质的定义

当我们说一个人是积极有活力的,另一个人是冷静、谨慎、执着,或是性情急躁,容易暴怒时，我们是在谈论一个人的气质（temperament）。对气质的定义，不同的研究者有不同的看法。奥尔波特（G. W. Allport）最早对气质进行了现代心理学意义上的定义。他指出："气质是个体情绪本身的特有现象，它包括对情绪刺激的感受性、反应的一般速度、个体主导心境的品质，以及心境波动和强度方面的所有特性。而这些现象都依赖于个体内在的体质结构，因而大部分是与生俱来的。"这一定义抓住了气质的一些实质性问题，如气质和情绪、心境确实密切相关，气质具有相对稳定性和不变性，气质涉及的是人的心理倾向性而不是单个的行为。

巴斯（Busses）和普罗敏（Plomin）从生物学角度对气质概念进行了相对严格的定义。他们比较赞同奥尔波特的观点，认为气质具有遗传性，在早期具有较高的稳定性。但他们不同意把气质当作是仅由体质决定的事物，尤其反对气质仅由基因决定，认为个性的外在表现还受环境影响。他们提出了气质的四个可操作特质：情绪性、活动性、社会性和冲动性。

罗斯巴特（M. Rothbart）则把气质定义为婴幼儿期出现的在反应性和自我调节等方面的稳定的个体差异。反应性指情绪唤醒、注意以及活动的速度和强度。自我调节指用于改变反应性的策略。

（二）气质的特性

1. 气质的天赋性和稳定性

气质很大程度上由生理机制决定。一个人从呱呱坠地开始，就有了与众不同的气质特点。同样是婴儿，有的好哭闹、爱动，有的安静、怕生。研究发现，同卵双胞胎要比异卵双胞胎在气质上更为相似，即使把他们分别放在不同的生活环境和教育条件下培养，他们也仍能保持本来的气质特点。早期气质表现的种族差异和性别差异也表明了遗传的作用。与欧美国家的婴儿相比，中国和日本的婴儿表现得不太活跃，不易激惹，不善表达，也比较容易被抚慰和平静下来。

气质具有稳定性。许多研究显示，在注意广度、暴躁易怒、社交性、害羞或努力控制上得分很低或很高的幼儿，数个月或数年后再次评量他们的表现，发现他们的反应状况与之前很相似，有时候，这种相似性甚至会持续到成年期。新西兰的一项追踪研究发现，在3岁时测量的气质，不但在3—18岁之间比较稳定，而且能够预测个体在18—20岁时的反社会倾向和家庭关系质量。

2. 气质的可变性

气质并不是不可改变的，而是有一定的可塑性。环境是影响气质的重要因素，但哪方面的环境最为重要？最近的研究表明，有兄弟姐妹的家庭环境对气质的积极成分（如微笑/社交性和可安抚性）有很显著的影响，而对婴幼儿的活动水平和消极成分（如害怕和易怒）影响很小，生活在一起的兄弟姐妹在这些方面几乎没有相似之处。气质是否改变与婴幼儿的气质类型和父母教养方式之间的拟合度相关。例如，困难型儿童经常烦躁不安，在适应新事物时存在困难，但如果父母能够始终保持平和，坚持让婴幼儿遵守规则，约束但也允许他们慢慢去适应,长此以往,这些婴幼儿就会不那么任性了。很多困难型婴幼儿在耐心、敏感而又有要求的父母的培养下,到了童年晚期和青春期就不再属于困难型或不再表现出行为问题了。但是那些活动水平过高,喜怒无常,通过违抗命令吸引注意的婴幼儿,其父母并非都是耐心和敏感的。事实上,很多这类婴幼儿的父母容易变得极端暴躁,没有耐心,常常惩罚这些困难型婴幼儿,导致婴幼儿对父母的强制惩罚策略采取进一步的反抗,使得这类婴幼儿很可能会维持其困难型特征,而且也容易在未来出现更多的问题行为。

二、气质学说

（一）中国古代的气质学说

阴阳学说和五行学说是中华民族传统文化中看待世界的常用观点,古人看待气质问题的时候,也采用了阴阳和五行的观点。《黄帝内经》根据人体阴阳之气禀赋不同,按阴阳的强弱将人的气质分为太阴、少阴、阴阳和平、太阳、少阳五种类型,又根据五行法则把人的气质分为"金型""木型""水型""火型"和"土型",并进一步将这五种类型的每一种类型划分出一个主型和四个亚型,共二十五种类型。

我国古代的思想家孔子从类似气质的角度把人分成"中行""狂""狷"三类。他认为"狂者进取,狷者有所不为"。意思是说:"狂者"一类的人,对客观事物的态度是积极的、进取的,他们的言行比较强烈地表现于外;"狷者"一类的人比较拘谨,因而就"有所谨畏不为";"中行"一类的人则介乎两者之间,是所谓"依中庸而行"的人。

中国古代的气质分类有一定的科学性,和现当代学者研究的兴奋和抑制似乎有某些相通之处。

（二）气质体液说

公元前5世纪,古希腊著名医学家希波克拉底最早提出体内四液说,即人体内有四种液体:生于心脏的血液、生于脑的黏液、生于肝的黄胆汁和生于胃的黑胆汁。机体状态由四种体液混合的比例决定。这种体液的混合比例在希腊语中叫作"克拉西斯"。希波克拉底曾根据哪一种体液在人体内占优势把气质分为四种基本类型:多血质、胆汁质、黏液质和抑郁质。多血质的人体液混合比例中血液占优势,活泼,快乐,好动;胆汁质的人体内黄胆汁占优势,兴奋性强,急躁易怒;黏液质的人体内黏液占优势,沉静,情绪淡漠,不好动;抑郁质的人体内黑胆汁占优势,抑郁,不快活,易哀愁。几世纪以后,罗马医生哈林（Galen）用拉丁语"temperametnum"第一次来表示这个概念,这就是"气质（temperament）"概念的来源。虽然体液与气质的关系并不那么可靠,希波克拉底体液说的科学性也受到质疑和批评,但他对气质的四种划分却是有道理的,其理论对后世的影响很大。体液说虽然并未被科学研究所证实,但我们在日常生活中确实可以观察到它所描述的四种气质类型。正因为这样,希波克拉底关于四种气质类型的概念一直沿用至今。

（三）气质高级神经活动类型说

巴甫洛夫研究发现，高级神经活动的基本过程包括兴奋过程和抑制过程，具有强度、平衡性和灵活性三个基本特性，这三种特性的独特结合构成了四种高级神经活动类型：强、平衡而灵活的类型称为活泼型；强、平衡而不灵活的类型称为安静型；强而不平衡的类型称为兴奋型；弱型称为抑制型。巴甫洛夫把神经活动类型跟气质看成是等同的，后来的研究证明，神经活动的类型并不总是与气质类型相吻合。

三、0—3岁婴幼儿气质发展的意义

在婴儿的各种个性心理特征中，气质是最早出现且变化最缓慢的。但伴随着婴儿的发展，气质本身也在与外界环境相互作用的过程中发生一定的变化。对于婴儿来说，各种与生俱来的气质类型本身并无好坏之分，每一种气质类型都有积极和消极两面，如胆汁质的婴幼儿容易形成勇敢、坦率、热情、进取等积极的品质，但也容易养成粗心、粗暴、冒失等缺点。气质也不决定人的成就和智力发展水平的高低，在同一实践领域有成就的人物当中可以找出不同气质类型的代表；在不同的活动领域中的杰出人物里，也可以找出相同的气质类型的代表。但气质影响到婴幼儿的个性形成、亲子关系、早期社会交往，以及认知等各方面的发展，对婴幼儿早期教养有着重要影响。

（一）对社会性发展的影响

许多研究指出气质和社会能力相关。鲍姆林德首先从理论和实际探索两者间的相关发现，婴幼儿的气质会直接影响社会能力的因素是情绪性和趋避性，间接影响因素是活动量和适应性。换句话说，具有良好情绪和自我信任感的婴幼儿社会能力较佳，反之，具有负向情绪、趋避性低的婴幼儿，不仅同伴关系不佳，而且社会能力也差。纽约长期追踪研究的气质模式中也明显呈现这种关系，困难型幼儿较少与人互动，也较少参与团体活动，有时会有行为问题发生。而容易型幼儿社会能力较佳。格雷（Gulay）对5—6岁幼儿的气质（趋向性、坚持性、节律性、灵活性/反应性）与同伴关系（社会影响、亲社会行为、攻击行为、反社会行为、拒绝、畏惧、受欺负现象）的研究发现：气质中的趋向性、坚持性、节律性和同伴关系中的社会影响、亲社会行为呈显著正相关，和攻击行为、反社会行为、拒绝、畏惧、受欺负现象呈显著负相关；气质中的灵活性/反应性和同伴关系中的社会影响、亲社会行为呈显著负相关，和欺负、反社会行为、拒绝、畏惧、受欺负现象呈显著正相关。气质的某些维度和情绪调节能力有关，婴幼儿气质的活动性与情绪调节呈负相关，气质的坚持性和情绪调节呈正相关。

（二）是个性发展的基础

婴幼儿最初表现出来的气质特点是其个性发展的基础。有人说气质是个性塑造的起跑线，这种说法在某种程度上有其正确的一面。观察发展，婴儿与生俱来的气质特点会影响父母或其他照看者与婴幼儿之间相互作用的方式，也正是这样一些特征，影响了父母和其他教养者对婴幼儿教育的效果。例如，有的婴儿生下来就对人十分冷淡，对父母热情爱怜的拥抱和抚摸反应冷静,于是渐渐地,父母的拥抱也会变少。有的婴儿则相反,喜欢别人拥抱亲吻,这样的婴儿往往就可以从父母那里得到比其他类型的婴儿多得多的反应,因为这种类型的婴儿会用热烈的方式回应父母的拥抱,让父母产生喜悦感和成就感,这会促使父母对婴儿表示出更多更亲热的行为。此外,喜欢独立的婴儿很早就表现出想要摆脱成人控制的倾向;而喜欢成人注意的婴幼儿往往更容易获得成人的关注。一个依赖性强的婴幼儿往往更希望得到父母的帮助,反过来,父母也更容易给予这类婴幼儿更多的反应和照顾。

当然,这里还得考虑父母的个性,因为父母的个性和婴幼儿的气质类型是发生相互作用的。例如,一个喜欢安静的婴幼儿可能不讨喜欢说说笑笑的母亲的欢心,但却可能会受到一个喜欢安静的母亲的喜爱。总之,婴幼儿的气质与周围环境所产生的相互作用会对婴幼儿的个性发展产生至关重要的作用。切斯(S. Chess)和托马斯(A. Thomas)提出,只有气质与教养方式相互匹配时才最有利于婴幼儿的发展。

(三)对学习品质的影响

不同气质类型的婴幼儿有不同的学习品质。不少研究发现气质与注意力有密切的关系。容易型婴幼儿好奇心很强,很有主动性,坚持和注意受好奇心和兴趣的影响很大,对好奇的东西坚持性特别强,反思与解释能力很好,但是创造力和想象力一般。迟缓型的婴幼儿好奇心不强,能够引起他们兴趣的东西比较少,主动性差,但是坚持性和注意力很好,而且有丰富的想象力和创造力。困难型婴幼儿好奇心不强,主动性差,对新事物会排斥和拒绝,注意力和坚持性也较差,反思解释能力一般,创造力和想象力也比较差。

气质还会影响学业成就。巴斯曾提出对气质与学习之间直接与间接关系的看法。他认为气质不仅会直接影响学习行为,也会间接影响教师对幼儿的看法。例如,教师可能会高估那些外向、活泼,即具有所谓正向气质的幼儿的能力,而低估那些内向、不善言辞,即具有所谓负向气质的幼儿的能力,并影响他们在学习上的表现。曾有学者在纽约开展了长期追踪研究,结果发现,婴幼儿的气质可以显著预测他们的成就。进一步地研究指出,气质中的注意力分散度、坚持度和活动量是预测学业成就的最重要的三个变量。

第三节　归属感概述

一、什么是归属感

我国学前教育纲领性文件《3—6岁儿童学习与发展指南》在社会性领域这一部分中,明确提出了将归属感的发展作为重要的学习内容。在社会适应的发展目标中,明确提出了培养学前儿童初步归属感的要求,对3—4岁幼儿的归属感发展与学习目标进行了如下的描述:

(1)知道和自己一起生活的家庭成员及与自己的关系,体会到自己是家庭的一员。

(2) 能感受到家庭生活的温暖,爱父母,亲近与信赖长辈。

(3) 能说出自己家所在街道、小区(乡镇、村)的名称。

(4) 认识国旗,知道国歌。

鉴于此,对于0—3岁的婴幼儿而言,初步归属感的培养为将来社会适应提供了有效的保障。那么究竟什么是归属感?

(一) 归属感的定义

归属感,或称隶属感,是指个人自觉被别人或被群体所认可与接纳时的一种情感体验。期待被他人或者群体接受是人的一种正常的社会性需求,他人或群体可以是家人、朋友、同事、有共同兴趣的人等。要使人产生归属感的人际关系不仅仅是认识或者比较熟悉的程度,而是要在更深层次上维系人际之间的那种认同的感觉。因此,归属感需要个体付出自己的真情实感,同时又要获得他人的关注。

在美国人本主义心理学家弗洛姆(E. Fromm)看来,归属感是人的社会属性中最为重要的属性之一,是一种心理上的安全感与落实感,是"为了克服孤独感和与自然及自身的疏离感"而存在的。1943年,著名人本主义心理学家马斯洛提出了"需要层次理论",认为"归属和爱的需要"是人重要的心理需要,只有满足了这一需要,才有可能自我实现。在人本主义心理学理论体系中,归属感是人获得健康心理的重要因素,由归属感出发,人们产生了群体意识,在群体中人们获得了安全的心态,克服了焦虑与孤独感,而焦虑与孤独感正是众多心理障碍的源头。

社会学认为,归属感源于人类的社会动机,是人为了找到自己的同类而获得认可的需要。因此,社会学学者倾向于将归属感定义为个体被他人或团体接纳时对其产生的亲切、自豪的情绪体验。如果一个个体被群体所接纳,就会产生安全感和信任感,在群体中找到情感上的共鸣,并且通过群体活动而获得成长。

其实,我们生活中经常可以体会到获得归属感时所产生的那种自豪的情感。例如,你作为某中学的毕业生,当偶遇某位校友时,会一下子产生亲切感,这种感觉就是源于对来自同一群体中其他个体的认同,反映出你作为某个群体成员的自豪感,而这种自豪感就是归属感的一种表现。

(二) 归属感的特征

1. 对象性

归属感作为一种情感体验,有其对象性的特征,即人们一定是对某个对象(人、地域、种族、群体、自然等)产生了依恋、认同、亲切等情感体验。

几乎所有人的第一个,也是人一生中最重要的归属对象就是家庭。法国启蒙思想家伏尔泰曾经说过:"对于亚当而言,天堂是他的家;然而对于亚当的后裔而言,家是他们的天堂。"由此可见,家庭对于人类的重要性。家庭如此重要,就是因为我们出生时就被打上了属于某一个"团体"的标识,这个团体就是家庭。经常可以听见人们描述一个人说"他是某某家的孩子",这种描述其实反映出家庭作为人的第一个归属感寄托的对象,对于人的身份识别而言具有重要意义。我们经常说家庭是人生的港湾，倦了累了就可以依靠，对家庭的归属感在婴幼儿身上就有所体现，并且持之一生。可见，家庭作为人的第一个归属对象，也是人一辈子的归属感依托。

随着婴幼儿的成长，活动范围的扩大，接触的人和事物越来越丰富，其归属感的对象也在发生着变化，从家庭扩展到社区、学校，继而扩展至所生活的家乡、民族、国家等。应该说，爱国主义情感就是归属感的一种体现。爱国主义包含对祖国的成就、文化、传统和特色的强烈认同与自豪，以及对祖国同胞的认同感。其实，所谓爱国主义情感是我们对归属对象的一种情感体验，而这种认同感是人类社会性需要和动机的反映，并不需要太多的理由。

虽然归属感都有其特定的对象，但是不同的对象，其归属感表现的维度是有差异的。例如，对家庭的归属感，我们可以从亲子间的依恋、家庭成员间的认同、家庭氛围的安全轻松，以及家庭内部的可交流性等方面来考察；而对家乡的归属感，则可以通过地域意义的归属感和群体意义的归属感来反映，前者主要是从经济发展、地理环境等客观条件出发，后者是从历史、思想、文化等方面来反映。

2. 普遍性

尽管人们在表达和满足归属需求的方式、强度等方面存在差异，但是在所有文化中，对归属的需要是普遍存在的。因此归属感具有普遍性特征。

归属感的普遍性源于进化。在人类漫长的进化史中，人类需要属于某个群体，只有属于某个群体或部落，个体的生存概率才会大大增加。原始社会，个体的生存必须依赖于群体，表现为原始人类都是成群结队地狩猎和烹饪。人们成为某个群体的成员，共同分担工作量，互相保护，试图确保自己的生存。同时，部落的所有成员都被这种相互保护、相互依赖的关系所牵连，每一个成员都在群体中起到了很重要的作用。而正是这种在群体中个体所获得的生存条件和成就感造就了现在我们的归属感。

归属感的普遍性还源自个体发展的需要。与地球上其他物种不同，人是一种从社会关系中获得自己绝大部分需要的生物，我们的衣食住行，无一不需要依赖于他人的劳动成果。人类发展到今天，几乎不可能像动物那样独自生活也能生存下来，离开了人类群体，个体将无法生存。

3. 文化差异性

虽然归属感具有普遍性特征，但是文化因素仍然对归属感的具体特征产生了影响，即不同的文化中，人们归属感的特征与强度等都会有所差异。

东西方文化比较是近年来的热门话题，越来越多的研究指向不同文化对人心理特征的影响，例如不同文化对儿童智力发展、自我意识发展、家庭教养方式等的影响。所有研究无一例外地揭示了文化这个变量对人发展的重要性。

有项研究比较了来自31个国家的15岁学生的学业成就及其背后的动机。结果发现，不同文化背景下的归属感对学生的学习成绩有不同的影响。相对于西方文化背景下的学生，东方文化背景影响下的学生学业成就更为优秀，其中很重要的一个原因就是东方文化更倾向于家庭归属感，而非同伴归属感。强烈的家庭归属感让学生在学校中有着强烈的为家庭出人头地的想法，从而努力学习，超越同伴，使自己在同伴中变得更有竞争力，而不是从众于同伴。而西方文化影响下的学生的归属感显然更多受到了同龄人的影响，因此他们的学校归属感表现得更为强烈，更多受到同学的影响，从而变得在学业上不具竞争力。

对婴幼儿归属感的研究中也发现了文化的影响。例如，美国作为一个多民族国家，婴幼儿周围随处可见不同种族的人群，有研究就发现，美国的婴幼儿在2岁左右就开始出现了关于种族归属感的萌芽，而在单一民族的国家里，婴幼儿就没有此种归属感的出现。由此可见，不同文化对归属感有不同的影响。

（三）婴幼儿归属感的主要类型

1. 对亲人与家庭的归属感

对家庭的认识是婴幼儿归属感的起步。在婴幼儿自我认识发展的同时，逐渐认识自己的家人，包括父母、祖辈以及其他的亲属。家人的概念会给婴幼儿心理上带来安全感，因为对于婴幼儿而言，归属感与安全感是密切相连的。

2. 对社区的归属感

随着婴幼儿年龄的增长，归属对象从家庭扩大到社区。婴幼儿对所生活的社区的归属感具体可以分为五个维度的情感体验，分别是舒适感、识别感、安全感、交流感和成就感。

二、归属感产生的心理基础

（一）社会动机理论

该理论认为，归属感产生于人类的社会心理动机。人作为一种生物，有其基本的生理动机，例如，饥饿、口渴都会引发人的生物性动机。生物性动机依赖于生理系统。除此之外，人还拥有其他各种更少依赖特殊的生理系统的动机，这些动机可以称为社会心理动机。例如，人有自尊的需要，有社会交往的需要等，由这些需要所引发的动机，都是社会心理动机，而归属感就是由社会心理动机所引发的一种情感体验。

由社会心理动机引发的归属感与动机背后的两类社会性需要密切相关，一类是交往需要，另一类是亲密需要。这两类需要的本质就是社会接触，并且在接触过程中与他人进行相互作用。这两类需要在某种程度上存在着相似性，要满足这两类需要，都要深入地经营自己的社会关系。两者也存在一些重要的区别：交往需要高的人，主要渴望拥有大量积极的社会接触；亲密需要高的人，则寻求与他人建立非常亲密的个人关系。换言之，交往需要与社会接触的数量有关，而亲密需要则与交往的质量有关。

（二）需要理论

与将归属感视为社会动机的产物不同，有的学者倾向于将归属感本身作为一种人的基本心理需要。个性心理学的相关理论认为，人的行为是由动机驱动的，而动机的产生则有赖于人的需要，因此可以这么认为，需要是使人产生某种行为背后的动机的驱动力。

这一理论流派最著名的代表人物就是马斯洛，他的需要理论将归属感作为人的基本心理需要之一。马斯洛认为，个体潜能的完满实现是人类的基本动机，而所谓的完满实现就是自我实现，人类对自我实现的追求是行为的终极目标。首先，马斯洛把动机分为两类，即匮乏性动机和成长性动机。所谓匮乏性动机，是指动机背后的需要来源于人们生活中的缺失，例如尊重的需要，在现实生活中，很少有人认为自己的尊重需要已经得到了充分的满足。成长性动机则是指当匮乏性动机背后的需要被满足以后产生出的自我实现的需要，而这种需要导致的动机便是成长性动机，是为了满足人成长的需要。

马斯洛通过观察得出，可通过需要层次来理解人类的动机，层次中较低级的需要更具有优势，并且必须在较高的需要启动之前得到满足。然而马斯洛认为这个层次并不是绝对固定不变的，我们可以先部分地满足低级需要来使高级需要部分活跃起来。

马斯洛将人的需要划分成五个层次。第一个层次是生理需要，如果像饥饿和口渴这种生理需要没有被充分满足的话，那么更高层次的需要在对行为的控制上将处于次要地位，这时个体就处于一种应激状态中，整个人受到生理需要的控制。第二个层次是安全需要，这个层次代表了一种对安全环境的需求。和生理需要一样，安全需要也是由应激情境引发的，当生命受到威胁时，高级需要就不再重要了，此时的行为反应是一种保持安全的企图。例如，在洪水、地震面前，财产损失已经不再重要，逃命成了最重要的事情。婴幼儿身上的安全需要表现得最为明显，当一个婴儿突然跌倒或者受到大声的惊吓，又或者看到一个陌生人进入房间的时候都会大声哭叫起来，因为他感到自己的安全受到了威胁。第三个层次为爱或归属需要，当安全需要得到充分满足后，爱和归属需要就出现了。归属需要包括与其他人建立亲密关系，成为某个群体一员，或者是一种"我们属于……"的感受。爱的需要包括接受爱和给予爱，即来自别人的爱和去爱别人。第四个层次为尊重的需要，如果爱和归属也得到了充分的满足，那么尊重的需要就成了处于首要地位的力量，这是一种对自我积极的、高度评价的需要。当尊重的需要得到满足时，我们就会有一种自信感和自我价值感，就会认为自己活在世界上是有目的的。而当这种需要受挫时，行为就会失调，典型的特征就是自卑、软弱和无助感。缺乏尊重会导致个体的无意义感和低自尊感。马斯洛认为上述这四个层次的需要来源于人们生活中的缺失，因此，为了满足这些需要而做出的行为是受到匮乏性动机驱动的。当我们满足了前四个层次的需要时，最后一个层次的发展性需要，也即被马斯洛称作"自我实现"的需要才能够实现。

马斯洛的需要层次理论表明，归属感是人的一种基本心理需要，它是建立在生理和安全的需要得到满足的基础上的，而归属感的满足，又为自尊的需要奠下了基础。因此，在人们追求自我实现、发挥潜能的过程当中，归属感是一种必不可少的情感体验，归属需要也是自我实现的前提条件。

三、0—3岁婴幼儿获得归属感的意义

（一）有利于婴幼儿的心理健康

美国心理学家希尔（Hill）认为，人的归属需要源于以下四个原因：① 通过将自己与他人比较，减少不确定性；② 获得情感支持；③ 获得他人的注意或赞赏；④ 受到社会互动刺激。这四个因素如果没有得到满足，或者说存在严重缺失，那么人的心理健康将会出现问题。例如，一个严重被忽略或一直不被肯定的人会产生严重的焦虑或抑郁；一个很少获得社会互动刺激的儿童会产生社交障碍。

归属感的获得有利于婴幼儿健康地成长。一个从小就沐浴在温暖家庭的关爱之下的孩子深深地知道自己是属于这个家庭的，将来无论是探求未知世界，还是应对复杂的人际关系，他都会将家庭作为其有力的支撑，以无限的勇气去面对未来。

（二）使婴幼儿具有责任感和成就感

缺乏归属感会使人抑郁，缺乏朋友，社交圈狭窄，缺乏工作激情和责任感，缺乏兴趣爱好。对于婴幼儿而言，缺乏归属感除了会为其带来心理上的伤害和影响，同时还会让其表现出不适当的行为，影响和周围人的互动。这会造成一个恶性循环：越是不能与人和谐互动，就越是难以融入越来越复杂的人际交往圈中，归属感就越得不到满足。因此，让婴幼儿从小产生对家庭的安全依恋，满足其归属需要，会让婴幼儿乐意去与他人交往，发展友谊，加入并适应群体生活，在群体中学习遵守规则，自我控制，发展自己的各项能力，培养责任感和成就感。

（三）为将来爱国主义情感的发展奠定基础

婴幼儿早期归属感的获得是培养幼儿热爱家庭、热爱家乡、热爱民族、热爱祖国的坚实基础。我们知道，归属感随着婴幼儿年龄的增加，其归属对象范围从身边的家庭、社区到最后的民族、国家与全人类，越来越大。但是如果早期归属感出现了问题，那么婴幼儿从小就会产生孤独感，不乐意与他人交往，容易沉浸在个人的世界中。归属感的缺乏会让婴幼儿表现出对周围环境与人的不信任感，觉得自己与周围的人格格不入，将自己与周围环境孤立起来，这将严重妨碍儿童后期归属感的发展。

本 章 小 结

本章主要讨论了0—3岁婴幼儿情绪、气质和归属感的基本内涵、相关理论及重要性。情绪是人的主观体验，即人对自己心理状态的自我感觉，有生理特性、外显特征、两极性和情境性四个特性。婴幼儿的情绪发展能促进社会性、认知等领域的发展，同时对人的终身发展有重要的影响。气质是个人生来就具有的在情绪反应、情绪控制、活动水平和注意力等方面表现出来的稳定的质与量方面的个体差异。0—3岁婴幼儿的气质发展能帮助婴幼儿调节与控制自身的情绪，同时对婴幼儿的身体健康、学习方式、未来发展都有着深远的影响。归属感

既可以被视为社会性动机,也可以被视为一种心理需要。归属感是人被他人认可或被群体接受时产生的情感体验。0—3岁婴幼儿归属感的获得将为未来爱国主义情感等的发展打下坚实基础。

延 伸 学 习

 拓展阅读

丹尼尔·戈尔曼,哈佛大学心理学博士,美国《时代》杂志(Time)的专栏作家,曾任教于哈佛大学,现为美国科学促进协会(AAAS)研究员,著有著名的《情商:为什么情商比智商更重要》一书。请精读该书第一部分第一章《情绪的功能》和第二部分《情感的本质》。

 学习活动

在阅读有关情商的相关内容的基础上,分正反方开展辩论:情商重要还是智商重要?

复习与思考

1. 联系心理学的相关内容,论述情绪与气质的特征。

2. 归属感是马斯洛基本需要层次论中第三层级的需要,联系实际谈谈你的归属需求在各个年龄阶段上是否获得了充分满足,并尝试分析该需求满足与否对个人造成的影响。

3. 文化是影响婴幼儿社会性发展的重要因素,结合情绪、气质和归属感的相关研究,论述文化因素的重要性。

第六章 0—3岁婴幼儿社会性情绪情感发展的特征

学习目标

1. 了解婴幼儿情绪和归属感发展的主要特征。
2. 掌握气质研究的主要方法和婴幼儿早期气质类型的划分及特征。

第一节 0—3岁婴幼儿情绪发展的特征

一、0—3岁婴幼儿情绪识别的发展特征

能够察觉别人的情绪并作出解释是一项很重要的技能,随着婴幼儿的成熟,他们在这方面的能力会越来越强。婴儿最早在什么时候开始能注意到他人的情绪并作出反应呢?婴儿刚出生或者出生后不久就能对特定的言语信号作出反应,新生儿在听到另一个婴儿哭之后自己也会哭起来,这是他们对另一个婴儿悲伤的回应。

在整个第一年里,世界各地的父母普遍都会用高声调,即伴随"快乐"等积极情绪的音调跟婴儿说话,甚至刚出生2天的婴儿也会更关注成人交流中使用的高声调言语,对"平缓"言语的注意则相对较少。关于婴儿何时开始识别和解释他人的面部表情尚有争论。有研究表明,3个月的婴儿不仅能通过母亲的面部表情和相应语调分辨出母亲高兴、悲伤或愤怒的情绪,而且能对母亲的快乐表情作出积极回应,并会因为母亲的愤怒或悲伤而情绪低落。大约在6个月的时候,婴儿可以解读主要照料者的表情,并用以调整自己的行为。

克林勒特和坎波斯指出,婴幼儿识别情绪的能力是逐步发展起来的。他们将1岁前婴儿识别表情的水平分为四个阶段。

阶段一:无面部知觉(0—2个月)。新生儿对面部表情的识别能力还没有形成。这时,婴儿还不能接受或理解成人给予的情绪信息。

阶段二:不具备情绪理解的面部知觉(2—5个月)。两个月时,婴儿已经能够知觉到成人的面部表情,并作出一定的情绪反应。但此时婴儿还不能正确理解成人面部表情的意义。他们可能会对成人的忧愁或微笑都报以同样的反应。

阶段三：对表情意义的情绪反应（5—7个月）。这时，婴儿可以对不同的正、负面情绪作出相应的反应。他们可以更加细微地察觉成人面部表情的变化。

阶段四：在因果关系参照中应用表情信号（7—10个月）。快1岁时，婴儿可以学会辨别他人的表情并影响自身的行为。

二、0—3岁婴幼儿情绪表达的发展特征

个体的情绪表达包括基本情绪和复杂情绪的表达。所谓基本情绪是在婴儿出生时或第一年的早期出现的情绪。一些研究者认为基本情绪是由生物因素决定的，对于所有正常的婴儿来说，基本情绪都在大致相同的年龄出现，并且在不同文化环境中的表现及人们对它们的理解也大体相同。复杂情绪是幼儿在2岁左右出现的自我意识或自我评价情绪，与婴幼儿的认知水平有关。

行为主义心理学家华生认为，新生儿已经存在至少三种非习得性情绪——爱、怒和怕。不过，第一个尝试科学地记录儿童的情绪行为并解释其起源的荣誉应该属于达尔文，他在19世纪对自己孩子的观察直到今天仍具有很高的参考价值。

婴儿最初表达的情绪包括愉快和不愉快。愉快的情绪来自生理需要的满足；不愉快的情绪来自生理需要未获得满足或其他不适。有研究者通过21个婴儿的表情照片总结了婴儿的表情发现，婴儿第一年的基本情绪包括愉悦、兴趣、惊奇、悲伤、厌烦、生气、嫌恶、惧怕、痛苦。例如，婴儿在表示厌恶时，眉毛和上眼睑下垂，以致眼睛睁开较小，鼻子变皱，脸颊上扬，下唇上扬或伸出。

新生儿在吃饱后和快速眼动睡眠期间，以及回应母亲温柔的碰触与声音时都会微笑，这时的微笑是自发性微笑。3—4周起，婴儿开始出现无选择的社会性微笑。5—6个月起，父母的沟通能够引发婴儿的笑容，这时的微笑称为社会性微笑。当婴儿学会用微笑去引发并维持面对面的愉快互动时，社会性微笑变得更有组织性且更稳定。恐惧从出生后6个月至第二年逐渐增多。出现频率最高的恐惧是陌生人焦虑，当然这并非必然，而是取决于婴儿的气质、过去和陌生人相处的经验，以及当下的情境。当婴儿被不熟悉的成人在新情境中抱起时就非常可能产生陌生人焦虑。但若是陌生人坐在婴儿附近活动，婴儿的父母亲也在一旁，那么婴儿通常会表现出正向而好奇的行为。陌生人通过有吸引力的玩具、玩婴儿熟悉的游戏等慢慢地、温和地，而不是突然地接近婴儿，都可降低婴儿的恐惧。研究还发现，不可预期的事件比可以预期的事件更可能让婴幼儿害怕。10—12个月的婴儿会用哭泣表示同情、拒绝、排斥、恐惧、倔强等很多复杂的情绪。嫉妒、内疚、害羞、自豪等复杂的情绪被称为自我意识情绪，自我意识情绪在1岁半出现。18—24个月的幼儿会表现出羞耻与困窘的情绪，可以从他们往下看的眼睛、下垂的头部以及用手遮住脸部等行为看出来。自豪感也在这个年龄段出现，而嫉妒要等到3岁时才会出现。婴儿的情绪表达主要是通过表情实现的。获得语言能力之后，婴幼儿的情绪发展将在一个全新的层面上进行。从2岁开始，幼儿便开始使用一些

词语来表达情绪,但并不会使用语言来调节自身的情绪。一直到接近3岁时,幼儿才会经常谈论自己的情绪,并尝试积极主动地控制情绪,开始利用语言来辅助情绪的自我调节。由此可见,在0—3岁这个阶段,婴幼儿的情绪调节能力是不断发展的。

三、0—3岁婴幼儿情绪理解的发展特征

（一）移情能力的发展

移情是一种既能分享他人的情感,对他人的处境感同身受,又能客观地理解、分析他人情感的能力。婴幼儿时期移情能力的发展大致经过三个阶段:

第一阶段:0—1岁。婴儿对他人情绪的反应是比较笼统的,绝大多数是从自身的感受和体验出发,例如,听到其他婴儿的哭声自己也会跟着哭起来,这是由于婴儿想起了自身的经历,有的婴儿甚至认为那个哭声就是自己发出的。另外,婴儿也仅仅是对他人较强烈的情绪有反应。

第二阶段:2—3岁。幼儿的移情开始从"自身体验"出发向"对他人情感产生共鸣"过渡。这时的幼儿看到别的孩子受到责罚会感到很难过,有些甚至还会以模仿他人的方式向他人表示安慰。但由于"自我中心"的发展特点,幼儿识别、判断、体验他人情感的能力还不够,容易受外界刺激或别人情绪的影响,所以他们的移情大多还保留在模仿阶段。此时的幼儿能够通过感知他人的面部表情来分辨积极情绪与消极情绪,即他们能够读出他人表情所表示的情绪。

第三阶段:3岁以上。此时幼儿开始走出自我中心,对他人情感的理解能力更强,不但能从表情来辨别和理解各种情绪,而且开始去寻求产生各种情绪的原因,并能通过一定的方式来取悦他人,获得满足。例如,通过经验积累和良好教育,幼儿能理解爸爸妈妈很辛苦,并做出给大人倒水、帮大人做事等举动。同时,幼儿开始跳出自己的经验与体验,主动从他人的角度出发作出一定的情绪反应。

（二）同情心的发展

托儿所里,3岁的妞妞在玩她最喜欢的一个玩具娃娃。在她的身边,3岁的子豪正在大哭:"妈妈!我要妈妈!"教师试图安慰子豪,但没有用。子豪继续哭泣,显得很伤心。妞妞看了看子豪,犹豫了一下,把手里的玩具娃娃递给子豪,小声说:"别哭了,给你玩吧。"子豪使劲推开娃娃,继续哭泣。妞妞默默看了他一会儿,低头继续玩她的娃娃。妞妞有没有感受到子豪的难过,从而产生同情心呢?或者说,3岁甚至3岁以下的婴幼儿具有理解他人情绪并由此产生共鸣的能力吗?

婴幼儿大约从1岁开始就能感受到他人,尤其是同伴的情绪,并产生同情心,或者称共情。产生同情心的基础是婴幼儿已经具备移情的能力。大约从2岁开始,幼儿就能通过感知他人的面部表情来分辨积极情绪与消极情绪,即能够理解他人的情绪。妞妞能够理解到子豪哭泣是一种不开心的表现,并且试图让他开心起来,表明妞妞已经能够很好地理解子豪的情绪体验了。这种情绪理解能力随着婴幼儿年龄的增长会越来越发展,慢慢地从只是体验

他人情绪,发展到试图弄清导致情绪产生的原因。成人有意识地引导与教育会帮助婴幼儿更好地发展与形成同情心。

四、0—3岁婴幼儿情绪调节的发展特征

情绪调节是把情绪强度调节到恰当的水平以更好地达到目标的策略。情绪调节必须是自发的,必须付出努力,这种努力控制的能力随着大脑皮质的发育和成人的教育而不断提高。在生命的前两年里,情绪调节的良好开端会对婴幼儿的自主性、认知能力及社交技能的发展起着重要作用。

研究表明,情绪调节能力在1岁前就已经初步发展。3个月左右时,早期情绪调节就开始出现,但更多是无计划、不受监控的状态,主要表现为对偏好刺激的趋近和对厌恶刺激的回避,很多是无意识的。婴儿调节能力的增强依赖于注意机制和简单运动技能的发展,并使其能够协调运用注意集中和注意分散来调节自己积极和消极的情绪体验,如婴儿可以通过转头、吮吸手指等策略缓和自己的消极情绪。1周岁时,幼儿爬和走的能力使他们能接近或离开各种情境,更好地调节自己的情绪。2岁左右时,幼儿语言能力的发展会使他们产生新的情绪调节方式,他们开始谈论情绪,可以通过描述自己的内心状态来使他人帮助自己调节情绪。这些关于自己和他人情绪的原因、结果的对话促进了幼儿的情绪理解和情绪自我调节。当幼儿逐渐能思考问题后,情绪调节过程进入象征水平,他们可以把假装游戏作为表达情绪的途径。照看者的参与对于幼儿情绪调节能力的发展是至关重要的。抚养者通常是幼儿的依恋对象,幼儿通过与依恋对象的互动、学习形成自己的情绪调节策略。莫里斯(C. G. Morris)等人认为从婴儿期到儿童后期情绪调节的发展存在三个基本趋势:一是从依靠外部调节逐渐发展为依靠内部调节,二是内部调节策略的发展,三是根据不同环境选择适当策略的应对能力的增长。

第二节　0—3岁婴幼儿气质发展的特征

由于气质是一项比较稳定的心理指标,又具有相当的先天性,因此在探讨婴幼儿早期气质发展时,研究的关注点在于如何测量、鉴别婴幼儿的气质成分,并根据不同的视角将婴幼儿的气质类型进行划分,用气质类型来反映婴幼儿气质的特征。

一、0—3岁婴幼儿气质的测量评估方法

鉴于0—3岁婴幼儿尤其是新生儿的发展特点,要像成人气质评定那样采用主观报告法

测量婴幼儿的气质是不可能的,因此,如何鉴别婴幼儿的气质类型就成了婴幼儿气质研究的重要课题。近年来,一般对婴幼儿的气质评估更多采用了成人访谈、问卷法,或者是观察法与生理心理评估相结合的方法。

(一)成人访谈或问卷法

婴幼儿的气质经常通过对父母的访谈或者问卷来测评。一般来说,父母的报告比较方便,并且父母可以报告婴幼儿在许多情境下的行为表现,因此,父母访谈或问卷评价,是婴幼儿气质测量的常见方法。

但是有些学者对这种方便可行的评估方法持有一些批评意见,他们认为来自父母的信息存在着一定的偏差和主观性,例如,焦虑的母亲倾向于把孩子看作是困难类型。而且由于有的父母并不了解婴幼儿的发展特征,因此对自己孩子的行为会存在着误读现象,例如,许多父母觉得自己2岁的孩子胆子太小,太过腼腆,表现出过多的害怕情绪,但其实对于2岁的孩子而言,害怕情绪是自我保护的一种有效手段。

虽然有上述的批评,但是关于婴幼儿气质评估最常用的仍然是父母报告。现有研究表明,父母对孩子的早期判断能非常有效地预测婴幼儿第一年气质的发展。对此有两种不同的解释。第一种解释是,父母对孩子的判断是比较正确的,因为父母和孩子有长时间的接触,能够观察到孩子在各种情境下的行为反应,因此他们的观察评估是有一定的准确性的。第二种解释是,父母对于孩子气质类型的理解会影响他们对孩子养育的方式,使抚养方式与父母理解或者希望的气质类型相吻合,在一定程度上强化了父母认定的,或者是希望的孩子的气质类型,从而使父母的评价表现出很好的预测性。

(二)观察法与生理评估

另一种近年来比较常用的评估婴幼儿气质类型的方法是观察法和心理生理评估相结合的方法。研究者认为,传统的观察法虽然避免了父母报告的主观性,但是也存在缺陷。首先,在实验室或者家庭中,观察者很难捕捉到所有相关的信息,特别是很少发生但重要的事件,例如婴幼儿对挫折的反应。其次,如果是在婴幼儿不熟悉的实验室情境中进行观察,那么那些容易焦虑的婴幼儿可能变得太过沮丧,以至于无法正常表现。鉴于此,近年来采用了观察法与生理心理测量相结合的方法,通过获得婴幼儿心率、激素水平和大脑皮质额叶区域的脑电波,从而获得对气质类型的生理基础的认识,来分析婴幼儿的气质类型。已有的此类研究通常将婴幼儿的气质类型划分为害羞型和好交际型。关于这两类婴幼儿的气质类型特征,我们将在下文中进行详述。

二、0—3岁婴幼儿气质类型的划分及特征

气质类型是指表现在人身上的一类共同的或相似的心理活动特性的典型结合。对于新生儿及婴幼儿气质类型的划分与成年人有所不同,而且不同的测量工具所划分的类型也是不一样的。

（一）心理生理评估的划分

多数心理生理评估研究将婴幼儿划分成害羞型和好交际型。害羞型婴幼儿对新异刺激反应消极并退缩；而好交际型婴幼儿对新异刺激的反应积极并主动接近。

卡根（J. Kagan）对几百名白人婴儿进行了研究发现，4个月大的婴儿中，大约有20%很容易因新异刺激而心烦意乱，有40%对新的体验感到舒适，甚至是欣喜。这些婴儿随着年龄增长仍然保持着他们的气质风格，这表明此种通过生理指标来划分的气质类型有相当的稳定性。

卡根认为，是杏仁核唤醒的个体差异造成了这些对立的气质，杏仁核是一个控制回避反应的内部脑结构。害羞型婴幼儿面对刺激时很容易激活杏仁核，同时也容易激活杏仁核与大脑皮质和交感神经系统的连接，这使得身体在面临危险时时刻准备行动。同样水平的刺激在好交际型婴幼儿中只会激发最小的神经兴奋。除了杏仁核的调节作用之外，其他的一些生理指标也能够区分这两种气质类型的婴儿。

1. 心率

在出生后的最初几周，害羞型婴幼儿的心率一般高于好交际型婴幼儿。通常，新生儿对于不熟悉事件的反应表现为心率减慢，而害羞型婴幼儿对不熟悉事件的反应表现为心率加速。

2. 皮质醇

皮质醇是一种调节血压的激素，并且与抵御压力有关。害羞型婴幼儿唾液中的皮质醇浓度比好交际型婴幼儿高。

3. 瞳孔扩张、血压和皮肤表面温度

当面对新异刺激时，与好交际型婴幼儿相比，害羞型婴幼儿表现为瞳孔扩张更大，血压升高和手指冰冷。

4. 额叶区脑电波

人脑的左半球负责对积极情绪的反应，而右半球则负责消极情绪的反应。害羞型婴幼儿表现出更多的右侧额叶的脑电活动，而好交际型婴幼儿则表现为相反的模式。

（二）托马斯-切斯的三类型说

托马斯-切斯在对婴儿进行大量追踪和考察的基础上，确定了气质的九个维度，将其分别命名为活动水平、节律性、趋避性、适应性、反应阈限、反应强度、心境、分心性和注意广度。从这些维度出发，将婴儿的气质划分为三种类型。

1. 容易型

许多婴儿属于这一类型，约占托马斯（A. Thomas）和切斯（S. Chess）全体研究对象的40%。这类婴儿吃、喝、睡、大小便等生理机能活动有规律，节奏明显，容易适应新环境，也容易接受新事物和不熟悉的人。他们一般情绪积极、愉快，对成人的交流行为反应适度。由于他们生活规律、情绪愉快，且对成人的抚养活动提供大量的积极反馈，因而容易受到成人最大的关爱。

2. 困难型

这一类型的婴儿约占托马斯和切斯全体研究对象的10%。他们时常大声哭闹，烦躁易怒，不易安抚。在饮食、睡眠等生理机能活动方面缺乏规律性，对环境的改变很难适应。成人需要费很大力气才能安抚他们，这需要成人有极大的耐心和宽容心，否则容易使亲子关系出现问题。

3. 迟缓型

托马斯和切斯的研究对象中约有15%属于这一类型。他们的活动水平很低，行为反应强度很弱，情绪总是很消极而不甚愉快，但也不像困难型婴儿那样总是大声哭闹，而是常常安静地退缩、逃避新事物，对外界环境、生活的变化适应缓慢。在没有压力的情况下，他们会对新刺激缓慢发生兴趣。这一类婴儿随着年龄的增长，由于成人教养方式的不同会发生分化。

托马斯和切斯认为，以上三种类型只涵盖了65%的研究对象，另外35%的婴儿不能简单地归到上述任何一种气质类型中去。这类婴儿往往具有上述两种或三种气质类型混合的特点，情绪、行为倾向性和个人特点不明显，属于中间型或过渡（交叉）型。克里（Carey）在托马斯新生儿气质分类的基础上，又增加了"一般偏难型儿童"和"一般偏易型儿童"两种。

（三）卡根的抑制-非抑制型说

卡根在对婴儿进行了长期追踪观察研究的基础上提出，在婴儿期气质特质中只有抑制-非抑制这一项内容可以一直保持到青春期或成年以后而不变，这表明抑制-非抑制性才有可能是婴儿气质的真正的、实质性的内容。据此，他把婴儿分成两种气质类型：抑制型与非抑制型。抑制型婴儿拘束克制，谨慎小心，温和谦让；而非抑制型婴儿则无拘无束，自由自在，精力旺盛，自发冲动。婴儿这些不同的行为反应主要而集中地体现在他们对不确定性事物的反应中。

第三节 0—3岁婴幼儿归属感发展的特征

一、0—3岁婴幼儿归属感发展的基础——依恋

依恋可以说是人生中最早出现的一种情感归属，是婴幼儿与主要照料者之间深切的情感联结。研究表明，在0—3岁阶段，婴幼儿归属感的建立与其和主要照料者之间的依恋质量密切相关。

（一）依恋与归属感

依恋是指个体对另一特定个体的长久持续的情感联结。现代学者普遍认为，依恋是人类适应环境和生存的本能行为，是通过自然选择进化而成的。这种行为使婴儿通过与主要照顾者的亲密接触而在危险的环境中得到保护，从而提高婴儿生存的可能性，也建构了婴儿

终生适应的特点,并帮助婴儿更好地适应环境和生存。

婴幼儿在与主要照料者(大多数情况下是母亲)之间的积极互动中,逐渐意识到主要照料者能够满足自己的各种生理需要。主要照料者在满足了婴幼儿的生理需要之后,如果能够及时回应婴幼儿的各种要求,并采取各种方式安抚婴儿,那么婴儿的安全需要也得到了满足。美国威斯康星大学动物心理学家哈洛用恒河猴做的"母爱剥夺"实验是心理学界的经典实验。他将刚出生的婴猴脱离母亲的哺养,单独关在笼子里。笼子里装有两个"代理妈妈",一个用铁丝编成,身上装有奶瓶,另一个用绒布做成,身上不设奶瓶。婴猴饥饿时在铁丝妈妈身上吃奶,但当它歇息或恐惧时便爬到绒布妈妈身上去。研究发现,除了食物,婴猴还有一种先天的需要,那就是与母亲亲密的身体接触,哈洛称之为"接触安慰"。从这个实验推断出人类婴儿也具有接触安慰的先天需要,而这种需要其实是为了获得安全感。

在生理需要和安全需要得到满足的前提下,婴幼儿的归属需要和爱的需要便自然产生。婴幼儿依恋的一个重要功能就是让主要照料者满足他们的生理和安全需求,进而为归属需要和爱的需要打下基础。

(二)婴幼儿依恋的类型

依恋研究的一个重要领域就是对依恋类型的测量。美国心理学家安斯沃思提出了一种有效的实验室观察方法——陌生情境法来测量婴儿的依恋行为。该方法先让母亲离开婴儿,将婴儿独自留在一个陌生环境中,然后观察者记录下婴儿的反应。在婴儿经过一段独处的时间后,再让母亲进入该环境中,观察此时婴儿的反应。这些反应被编码整理后,用以区分不同的依恋类型。安斯沃思认为,婴儿的依恋行为可以分为三种类型:A型是焦虑-回避型,B型是安全型,C型是焦虑-矛盾型。1990年,她的学生梅因(Main)和所罗门(Solomon)又提出了一种新的依恋类型,即D型紊乱型。这四种依恋类型主要的行为特征如下:

A型:焦虑-回避型

这类婴儿约占10%—15%。他们常常表现为母亲在不在身边都无所谓,在母亲离开时并无紧张或焦虑不安,当母亲回来时也不予理会,或者只是短暂接近一下便很快又走开,表现出忽视及躲避行为。这类婴儿接受陌生人的安慰与接受母亲的安慰没有很大差别。实际上,这类婴儿对母亲并没有形成特别的依恋,所以有人称之为"无依恋儿童"。

B型:安全型

这类婴儿约占65%。他们与母亲在一起时能舒心地玩玩具和做游戏,并不总是依附在母亲身旁。在母亲离开时,他们会明显地表现出苦恼;当母亲回来时,他们会立即寻求与母亲的接触,并很快安静下来继续做游戏。

C型:焦虑-矛盾型

这类婴儿约占15%—20%。他们非常在意母亲在不在身边。当母亲即将离开时,他们会非常警惕;当母亲离开时,他们会表现出强烈的反抗,甚至发怒,大哭大闹,不再做游戏;当母亲回来时,他们对母亲的态度极其矛盾,既希望寻求与母亲的亲密接触,但当母亲亲近、拥抱他们时,他们又表示出反抗与拒绝。但是,他们不马上离开母亲,会时不时地朝母亲那里看,似乎期待着母亲再次地拥抱和亲吻他们。所以,这种依恋又被称为"矛盾型依恋"。

D型:紊乱型

这类婴儿约占5%—10%。他们缺乏对陌生情境的一致策略,当母亲离开时,他们会跑到门前哭泣;当母亲回来时,他们会迎向母亲,头却突然转向另外一个方向,表现出寻求亲近但又回避与反抗的矛盾行为方式。有时会突然表现出怪异的举动,如表情茫然,僵立不动;有时则出现冷淡、静止、缓慢的运动和表现;有时会直接对母亲表现出莫名其妙的恐惧和异常的行为。总之,这种类型的依恋是A、B、C三种类型以非同寻常的方式复杂地结合起来的,在陌生情境中表现为杂乱无章,缺乏目的性、组织性,前后不连贯。

在以上四种依恋类型中,B型属于安全型依恋,A型、C型和D型都属于不安全依恋的类型。在以后的发展中,A型婴幼儿很容易出现退缩行为,C型婴幼儿很容易出现攻击行为,D型婴幼儿则很容易出现A型和C型婴幼儿的混合行为,发展的结果常常是产生许多行为问题和心理障碍。而B型婴幼儿发展得较为健康、积极,具有较强的社会能力和良好的社会关系。一般来说,婴幼儿的安全或不安全依恋类型是长期保持相对稳定的,但是也可能随周围环境的变化而变化。

(三)婴幼儿依恋的发展特征

真正的依恋要在婴幼儿生命的特定时期才能产生。美国心理学家鲍尔贝认为,婴幼儿的依恋是呈阶段性发展的,是其行为的组织性、目的性、适应性日益发展和成熟的过程。鲍尔贝依据婴幼儿行为的组织性、目的性与变通性的发展情况,把婴幼儿依恋的产生与发展过程分为四个阶段。

1. 前依恋期(0—2个月)

婴儿最初表现出一系列不同的机能性反应,包括哭泣、微笑、咿呀呢喃等信号行为与依偎、要求拥抱等亲近行为。这种未分化行为在生物机能的驱使下统合起来促进婴儿与父母及其他照看者的亲近,以此来使婴儿获取慰藉和安全感。这一时期,婴儿还未实现对人际关系客体的分化,因而对任何人都表现出相似的行为反应,可以接受来自陌生人的关注与爱护。所以也有人称这个阶段为对人无差别的反应阶段。

2. 依恋关系建立期(2—7个月)

婴儿出现了对熟悉人的识别或再认,熟悉的人较陌生人更容易引起婴儿强烈的依恋反应并特别愿意与之亲近,但仍然无区别地接受来自任何人的关注,也能忍耐同父母的暂时分离,只是会带有一点伤感的情绪。所以也有人称这个阶段为对人有选择的反应阶段。

3. 依恋关系明确期(7—24个月)

婴幼儿对特定个体的依恋真正确立。这一时期的婴幼儿出现了分离焦虑,对陌生人表现出谨慎或恐惧,出现了对熟悉的人持久的依恋情感,并能与之进行有目的的人际交往,从而形成对特定个体的一致的依恋反应系统。

4. 目标调节的伙伴关系期(24个月以后)

2岁以后的幼儿已能理解父母的要求、愿望和情感,同时能调节自己的行为,建立起双向的人际关系。他们掌握了为了达到特定目的而有意地行动的技能,并注意考虑他人的情感与目标。此时的幼儿已完成了由自动激活的反应(如由身体不适而引起的哭闹)向指向特定个体的复杂的目标调节系统的转换(如哭泣已被幼儿当作召唤母亲的手段)。例如,虽然幼儿非常不愿意与父母分离,但是他们却不得不放手,因为他们知道父母有工作要完成,不能不去上班,但他们坚信父母下班后一定会回来与自己团聚。

二、0—3岁婴幼儿归属感发展的一般特征

（一）归属对象的特征

归属感有其对象性特征,婴幼儿归属感的对象随着其年龄的增长、生活范围的扩大、各项心理和生理功能等的不断发展,呈现出由近到远、由小到大、由个体到群体、由熟悉到陌生、由具体到抽象的特征。

0—3岁婴幼儿的归属感的对象是最初级的,即最近、最小、最熟悉和最具体的。随着生活半径的逐渐扩大,婴幼儿归属感的对象从核心家庭扩展到社区、早教机构等。在这个过程中,婴幼儿从能够体会到自己是家庭的一员,感受到父母的爱,产生对父母的依恋,亲近与信赖长辈,到认识隔壁的小姐姐或小弟弟,认识自己所生活的社区。有的幼儿进入到托班以后,还会对班级中的教师产生替代性依恋,对班级产生朦胧的归属感,知道"我是长颈鹿班的",等等。这个过程就是婴幼儿归属感对象不断变化的体现。

（二）归属感的情感特征

归属感是一种情绪情感体验,在不同的年龄阶段表现出的情绪情感特征也是有区别的。总体上说,婴幼儿归属感的情感特征是强度大,当归属需要没有得到满足时,负面情绪表达非常强烈。

由于婴幼儿自身生存能力较为薄弱,因此对归属的对象,尤其是早期的归属对象有着强烈的依赖,无论是对照看者的依恋,还是对家庭的归属感,其情感强度都远比后期对社区的归属感要强烈得多。对于婴幼儿而言,搬离社区会带来不适,但是离开父母或主要照料者却像是一场大灾难。

这种对归属对象强烈的情感依赖还表现在当归属感没有满足时所表现出的情绪上的不稳定,婴幼儿的分离焦虑就是此类情况的反映。在正常情况下,分离焦虑最典型的情境就是2岁的幼儿进入托班时,或者3岁的幼儿进入幼儿园时,婴幼儿要脱离家庭和主要照料者到一个陌生的环境中生活。分离焦虑是指婴幼儿因与亲人分离而引起的焦虑、不安,或不愉快的情绪反应,又称离别焦虑。鲍尔贝通过观察把婴儿的分离焦虑分为三个阶段:第一个阶段是反抗阶段,表现为号啕大哭,又踢又闹;第二个阶段是失望阶段,表现为仍然哭泣,但是开始断断续续地哭泣,动作和吵闹减少,不理睬他人,表情迟钝;第三个阶段是超脱阶段,表现为接受外人的照料,开始正常活动,如吃东西、玩玩具,但是看见母亲时又会出现悲伤的表情。婴幼儿在进入托班、小班时都会经历这三个阶段,表现出分离焦虑的一些特定行为,例如每

天都带着自己的玩具,一刻也不离手,此时玩具成为安全感的提供者,归属感的寄托者。婴幼儿还会不停地哭闹,反复要求回家,在老师们的安慰和劝阻下会默默地哭泣,但是不参与活动。看到自己的家长和别的家长来园接会哭,甚至不顾一切地独自一个人往外跑去找家或找家人。这些表现其实目标指向都是一个——家,此时婴幼儿对家庭的归属感没有得到满足。

分离焦虑在不同婴幼儿身上表现不一样,有的婴幼儿会持续很长一段时间。只有让婴幼儿尽快地找到新的依恋对象才能让其脱离对家庭归属感的依赖,转而开始慢慢产生对托儿所或幼儿园的归属感。

本 章 小 结

0—3岁婴幼儿社会性情绪的发展受年龄特征的影响,表现各不相同。婴幼儿情绪发展的特征主要体现在情绪识别、情绪表达、情绪理解和情绪调节几个方面。气质具有遗传性和稳定性特征,因此主要采用了主观报告和心理生理评估等方法来划分婴儿早期的气质类型,每种气质类型所表现出的发展特征具有相当的稳定性。归属感的发展有赖于婴幼儿最初的人际关系——依恋,依恋可谓是归属感发展的基础,婴幼儿归属感的发展在对象上呈现出由近及远、由小到大、由个体及群体、由熟悉到模式和由具体到抽象等特征,在情感上表现出情绪强度比较大的特点。

延 伸 学 习

 拓展阅读

传统的气质四重类型说

传统的气质四重类型说是从古希腊气质类型四重说发展而来的,即胆汁质、多血质、黏液质和抑郁质。这一类型的划分通常在学前儿童至成人身上都可以应用,但是在0—3岁婴幼儿气质类型的划分中使用较少。

胆汁质:胆汁质又称不可遏止型,属于兴奋热烈的类型。具有这种气质类型的婴幼儿感受性较弱,耐受性、敏捷性、可塑性较强,兴奋比抑制占优势。在行为表现上,这类婴幼儿常常反应迅速,行为敏捷,在言语、表情、姿势上都有一种强烈的热情,在克服困难上有坚韧不拔的劲头。胆汁质婴幼儿的智力活动具有极大的灵活性,但理解问题有粗枝大叶不求甚解的倾向。

多血质:多血质又称活动型,属于敏捷好动的类型。这种气质类型的婴幼儿具有很强的耐受性、兴奋性、敏捷性和可塑性,反应速度快,感受性较弱,情绪易表露,也易变化,敏感。在行为上,这种气质类型的婴幼儿热情、活泼、敏捷、精力充沛,适应能力强。他们思维灵活,

主意多，常表现出机敏的动作能力和较高的学习效率，对外界事物有广泛的兴趣，个性具有明显的外向性。多血质婴幼儿更加容易适应新环境，喜欢并且擅长交往，但情感不够细腻。

黏液质：黏液质又称安静型，属缄默而沉静的类型。这种气质类型的婴幼儿感受性弱，敏捷性、可塑性、兴奋性也弱，但耐受性强。这种气质类型的婴幼儿行为表现为缓慢、沉着、镇静、有自制力、有耐心、刻板、内向。他们不易接受新生事物，不能迅速地适应变化的环境，与同伴和其他人的交往适度，情绪平稳。黏液质婴幼儿似乎更加喜欢沉思，有时比较犹豫不定。

抑郁质：抑郁质又称弱型，属呆板而羞涩的类型。这种气质类型的婴幼儿感受性很强，往往为一点微不足道的事而动感情，耐受性、敏感性、可塑性、兴奋性也都很弱。他们的行为表现为孤僻，动作缓慢，很少表现自己，尽量摆脱出头露面的活动，避免同陌生的、刚认识的人交际。在新的环境下，他们容易惶惑不安，在强烈和紧张的情形下容易疲劳，在熟悉的环境下表现很安静，动作迟缓、软弱。抑郁质婴幼儿非常敏感，情绪体验方式少，但体验深刻、强烈、持久且不显露。

上述四种气质类型的人在同一环境中会表现出不同的心理状态和行为特点。对此苏联心理学家A.H.达维多娃曾有过精彩具体的描述：

四个人去剧院看戏，都迟到了15分钟。胆汁质的人与检票员争吵起来，想闯入剧场；多血质的人对检票员的做法很理解，但随即又找到了一个没人检查的入口进剧场，安心看戏；黏液质的人很理解检票员的做法，并自我安慰"第一场戏总是不太精彩，先去小卖部买点吃的休息一下，等幕间休息再进去不迟"；抑郁质的人早就对自己的行为很后悔，认为这场戏不该看，进而想到"我运气不好，如果这场戏看下去还不知要出什么麻烦"，于是扭身回家去了。

当然，应当指出的是，并不是所有的婴幼儿都可按照四种传统气质类型来划分，只有少数婴幼儿是四种气质类型的典型代表，大多数个体不过是近似于某种气质，同时又与其他气质结合在一起。有些婴幼儿的气质既不属于上述四种气质中的某一种，也不是四种气质的结合，而是介于各种类型之间的中间类型。总之，在判断婴幼儿的气质类型时，并不是要把他归入某一种类型，而主要是观察和测定构成其气质类型的各种心理特征以及构成气质生理基础的高级神经活动的基本特性。

学习活动

不同气质类型的婴幼儿行为表现各异，试就如何提高教养方式与婴幼儿气质之间的拟合度展开讨论。

复习与思考

1. 0—3岁婴幼儿的情绪发展有何重要特征？这些特征的教育含义是什么？
2. 检索托马斯气质类型评定问卷或量表，解释并举例说明气质类型划分的九个要素。
3. 婴幼儿的分离焦虑有哪些表现？产生分离焦虑的根本原因是什么？

第七章 0—3岁婴幼儿社会性情绪情感教育

学习目标

1. 理解0—3岁婴幼儿情绪和归属感教育的主要任务。
2. 了解婴幼儿情绪和归属感教育的途径。
3. 能够分析婴幼儿气质特征对情绪教育的作用。

第一节 0—3岁婴幼儿社会性情绪的教育

随着人们对情绪重要性的认识进一步加深，儿童情绪教育也日益显示出其重要性。联合国教科文组织将社会情绪能力规定为21世纪必备技能之一，其重要性可见一斑。美国学术、社会和情感学习联合协会（Collaborative for Academic, Social, and Emotional Learning，简称CASEL）还为此专门设计了针对学前儿童、小学生和中学生的社会情感学习课程（Social and Emotional Learning，简称SEL）来提升儿童的情绪情感能力，或者说是情商。

一、0—3岁婴幼儿情绪教育的主要任务

（一）指导家长或主要照料者正确解读婴幼儿的情绪语言

帮助婴幼儿情绪发展的首要前提是成人必须能够识别婴幼儿的情绪"语言"，成为婴幼儿表情的"诠释者"。如前所说，情绪与认知过程有着密切的联系。成人需要密切关注婴幼儿的情绪发展，避免让婴幼儿发展为一个退缩型、冷漠型、孤僻型或焦虑型的儿童。一个情绪不稳定、性格懦弱、缺少自信的婴幼儿会缺乏适应性，不能很好地适应未来的生活和挑战。只有认真观察婴幼儿的情绪识别能力和表达能力，并给予及时的反馈与引导，才能够帮助婴幼儿健康、快乐地成长。

医学博士桑格认为，婴儿最早的沟通方式中，安静、灵活状态是一种最佳状态。在这种放松、灵活的状态下，婴儿能够接纳新事物，看起来对新事物有兴趣，呈现出一种沉静的喜悦状态。桑格认为，不管你在做什么，如果婴儿呈现了这种安静、灵活的状态，就保持你现在的

做法,而不要用梳头、换尿布或强行亲吻来打断婴儿。如果成人在这个宝贵的时刻去打电话或离开,就等于失去了促进婴儿情绪发展的最佳时机。

成人如何识别婴幼儿的情绪"语言",成为婴幼儿表情的"诠释者"呢?首先,要心平气和地观察婴幼儿,看婴幼儿的动作、表情,注意婴幼儿的手、脚、肩膀和脸部,而不是仅仅看着婴幼儿的眼睛。脸部的一切特征,如眉毛、脸颊、嘴唇都是他们表情"说话"的地方。同时要注意,所有的婴幼儿都有自己的语言风格,要观察不同婴幼儿的表达特点。

成人还可以通过各种测量手段来了解婴幼儿情绪的发展水平。心理学家通过生理测量、表情测量、主观体验测量等方式来测量婴幼儿情绪的发展。第一种方法是生理测量,即记录婴幼儿生理功能的变化,如心率加速或减缓、脑电图等。第二种方法是艾克曼等人发展起来的表情测量法,即分析婴幼儿的面部表情和声音。第三种方法是主观体验测量,即评价婴幼儿对自己或他人情绪的解释,这显然只能在婴幼儿掌握了语言这项工具之后才可能进行。

(二)帮助父母与婴幼儿建立安全型依恋关系

婴幼儿和父母之间建立健康的安全型依恋关系,将有助于婴幼儿情绪的健康发展。教育实践证明,婴幼儿与养护者之间具有良好的情感基础是教育成功的前提。情绪具有强烈的感染性,父母对婴幼儿真挚的爱会激发婴幼儿对父母的信任感、亲切感,从而使婴幼儿的情绪得到良好发展。父母的爱也是婴幼儿获得积极体验的重要来源。婴幼儿取得进步时能得到父母的及时肯定和表扬,碰到困难时能得到父母的关心和帮助,这些都会引起婴幼儿的高兴、感激等体验。

当成人由于种种原因自己情绪不佳时,更要以父母的责任心调控自己。正如马卡连柯所说:"从来不让自己有忧愁的神色和抑郁的面容。甚至有不愉快的事情,生病了,也不在儿童面前表现出来。"他还说:"光爱还不够,必须善于爱"。一道友好的目光接触,一声亲切的呼唤都会产生爱的魅力。爱孩子,不让自己在孩子面前流露出冷漠、厌烦、反感等消极情绪,是每个父母都应该做到的。

(三)帮助婴幼儿完成该阶段的情绪任务:信任感与自主感

有一种比较极端的说法:人生就是处理一系列情绪任务。其实细思之后这种说法未尝不是对人生的总结。人的一生中,在不同的年龄阶段要处理的情绪任务是不一样的,每一个阶段都面临着积极和消极的情绪任务。埃里克森的同一性渐成说也可以被视为是对人生情绪阶段的划分理论。

根据埃里克森的理论,婴幼儿情绪发展的任务有两个,即信任感与自主感。所谓信任感,是指婴幼儿对环境以及所处世界的一种信任,有了信任感的婴幼儿会发展出"我是被爱的""我所处的环境是安全的""环境中能发生的事是可以预期的"这样的积极情绪。这种信任感为婴幼儿带来了心理上的安全感,为日后健康人格的发展打下了良好的基础。婴幼儿形成信任感的另一个重要意义在于他会将对外部世界的信任感向内延伸为对自己的一种信任及自信。一个自信的孩子,未来无论是在学习还是在生活工作中,都会勇于挑战有一定难度的任务,并且在解决问题的过程中发挥自己的潜能。他们追求成功,但不是回避失败,从从2岁开始，那些形成了对周围环境信任感的幼儿会变得有自己的思想和意愿，这种情绪体验使幼儿充满了自我主张，他们感到自己是一个独立的、能够自我指导的人。他们热衷于尝试自己能够做的事，他们知道可以从别人那里获得指导与帮助，但是他们更希望通过自己完成任务。他们会去探索，去独立解决一些力所能及的问题，从而形成一种对自己来说正向的情绪体验——"我行，我可以"。相反，没有完成信任感情绪任务的婴幼儿，总会充满无助感与对自己的怀疑情绪。他们经常怀疑自己是否有能力去应对周围的环境，去解决没有遇到过的问题，会变得过于依赖成人，从而产生羞怯、怀疑和自卑的情绪体验。

无论是自信还是自主，对人生而言都是可贵的人格特质。帮助婴幼儿完成0—3岁阶段的情绪任务是社会性教育一个至关重要的内容，因为它直接为婴幼儿未来的人生打下坚实的基础。

（四）提高教养方式与婴幼儿气质之间的拟合度

气质与情绪之间有着密切的联系，气质倾向本身就是以情绪为特征的，例如，黏液质的人情绪状态稳定，强度中等。刚刚出生的婴儿就会明显表现出不同的气质类型，有的温和安静，有的活泼好动。随着年龄的增长，婴幼儿的自我意识进一步增强。有的喜欢到户外玩耍、游戏，喜欢在小朋友多的地方玩；有的喜欢独自玩耍，不爱交往；有的喜欢做没做过的事，对物体进行深入探究。在情绪教育中不能忽略婴幼儿与生俱来的气质。

气质类型不是一朝一夕就能改变的，也不一定都需要改变。既然如此，在抚养与教育过程中照顾婴幼儿的气质类型特点，采取适合这些特点的方法不仅必要，而且也会使工作进行得更顺利，更有成效。所谓教养方式和气质之间的拟合度指的是气质和环境如何一起产生有利于婴幼儿发展的效果。

研究发现，婴幼儿的气质类型对父母的教养方式有较大影响，母亲对待不同类型婴幼儿的行为方式是不同的。如果婴幼儿的适应性强、乐观开朗、注意持久，则母亲的民主性表现突出。影响母亲教养方式的婴幼儿的消极气质因素包括：较高的反应强度（如平时大哭大闹）、高活动水平（如爱动、淘气）、适应性差、注意力不集中等。因此，父母平时要注意婴幼儿的气质特点，同时还要避免婴幼儿气质中的消极因素对自己教育方式的影响。

父母如果误解婴幼儿的气质特点，采取不恰当的方式，就有可能不利于婴幼儿发展。父母只有了解气质特点对行为的具体影响，才能给婴幼儿适宜的指导和帮助。父母应依据婴幼儿不同的气质特征采取不同的教育策略，利用气质的积极方面，塑造婴幼儿优良的人格品质，防止人格品质向消极方向发展。

二、0—3岁婴幼儿情绪教育的主要途径

（一）创设积极的环境

每个个体在生活中都可能遇到冲突与挫折，从而出现一些不良的情绪反应。成人应该

给予婴幼儿发泄情绪的机会,以免负面情绪积压导致更严重的困扰。

首先,父母要提供一个和谐的家庭环境,可以让婴幼儿健康成长。愉快和谐的生活和健康的身体可以促进婴幼儿情绪的良好发展。当婴幼儿在生活中遇到前所未有的新情境,如搬家、去早教中心或者上幼儿园时,成人要能够帮助婴幼儿进行疏导,使婴幼儿积极适应新环境,以免产生不良情绪。

其次,早教中心和幼儿园小班的环境创设要符合婴幼儿的年龄特点,不要采用过于新奇、脱离现实生活的装饰来布置教室的环境,也不要频繁地更换教室的环境布置,而应该在教室里营造出安全的、可预期的感觉氛围,让婴幼儿产生一种温馨、安全的感觉,使情绪稳定,从而产生积极的情绪状态。

最后,无论是家庭还是早教机构,父母与教师都要营造出一个无压力或者是少压力的氛围,让婴幼儿能够在宽松的环境中去发展自主性。同时家长和教师要提供必要的帮助,让婴幼儿完成一些具有一定难度的任务,体会成功感,从而进一步发展对环境的信任感与自主感,确保婴幼儿时期的情绪任务能够顺利达成。

(二)树立良好的榜样

情绪发展的生态学理论强调婴幼儿的社会交往对其情绪发展的作用。丰富的社会交往有利于婴幼儿情绪的发展。婴幼儿的情绪发展会受到社会文化习俗的影响。例如,南美一个印第安部落将凶猛视为一个人重要的优良品质并通过非常暴力的方式来抚养儿童,那么婴幼儿很快就会习得这种暴力模式,并模仿成人粗暴地发泄自己的情绪。而因纽特人不赞成以任何方式表达愤怒,他们很重视疏导儿童的负面情绪,这样做的结果是,从婴幼儿时期开始,因纽特人同伴群体中的暴力行为就非常少见。

班杜拉认为儿童可以通过观看他人对情境刺激的反应使自己获得相应的知识、行为或情绪反应。也就是说,婴幼儿的情绪可以通过观察而学习到,这也是因为情绪具有感染性。当一个人产生某种情绪时,不仅自身能感受到相应的主观体验,还能通过表情将情绪外显出来,为他人所觉察,并引起他人也产生相应的情绪反应,这种现象称为移情。当一个人的情绪引起另一个人完全一致且有相当强度的情绪时,我们称之为情绪的共鸣。其实,这就是最典型、最突出的移情现象。心理学研究表明,人与人之间的情绪存在相互影响。情绪的这一功能为情绪在人际间的交流、蔓延提供了可能性,使个体的情绪社会化,同时,在影响、改变他人的情绪方面开辟了一条"以情育情"的途径。

在婴幼儿情绪发展的过程中,成人自身的情绪特质和特点将对婴幼儿产生巨大的影响。父母情绪的自我调控对婴幼儿的情绪发展具有特别重要的意义。这是因为父母的情绪随时随地影响婴幼儿的情绪,对婴幼儿的情绪有着极为重要的调控作用。有不少父母没有意识到这一问题的重要性,由着自己的不良情绪而不加调控,有的还故意绷着脸,表现出"冷静""沉着""严厉"的态度,这都会对婴幼儿的情绪产生消极的效果。正确的做法是,成人在和婴幼儿的交往过程中要始终调控好自己的情绪,让自己处于饱满、振奋、愉悦、热忱的状态以感染婴幼儿的情绪,为婴幼儿创造最佳的情绪背景。

（三）注重日常生活中的随机教育

在家庭和学前机构中，父母、教师与婴幼儿之间存在着大量的日常交流机会，其中蕴含着许多情绪教育的时机。例如，当婴幼儿带着沮丧的情绪来寻求帮助时，如果你不但能帮助他解决问题，还能因势利导地让他在情绪认知、情绪调节等方面有所提升，这样的随机教育是十分有效的。

在日常交流中进行的有关情绪的随机教育主要体现在回应性语言交流中。许多学者通过操作条件作用来引发情绪的做法也获得了成功。例如，主试和婴儿一起游戏并等待婴儿微笑，当婴儿微笑时，主试就以微笑回应婴儿，并拥抱婴儿，和婴儿说话。持续的训练可以使婴儿的微笑次数增加。行为主义心理学家华生也通过实验表明，情绪可以通过条件反射获得，也可以通过经典条件作用而消除。这些研究即是回应性语言可以对婴幼儿进行情绪教育的理论基础。

随着语言的发展，婴幼儿的理解能力不断进步，开始学习"难过""开心"等词汇，掌握这些"情绪标签"。能够谈论情绪意味着婴幼儿能够思考情绪、讨论情绪。"那个小宝宝哭了，为什么呢？""因为他跌了一跤，很疼……"随着言语的发展，婴幼儿逐渐能够预测他人的心理，调节自己的情绪。洛伦兹以动物的印刻现象验证了关键期的存在。他认为，儿童情绪发展也存在着一个发展的"关键期"。婴儿的社会性微笑被看作是这一关键期的开始，而成人的积极回应有助于帮助婴幼儿更好地发展情绪。弗洛伊德的精神分析理论也非常强调父母和婴幼儿之间的关系，并将他们之间的相互作用看成是情绪发展的基础。如果父母能够用语言积极回应婴幼儿的情绪，将有助于引导婴幼儿情绪的健康发展。比如一个幼儿清晨起床后流露出不快的神情，母亲看见了，立刻温和地问幼儿："宝贝，你怎么了？为什么看起来不开心的样子？"幼儿说："我不想你去上班。""为什么呢？""因为我想和你玩。"母亲耐心地解释了自己为什么要去上班，并给幼儿一些有趣的玩具和图书让他在家和奶奶一起玩。幼儿渐渐露出了微笑。母亲的引导和积极回应使幼儿能够识别自己的情绪类型，并让幼儿在母亲的帮助下寻找解决消极情绪的方法。

回应性语言甚至能在一定程度上对某些气质类型婴幼儿的情绪表达进行修正。人的气质虽较为稳定，但仍然是可以改变的，父母要指导婴幼儿认识自身气质特征中的优点和不足，加强自我行为修养，不断进行自我探索，发展气质中的积极面，成功地监控自己气质的发展。例如，3岁的豆豆脾气非常急躁，属于困难型幼儿。他每次看到好吃的东西都会一把抓过去并喊着"我的！给我"。父母每次都会耐心地提醒他："别着急，慢慢说。先问问大人可以吃吗，然后再拿"。当豆豆跌倒了，生气地大哭时，父母安慰他说："我知道你很生气，一定很疼。但哭也没有用。我们来想个办法好吗？"通过言语的疏导，豆豆逐渐知道哭和发脾气不能够解决所有的问题，并学习克制自己的欲望。

（四）在游戏活动中渗透情绪教育

心理学家皮亚杰认为，在有规则的游戏、团体活动和语言交流三个领域中，儿童的社会化事实非常明显。按照他的观点,社会化过程与情绪发展过程是无法分割的,我们可以把这三个领域也理解为情绪发展的重要途径。尤其是游戏,皮亚杰称之为"认识的兴趣和情感的兴趣之间的一个缓冲地区",其高峰是象征性游戏。

的确,许多游戏可以帮助婴幼儿识别和表达情绪。如"哭脸和笑脸"的游戏,在婴幼儿掌握游戏规则后,由成人发出指令,婴幼儿来作出相应的表情。这样,婴幼儿很快就能明白不同表情的面部特征,并能够有效地识别他人的表情。游戏是具有一定规则的,婴幼儿在玩游戏的过程中必须遵守这些规则,遵守规则的过程某种程度上就是自我调节的过程。婴幼儿必须约束自己的行为,克制自己的情绪,这样才能完成规则游戏。因此,规则游戏本身就是婴幼儿情绪教育的重要途径。

三、0—3岁婴幼儿情绪教育活动设计

(一)家庭亲子游戏

1. 乖乖我的宝贝(7—18个月)

游戏目的:感受音乐的柔和静谧之美,体验母子间的亲密感,萌发对环境的信任感与安全感。

游戏准备:摇篮曲。

游戏过程:

(1)妈妈将婴幼儿轻轻地搂在怀里,边拍边轻柔地念儿歌:乖乖的宝贝不要哭了,闭上眼睛快睡觉,乖乖的宝贝不要烦恼,睁开了眼睛哈哈笑。说儿歌时妈妈要用温柔的眼神看着怀里的宝宝。

(2)说到"睁开了眼睛哈哈笑"时将婴幼儿高高地举起来。

2. 球宝宝(19—24个月)

游戏目的:体验游戏时的快乐情绪,增进亲子感情。

游戏准备:儿歌《球宝宝》、皮球一个、干净的地面。

游戏步骤:

(1)带幼儿到游戏场地。

(2)让球在地面上轻轻跳跃,边念儿歌边和幼儿轮流碰一碰、抱一抱跳跃的球。

(3)重复多次游戏。

(4)夸奖幼儿的表现。

游戏建议:让球跳动时力度不要太大,注意幼儿的安全。

附儿歌:

《球宝宝》

球宝宝,球宝宝,

蹦蹦跳跳要人抱。

你来抱,我来抱,

抱抱宝宝哈哈笑。

3. 心情日记(25—36个月)

游戏目的:能正确识别笑和哭的表情,乐于体验与表达自己的各种情绪。

游戏准备:家用小黑板,若干张笑脸和哭脸简笔画。

游戏步骤:

(1)让宝宝识别笑脸和哭脸。

(2)识别的过程中教给幼儿这些词汇:"笑""开心""快乐""哭""不开心""难过"。

(3)问幼儿:"今天你开心吗?"如果幼儿觉得开心,就在小黑板上贴上笑脸;如果幼儿觉得不开心,就贴上哭脸。

(4)根据上面的回答,引导幼儿说一说当天发生的开心或不开心的事情。

游戏建议:可以在比较长的一段时间内持续进行该游戏,让该游戏变成幼儿的心情日记。

(二)早教机构中的教育活动设计

1. 开心果(13—18个月)

活动目标:

(1)在同伴互动中体验交往的快乐。

(2)乐于参与游戏,感受游戏带来的愉快。

活动准备:

仿真娃娃一个。

活动过程:

(1)教师向家长介绍活动名称及目标。

(2)教师导入:"宝宝们都是爸爸妈妈的开心果,我们和开心果一起来做游戏吧!"教师边念儿歌边用仿真娃娃做示范:

开心果,开心果,(家长和幼儿双手互拉,左右各摇晃一次。)

拍拍手。(家长和幼儿各自拍两下手。)

开心果,开心果,(动作同第一句。)

拍拍腿。(家长和幼儿各自拍两下腿。)

开心果,开心果,(动作同第一句。)

拉拉手。(家长和幼儿前后摇晃两下。)

开心果,开心果,(动作同第一句。)

顶顶头。(家长和幼儿额头相碰两下。)

开心果,开心果,(动作同第一句。)

抱一抱。(家长和幼儿互相拥抱两下。)

(3) 请家长带领自己的幼儿与其他幼儿进行互动,合作完成儿歌的表演。

(4) 赞扬幼儿,指导家长回家练习。

注意事项:

(1) 活动过程中可以请两个幼儿来表演示范,以此锻炼幼儿的表现力和交往能力。

(2) 活动过程中家长和教师要用表情和动作感染幼儿的情绪。

家庭延伸:

在幼儿与其他幼儿接触时,注意引导幼儿在交往中恰当地使用肢体语言。

2. 哭和笑(19—24个月)

活动目标:

(1) 会分辨各种表情。

(2) 学会用多种方式表现自己的情绪。

活动准备:

不同哭和笑的表情图片30张,平整的地面。

活动过程:

(1) 教师向家长介绍活动目标,介绍活动开展的形式和方法。

(2) 教师向幼儿展示哭和笑的图片,告诉幼儿哭和笑各自的特点。场地的两侧一侧设置哭脸,一侧设置笑脸。家长带领幼儿每次选择一张表情图片,将其归入笑脸或是哭脸中。

教师指导家长让幼儿用动作表达自己的快乐情绪,如用拍手、跳跃等动作表达。

(3) 家长带领幼儿一起将表情图片分类。

(4) 夸奖幼儿的表现,指导家长回家进行复习。

注意事项:

(1) 幼儿每次选择一张图片进行分类。

(2) 家长和教师对幼儿在游戏过程中的积极行为和情绪要及时强化。

家庭延伸:

引导幼儿学会表达自己的不同情绪,释放自己的情绪。

3. 宝宝别哭(25—30个月)

活动目标:

(1) 初步尝试通过分散注意力来控制自己的不良情绪。

(2) 促进亲子间的情感交流。

活动准备:

儿歌《宝宝别哭》。

活动过程:

(1) 教师向家长介绍活动目标,介绍活动开展的形式和方法。

(2)教师讲解示范,边念儿歌边做动作:

宝宝宝宝你别哭,(双手在前摇手。)

妈妈给你买本书,(递出一本书。)

小花猫,(双手十指张开放在嘴巴两侧作花猫状。)

小白猪,(用食指顶起鼻子作小猪状。)

里面还有小鹦鹉。(双手在身体两侧上下作小鸟飞状。)

(3)在教师的带领下,家长和幼儿一起做动作。

(4)夸奖幼儿的表现,指导家长回家进行复习。

注意事项:

(1)家长要边念儿歌边做动作,增加游戏气氛。

(2)家长在游戏过程中要耐心引导幼儿的积极情绪。

家庭延伸:

家长在面对幼儿出现哭闹等情绪时,要将幼儿的注意力分散到其喜欢的或新奇的事物上,以引导幼儿产生积极的情绪。

4. 不同的表情(25—30个月)

活动目标:

(1)学习辨认各种表情。

(2)学习描述情感的词汇。

活动准备:

从杂志上剪下一些表情丰富的照片,如灿烂的微笑、生气的脸庞、号啕大哭的婴儿,将照片全部放在托盘里。尽量找一些情感表现程度不同的大头照,但不要用可能会吓到幼儿的照片。

活动过程:

(1)教师出示照片,引起幼儿的注意:"宝宝看,老师今天带来了很多照片。"

(2)教师出示一张照片,提问:"宝宝看,他看起来是开心还是难过啊?"停顿几秒,给幼儿思考的时间。教师告诉幼儿照片上的人是什么感受,如"这个人看起来很高兴",并且告诉幼儿从哪些地方可以看出这个人的感受,比如"他笑得很灿烂,所以这个人很高兴"。

教师向幼儿描述让自己感到高兴的事情:"××老师每当看见宝宝们的时候就很开心,看到非常漂亮的东西时也很开心。"提问幼儿:"你们什么时候会感到很高兴呢?"鼓励幼儿回答,如果幼儿回答不出,教师可以提示:"我猜你们吃到好吃的糖果会高兴,看到爸爸妈妈会高兴,对吗?"

方法同上,分别向幼儿解释每一种表情,怎样识别出别人的感受,有哪些事情能引起这样的感受等。

(3)教师将所有表情的照片在地毯上并列排开,问幼儿:"谁看起来最开心/最悲伤/最生气?"

家庭延伸:

教师指导家长在平时的生活中经常谈论自己的情感,或者鼓励幼儿说出自己的情感,和幼儿一起讨论让自己产生这些情感的原因,逐渐让幼儿理解并能表达出自己的情绪,感知他人的情绪,理解情绪产生的缘由,慢慢培养幼儿自我调节情绪的能力。

5. 娃娃哭了(31—36个月)

活动目标:

(1)学习用恰当的方式表达情绪情感。

(2)了解常见表情,能对他人的痛苦产生同情心。

活动准备:

木偶娃娃,磁性五官教具一套(能表现哭脸、笑脸、生气脸等表情),小镜子每人一面

活动过程:

(1)教师讲述故事《娃娃哭了》,鼓励幼儿寻找并大胆说出娃娃哭的原因,引导幼儿讨论怎样帮助娃娃,比如可以帮娃娃擦干眼泪、抱抱娃娃、拍拍娃娃的肩、说一说关心安慰的话,激发幼儿对娃娃的同情心。

(2)教师给每个幼儿发一面小镜子,让幼儿对着镜子作出生气、笑、哭的表情,并鼓励幼儿说说自己什么时候会哭,什么时候会笑,什么时候会生气。

6. 我不想生气(31—36个月)

活动目标:

(1)学习与生气情绪有关的词汇。

(2)增加对情绪情感的理解。

(3)体验生气时的感受,学会合理表达生气的方式。

活动准备:

有关生气的绘本,如《我不想生气》。

活动过程:

(1)教师讲述绘本,让幼儿知道整个故事的内容。

(2)教师跟幼儿一起讨论故事主人公生气的原因。问问幼儿:"如果你是主人公,遇到这样的事感觉会如何?"教师重复令主人公生气的事件,跟幼儿一起讨论主人公生气时的感受、行为,还可以形象地表演出来。让幼儿说一说自己生气时会有什么样的行为。

(3)教师跟幼儿一起讨论主人公处理生气的方法,帮助幼儿总结经验,指导幼儿了解如何正确地处理自己生气的情绪。

家庭延伸:

在家庭中,当幼儿生气的时候,家长应鼓励幼儿表达自己的情绪,说一说自己为什么感到生气,怎样才能不生气,帮助幼儿合理地宣泄生气的情绪。

第二节　0—3岁婴幼儿归属感的教育

一、0—3岁婴幼儿归属感培养的主要任务

（一）帮助婴幼儿打好归属感的基础，建立安全依恋

依恋是婴儿最早出现的人际关系，婴儿和依恋对象之间有着深厚的情感联系，是婴儿的情感寄托与归属，因此很多学者认为，早期的依恋其实为婴幼儿日后对家庭产生归属感打下了基础。帮助父母与婴幼儿建立起安全依恋要注意提高照料的质量，形成敏感型的照料方式。父母都要对婴幼儿付出足够的关爱，让婴幼儿在生命的初期就能与父母建立起亲密关系。

（二）培养婴幼儿对家庭和家族的归属感

在0—3岁婴幼儿归属感发展过程中，除了早期对主要照料者的依恋之外，对家庭的归属感是婴幼儿形成的最重要的情感。家庭是人最重要的情感寄托，也是人最重要的生活场所，对每一个个体而言都至关重要。从小培养对家庭的归属感，不仅有利于婴幼儿自身的健康成长，而且有利于婴幼儿长大后建立起自己的幸福家园。

有心理学家研究比较了敏感型照料和迟钝型照料的父母，让他们分别回忆自己父母的照料方式，并对此作出评价。结果发现，那些敏感型父母回忆起小时候自己父母的照料时，都充满深情与积极情绪，大部分人都表示，自己的母亲对自己和兄弟姐妹充满挚爱和关心，并认为父母的教养对自己养育孩子有积极影响，表现出对自己原生家庭的认同。相反，那些迟钝型父母则普遍不承认早期的亲子关系对成长的重要价值，常常以愤怒或者混乱的方式来描述自己孩提时代与父母的关系，并表示不留恋原生家庭。由此可见，通过良好的家庭教养方式让孩子从小形成对自己家庭的归属感，能够为孩子未来的家庭幸福打好基础。

（三）帮助婴幼儿克服"入托"和"入园"焦虑，培养对早教机构的归属感

婴幼儿在归属感没有得到满足时会产生焦虑。在2—3岁的幼儿身上主要表现为分离焦虑，即去全日制托儿所或进入幼儿园时会产生的焦虑情绪。一定的焦虑有助于婴幼儿的成长，但长时间的焦虑则会影响婴幼儿的健康，这也正是许多家长所担心的问题。婴幼儿入园的分离焦虑以及由此产生的不适应表现会困扰家长，甚至让家长动摇送婴幼儿入托或入园的信心。同时，家长的担忧、摇摆和焦虑反过来又会进一步加深婴幼儿的焦虑。因此，帮助婴幼儿克服入托和入园的分离焦虑，帮助他们尽快形成对托儿所、早教中心和幼儿园等新集体的归属感，便成为婴幼儿归属感教育的重要任务。只有当婴幼儿产生了对新集体的归属感，他们才会在新集体中获得安全感、快乐地适应新集体的生活，才能暂时放心地离开家，也才能在新的集体和环境中健康成长。因此，父母要努力地让婴幼儿发现新环境的

积极方面,保持对新环境的愉快记忆。同时,教师也要给予新入托或入园的婴幼儿足够的关心和耐心,这样才能尽快地让婴幼儿爱上托儿所、早教中心或幼儿园,产生对教师的替代性依恋,产生对新集体的归属感。

二、0—3岁婴幼儿归属感培养的主要途径

（一）通过各种家庭活动培养婴幼儿对家庭和家族的归属感

安全依恋是培养归属感的基础,在安全依恋的基础上培养婴幼儿对家庭与家族的归属感对婴幼儿的健康成长至关重要。

首先,利用节假日让婴幼儿认识核心家庭之外的亲戚。让婴幼儿有机会与家族成员相处,可能的话,带他们去看望祖父母、外祖父母、叔叔伯伯、姑妈姨妈等亲戚,尤其是在重要的节假日,如春节的时候,可以举办一些家族活动,让婴幼儿体验家族的温情和凝聚力。

其次,可以给婴幼儿讲家族故事,让婴幼儿了解父母和自己家族的有趣的历史,对家族产生亲切感,进而在情感上认同自己的家族。

最后,父母应多和婴幼儿在一起,并且可以让婴幼儿参与制定家庭决策。例如,可以从一起讨论周末干什么,过生日该买什么礼物,午饭吃什么之类的简单问题着手,以家庭会议的形式来和婴幼儿讨论这些问题,这样婴幼儿就能有机会提出他们自己的想法。如果可能的话,尽量多和婴幼儿一起就餐。即便不能每餐都在一起,但至少保证每周1—2次全家人一起就餐。同时记得就餐时要关掉电视、放下手机,家人在进餐时可以选择一些轻松愉快的话题进行讨论,以增进家庭成员间的亲密感。

（二）以积极的方式鼓励婴幼儿克服分离焦虑

面对婴幼儿的分离焦虑,家长应该如何去做?很多幼儿教师都认为大部分家长面对婴幼儿的分离焦虑都表现得太过情绪化,心疼和不安情绪占了上风。其实要帮助婴幼儿克服分离焦虑,最好的途径就是营造积极的心理氛围,以积极的态度去鼓励婴幼儿。

首先,家长要调整心态,以积极的方式来看待分离焦虑。婴幼儿的分离焦虑是正常现象,这说明婴幼儿对家庭有着深厚的爱,家庭给了婴幼儿安全感和归属感。同时,家长要相信托儿所、早教机构和幼儿园教师的专业性,放心地把婴幼儿交到教师手里,相信教师有办法解决婴幼儿的问题。家长放心,婴幼儿才可能安心。

其次,家长可以采取一些积极的行动,让婴幼儿感受到去托儿所或幼儿园是一件值得自豪和高兴的事情。家长应该为婴幼儿提供精神方面的支持:当他哭泣时给他安慰,当他害怕时为他消除疑虑,设法减轻他的恐惧。家长还要为婴幼儿做好思想准备工作,告诉他长大了,要上幼儿园了,那里有许多小朋友陪他一起玩,有许多好玩的、好吃的,爸爸、妈妈下班了就会接他回家。家长可以与幼儿一起准备入园用具,陪幼儿一起买新书包,家人可以向幼儿赠送文具,祝贺幼儿长大进入幼儿园。另外,家长还可以陪幼儿提前参观托儿所、早教机构或者幼儿园。在参观过程中,教师一方面要帮助幼儿熟悉环境,另一方面可以安排幼儿参与

到与其他幼儿的游戏当中。在婴幼儿自由游戏过程中,教师与家长可以亲切地交谈,让婴幼儿感到父母与教师很熟悉,以促使婴幼儿放心地与教师交往。在参观托儿所或幼儿园的过程中,家长应有意识地帮助自己的孩子主动与其他孩子交朋友,这样,当自己的孩子入园时见到有认识的小朋友就会比较容易且愉快地融入集体。

(三)通过专门的教学活动培养婴幼儿对新集体的归属感

要让婴幼儿产生对新集体的归属感,首先要让他在这个集体里感受到轻松和快乐,尽快适应集体生活。教师在平时的教育中应该让婴幼儿学会与人交往,懂得分享。培养婴幼儿自信与谦让的品质,让婴幼儿在集体中成为一个受欢迎的小朋友。良好的同伴关系会让婴幼儿在集体生活中感受到快乐,感受到集体就是一个温暖的大家庭,婴幼儿之间也会渐渐形成彼此关心、互相帮助的友爱关系。

此外,教师也应当多和婴幼儿一起参加活动和游戏,尽量在班级中营造温馨的氛围,可以和婴幼儿一起翻阅照片,讲婴幼儿成长的故事等。在日常生活中,教师通过和婴幼儿做游戏、讲故事的方式让婴幼儿对集体观念有直观的理解感受到自己做得好就会为整个集体加分,自己做得不好,就会影响别的小朋友,进而影响整个集体。这样通过各种专门的教学活动让婴幼儿慢慢产生出对新集体的归属感。

三、0—3岁婴幼儿归属感教育活动设计

(一)家庭亲子游戏

1. 和妈妈一起做(7—12个月)

游戏目的:模仿发音,感受游戏的快乐,增加亲子间的感情。

游戏准备:儿歌《和妈妈一起做》。

游戏过程:

(1)妈妈抱着婴儿,选择一个安全、开阔的空间。

(2)妈妈一边说儿歌,一边抱着婴儿做动作:

妈妈转一转呀,(妈妈抱着宝宝原地转圈。)

妈妈跳一跳,(妈妈抱着宝宝原地向上轻轻地跳。)

宝宝不会转呀,学个小猫叫。(停下来,在宝宝耳边轻声学小猫叫。)

妈妈走一走呀,(妈妈抱着宝宝原地走路。)

妈妈跳一跳,(妈妈抱着宝宝原地向上轻轻地跳。)

宝宝不会转呀,学个小狗叫。(停下来,在宝宝耳边轻声学小狗叫。)

(3)重复多次,观察婴儿喜欢哪个动作,可以多做几次。

(4)妈妈可以自行创编儿歌,加入一些新的动作和声音。

2. 我爱我的家(13—18个月)

游戏目的:在认识家的过程中增强对父母的依恋,体验幸福。

游戏准备：音乐《我爱我的家》、全家福一张。

游戏过程：

妈妈将幼儿抱在怀里，拿着全家福，边唱儿歌边用手指出照片中的人物：

我爱我的家，爸爸妈妈和我。

我爱我的爸爸，（指认照片中的爸爸。）

我爱我的妈妈，（指认照片中的妈妈。）

爸爸妈妈也爱你，（指认照片中的幼儿。）

这是我们幸福的家。（妈妈将幼儿搂在自己怀里左右摇摆，并亲吻幼儿。）

游戏建议：

妈妈要将幼儿舒服地抱在怀里，唱歌和说话时声音要轻柔，贴近幼儿的耳朵。注重照片、歌词等对加深幼儿记忆的辅助作用。在教幼儿认识家庭其他成员时，可对儿歌进行改编，并进行练习和巩固。

3. 世上只有妈妈好（19—24个月）

游戏目的：增强对母亲的依恋，促进母子间的感情交流。

游戏准备：儿歌《世上只有妈妈好》。

游戏过程：

妈妈将幼儿抱在怀里，一边念儿歌一边做动作：

世上只有妈妈好，（妈妈抱着幼儿在怀里轻轻晃动。）

妈妈最爱小宝宝。（妈妈低头亲亲幼儿。）

我最爱唱这支歌，（幼儿双手轻轻拍自己。）

唱得妈妈哈哈笑。（妈妈再次将幼儿抱在怀中。）

游戏建议：

（1）妈妈在游戏过程中声音要轻柔，充满爱意，始终与幼儿保持表情和眼神的交流。

（2）生活中家长应该经常与幼儿进行语言和肢体的互动，不仅能增强亲子感情，还能安抚幼儿的情绪，促进幼儿的社会化发展。

4. 我给奶奶过重阳（25—36个月）

游戏目的：初步认识传统节日及习俗，知道关心家中的长辈。

游戏准备：儿歌《我给奶奶过重阳》。

游戏过程：

边念儿歌边和幼儿一起做动作：

今日重阳九月九，（两手食指相对弯曲，作出两个"9"字形状。）

我给奶奶过九九。（双手抱肩左右摇摆身体。）

先给奶奶捶捶肩，（双手握拳，轮流在胸前作出捶肩的动作。）

再给奶奶泡杯茶。（两手大拇指和食指围成圈，作茶杯状。）

奶奶乐得直点头，（微笑，点头。）

我也开心直拍手。(微笑,拍手。)

游戏建议:

家长可以带幼儿给家中老人捶捶肩,敲敲腿,让幼儿从小了解要关心老人。

(二)早教机构中的教育活动设计

1. 爸爸妈妈都爱我(7—12个月)

活动目标:

(1)增强对爸爸妈妈的依恋,体验温馨的家庭氛围。

(2)通过儿歌接受语言刺激。

活动准备:

音乐《爸爸妈妈都爱我》、仿真娃娃一个。

活动过程:

(1)教师向家长介绍活动目标,介绍活动开展形式和方法。

(2)教师用仿真娃娃作示范,要求父母抱着自己的宝宝根据《爸爸妈妈都爱我》的歌词内容完成相应动作。在游戏过程中,家长要始终和婴儿保持眼神的互动,边游戏边说儿歌时速度要放慢,嘴形要夸张,声音要轻柔,以吸引婴儿的注意。

妈妈好,妈妈好,妈妈爱宝宝。(妈妈带领宝宝一起拍手。)

爸爸好,爸爸好,爸爸亲宝宝。(爸爸亲亲宝宝。)

妈妈好,妈妈好,妈妈把我抱。(妈妈轻轻抱起宝宝。)

爸爸好,爸爸好,爸爸把我举高高。(爸爸轻轻把宝宝举起。)

爸爸好,妈妈好,爸爸妈妈爱宝宝。(家长满怀爱意地拥抱宝宝,并用眼神或表情与宝宝交流。)

(3)教师带领家长听着音乐、说着儿歌和婴儿一起做。

(4)指导家长回家带婴儿复习。

注意事项:

(1)对婴儿进行语言刺激时语速一定要慢,嘴型要夸张以充分引起婴儿的注意。

(2)家长要在熟悉儿歌和动作的基础上带着愉快的情绪与婴儿互动,以此感染和培养幼儿的愉快情绪。

家庭延伸:

建议全家人一起游戏使氛围更加热烈和浓厚,参与游戏的家长可以围坐在一起,说到哪个人爱宝宝就让幼儿爬到他身边,家长作出相应的动作,动作要与儿歌内容一致。

2. 好朋友,手拉手(13—18个月)

活动目标:

(1)初步形成人际交往的意识。

(2)体会和朋友在一起的快乐。

活动准备:

儿歌《我们都是好朋友》。

活动过程：

（1）教师向家长介绍活动目标，介绍游戏开展的形式和方法。

（2）教师讲解示范，边念儿歌边做动作：

小鸟儿，成群飞。（双手在身体两侧展开学小鸟飞。）

小鱼儿，成群游。（双手掌心相对在身体前面左右摇晃学小鱼游。）

小朋友，手拉手，排成队伍向前走。（教师与助教拉手踏步。）

唱着歌，拍着手，我们都是好朋友。（拍手踏步。）

（3）家长带领幼儿一起做。

（4）夸奖幼儿的表现，指导家长回家带幼儿进行复习。

注意事项：

（1）教师可以引导幼儿边唱边做动作，增加游戏气氛。

（2）指导家长在活动中引导幼儿与其他幼儿手拉手。

（3）提醒家长在游戏过程中要耐心引导幼儿的积极情绪。

3. 拉个圈圈一起走（19—24个月）

活动目标：

（1）锻炼听指令反应的能力。

（2）体验集体游戏的快乐。

活动准备：

音乐《拉个圈圈一起走》。

活动过程：

（1）教师向家长介绍活动目标，介绍活动开展的形式和方法。

（2）所有幼儿和妈妈拉成一个大圆圈，按逆时针方向走，一边走一边听音乐。音乐一停，教师发出蹲下、拍手、点头等动作指令，幼儿和家长根据教师的要求做出相应的动作，比比看谁反应快。反复进行几次。

（3）夸奖幼儿的表现，指导家长回家进行复习。

注意事项：

做动作时注意幼儿的安全，避免碰撞和摔倒。

家庭延伸：

在家可以给幼儿发出各种简单的指令，随时训练幼儿听指令反应的能力。

4. 宝宝在这里（25—30个月）

活动目标：

（1）初步熟悉同伴的名字。

（2）感受友好的集体氛围。

活动准备：

家长带幼儿面向教师席地而坐。

活动过程：

（1）教师自我介绍："各位家长、宝宝，大家好！欢迎大家来到××班，我是××老师，我们来互相认识一下吧！"

（2）教师讲解："当我边拍手边说'×××，×××，你在哪——里——'时，请听到名字的宝宝向我招手并说'我在这里，我在这里，大家—好！'宝宝说完，请家长和宝宝一起拍手说'×××，×××，你真棒！'"

（3）教师亲切地与每个幼儿招手问好。家长要鼓励幼儿大声地介绍自己。如果幼儿胆小，家长可与幼儿一起向大家问好，介绍自己。

5. 笑脸宝宝真好看（31—36个月）

活动目标：

（1）感受音乐旋律，尝试跟着教师演唱歌曲。

（2）体验集体生活，知道大家都喜欢笑脸宝宝。

活动准备：

笑脸宝宝和哭脸宝宝的图片，笑声和哭声的音效，歌曲《笑脸宝宝真好看》，本班幼儿笑脸照片制作而成的课件。

活动过程：

（1）出示图片"笑脸宝宝"，并伴随着笑声。

提问：这是"笑笑"，你们觉得他好看吗？喜欢他吗？

（2）出示图片"哭脸宝宝"，并伴随着哭声。

提问：照片上是谁呀？他怎么了？（宝宝哭了，不好看。）

提问：你们觉得哭脸宝宝和笑脸宝宝谁好看？你更喜欢谁？

教师：笑笑来到幼儿园天天都是笑眯眯的，笑脸宝宝真好看，大家都很喜欢他。

（3）播放歌曲，幼儿欣赏歌曲并跟着音乐唱唱做做。

教师：我们一起来唱首歌吧，让哭脸宝宝不要再哭了。

教师此时要注意观察幼儿欣赏歌曲时的情绪变化，观察幼儿能否跟着教师和同伴一起唱唱做做。

教师：哭脸宝宝真听你们的话，他笑了，变成笑脸宝宝了。

（4）播放课件，唱唱做做，反复感受。

引导幼儿一起边唱边做动作，并将照片上幼儿的名字填入后半句歌词"××笑了，大家都喜欢"中。

此时教师要注意观察幼儿的情绪状态如何，个别情绪不佳的幼儿是否有所转变。

活动建议：

（1）当幼儿会跟唱歌曲后，教师可以在第一遍和第二遍歌曲之间尝试增加节奏型语言，如"笑脸宝宝真好看，老师喜欢我""笑脸宝宝真好看，妈妈喜欢我"。

（2）在活动室门口摆放打招呼的"笑脸宝宝"，营造温馨的氛围。把班级里幼儿的笑脸照片布置在活动室墙上，旁边配上安全镜子，幼儿可以看同伴和自己的笑脸，也可以看镜子里的自己。教师可以引导幼儿尝试做各种表情，感受"笑脸宝宝真好看，大家都喜欢"。

（设计者：上海市徐汇区教师进修学院陈佩佩，

徐汇区杜鹃园幼稚园王珂、薛乐）

本 章 小 结

情绪教育是儿童社会性发展领域的重要课题。0—3岁婴幼儿情绪教育的主要任务有四点：一是指导家长正确解读婴幼儿的情绪语言，二是帮助家长与婴幼儿建立安全型依恋关系，三是帮助婴幼儿建立信任感与自主感，四是提高教养方式与婴幼儿气质之间的拟合度。依据0—3岁婴幼儿情绪和气质的特征以及情绪教育的任务，成人可多途径展开婴幼儿情绪教育，鼓励家庭和早教机构从多角度设计情绪教育活动。

归属感教育对婴幼儿的健康成长有重要价值，其主要任务是帮助婴幼儿建立安全型依恋，对家庭产生归属感，并且克服分离焦虑进入到更大的群体——托儿所、早教机构或者幼儿园中，并对新的集体产生归属感。归属感的教育途径应该是整合的，融合在日常生活中。

延 伸 学 习

 拓展阅读

美国学前儿童社会情绪学习课程的理念

学前儿童社会情绪学习（Social and Emotional Learning，简称SEL）领域包含学前儿童健康成长和后继学习所必备的关键品质，如自信心、同理心、尊重他人、问题解决能力。世界上许多学前教育较为发达的国家均将该领域作为儿童早期发展的重要领域。在美国，《开端计划早期学习成果框架：0—5岁》(Head Start Early Learning Outcomes Framework: Ages Birth to Five)将社会情绪学习作为0—5岁儿童的五大发展领域之一。同时指出，儿童早期社交和情绪的健康预示着他们在进入儿童中期和青春期后良好的社交、行为和学业适应性。它不仅能够帮助儿童适应新环境，有利于他们与同龄人和成人之间支持型关系的发展，还有利于他们学习活动能力的养成和提升。

据统计，截至2017年底，美国所有的州均将社会情绪学习作为学前阶段的重要领域之一。马萨诸塞州作为美国学前教育较为发达的地区之一，在2015年为社会情绪领域制定了单独的学前阶段课程标准——《马萨诸塞州学前班与幼儿园标准：社会情绪学习和学习品质》(Massachusetts Standards for Preschool and Kindergarten: Social and Emotional Learning, and Approaches to Play and Learning)（以下简称《社会情绪学习标准》），填补了州早期教育

课程标准的空白点,为州内儿童的早期发展和学习奠定了坚实的基础。当下,如何科学系统地进行社会交往和情绪管理的教育,是我国教育面临的现实问题。

综合来看,马萨诸塞州学前儿童SEL的培养项目呈现出了如下特点:

(一) 以儿童终身发展性的需要为逻辑起点,彰显以儿童为本的培养理念

马萨诸塞州的学前儿童SEL培养体系将儿童的终身学习和发展作为其逻辑起点,彰显了以儿童为本的培养理念。在SEL的基本结构方面,基于CASEL大量的理论研究和实践积累,并结合本地区学龄前儿童的发展特点和规律,将学前阶段的SEL细化为情绪表达、自体感受等12项关键能力,明确了该阶段SEL的基本结构。同时,从环境创设、游戏组织、园所-家庭-社区共育、文化四个方面阐述了学前儿童SEL的培养策略,以帮助儿童更好地养成积极的学习态度、园所归属感等奠基儿童终身学习和发展的关键素养,促进儿童社会情感的发展和成熟,使他们能够在进入小学阶段的教育时更少地缺勤和旷课、积极参与到课堂互动之中,且能够有效地应对学习压力并能够勤奋地以自己的方式进行主动参与式的学习。

(二) 注重学业能力与社会情绪学习的协同发展,破解课程内容的二元对立

幼儿园阶段课程内容中的知识传授和能力养成孰轻孰重一直是一个有争议的话题,马萨诸塞州则将此两者共同纳入学前阶段课程内容所不可缺少的重要组成部分,将社会情绪发展和学业学习有机融合,破解了传统上学前教育课程内容二元对立的困境,为儿童提供更为平衡和灵活的课程。社会情绪学习被认为是儿童终身学习和发展的奠基内容,对他人的尊重、不同观点的采择、负责任地表达自己的观点,以及积极参与到活动之中,这些都是儿童在社会生活和学习中的必备能力和素养。此外,学业能力的培养与社会情绪学习紧密联系、相互促进,学业能力的培养使得社会情绪学习得以具体化,获得现实的课程抓手。《社会情绪学习标准》就指出,社会情绪学习与学业技能的协同发展可促进和帮助儿童进行更高层次的思考。例如,在科学探究活动中提供新颖的玩教具,鼓励儿童勇于探索,不仅能够帮助儿童掌握这些材料的用途和使用方法,还能够帮助儿童变得更加自信,在未来的学习中更有可能去尝试新的体验或者是挑战新的任务。

(三) 致力内在完满人格与外在公民素养的联动生成,凸显全面发展的价值取向

教育在于塑造全面发展的人。马萨诸塞州的SEL培养就是致力于将儿童内在的完满人格与外在公民素养联动生成,凸显了全面发展的价值取向。一方面,社会情绪学习关注学前儿童内在完满人格的塑造,建构他们对自身和社会的理解,形成关注自身情感的意识,发展对自身能力的信心,并能够逐步掌握如何克制情绪及管理压力。另一方面,社会情绪学习关注学前儿童社会意识的形成以及人际交往能力的发展,帮助他们形成价值和道德判断的准则,成为一名具有道德意识的合格公民。由此可见,马萨诸塞州社会情绪的培养着眼于培养处于萌芽阶段的学前儿童的社会情绪意识和能力,进而为他们的全面发展奠定坚实的基础。

(资料来源:徐鹏美国学前儿童"社会情绪学习〈SEL〉"的基本结构、培养策略与特点——源自马萨诸塞州的经验[J].外国中小学教育,2018〈7〉:17—27.)

学习活动

在实习中观察0—3岁婴幼儿活动中的情绪表现,并为其设计一个适宜的游戏活动。

复习与思考

1. 婴幼儿情绪教育中如何体现对婴幼儿原有气质的尊重?
2. 为家庭设计一个帮助2岁的幼儿克服分离焦虑,尽快适应托班生活的方案。

第八章　0—3岁婴幼儿社会性行为概述

学习目标：

1. 掌握社会性行为、亲社会行为、攻击性行为和人际交往的概念。
2. 理解社会性行为对婴幼儿发展的意义。
3. 辨析亲社会行为和攻击性行为的影响因素。

第一节　社会性行为概述

所谓社会性行为是人们在交往活动中对他人或某一事件表现出的态度、言语和行为反应，是人们社会化过程的产物。婴幼儿究竟是怎样开始社会化的？这似乎是个令人困惑的问题。有人认为婴幼儿的社会化是一个自然形成的过程，是在生物学因素和环境因素的作用下形成的，也就是说社会化是在原始感情或气质的基础上，在外界环境的作用下逐步自然形成的。但是，如果研究者将视角聚焦到社会化的产物——社会性行为上，那么通过研究婴幼儿社会性行为的获得，就能从某个视角来说明婴幼儿社会化的进程。因此，近年来越来越多的研究开始集中在婴幼儿社会性行为的获得。

一、社会性行为的特征

第一，社会性行为具有社会性特征，即行为的发生场所与对象都是与人有关的，并且是在社会交往的过程中发生的。婴儿微笑的发展过程就能很好地说明社会性行为的这一特性。婴儿大约在出生后5周之内就会脸露微笑，但是这种微笑没有指向性，婴儿连睡觉时都会发出这种微笑。婴儿的这种笑容，除了嘴周围的肌肉收缩外，其他部位都没有发生变化。因此，儿童心理学家们普遍认为这种微笑是非社会性的，是一种中枢神经系统活动不稳定的结果。5周后，婴儿的微笑开始发生了变化，人的声音和人的脸特别容易引起婴儿微笑。大约到第五周的时候，婴儿开始对移动着的脸微笑，到第八周时会对一张不移动的脸发出持久的微笑，这种发展标志着婴儿开始有选择性地微笑，这种选择性表明了婴儿的微笑开始具备了社会性,是在和人相互交往中产生的对特定对象的微笑。

第二,社会性行为具有指向性特征,它指向的是社会交往中的人或者事物。任何社会性行为的发生都是有其诱因的,或者是交往过的人,或者是在社会交往中发生的与人相关的事件,这就使得社会性行为是有指向性的。例如,在地铁上给老人让座这一行为,是因为我们看到了需要帮助的人来到了我们身边,从而诱发了我们让座行为的产生,而且这个行为有着明确的指向性,即那个在我们身边需要帮助的老人。

第三,社会性行为是一种反应,它的表现形式可以是行为上的,也可以是言语或者态度上的。同样是以在地铁上给老人让座为例,当我们自己没有座位时,我们会通过言语来提醒其他人给老人让座,这同样也是社会性行为。因此社会性行为是对交往的人或事物的一种反应,这种反应既可以是具体的行为或行动,也可以是言语或者态度上的反应。

二、社会性行为的类型

按照社会性行为的动机或者目的,社会性行为可以分为亲社会行为与攻击性行为。亲社会行为是积极的社会性行为,是对他人或群体有益的行为或者倾向,包括帮助、合作、分享、同情等行为。攻击性行为则相反,它是消极的社会性行为,是对他人或群体造成损害的行为或倾向,包括谩骂、打人、破坏等行为。

另外,0—3岁是婴幼儿人际交往行为发生发展的重要时期。婴幼儿时期的人际交往行为主要包括亲子交往和同伴交往。

第二节 亲社会行为概述

一、亲社会行为的定义

美国著名发展心理学家缪森(P. Mussen)1977年对亲社会行为给出的定义是:试图帮助其他人或某个团体使他们受益,但是在进行这些活动时,不期待任何外来的奖励,并且常常要付出一定的代价,自我牺牲,承担一定的风险。1983年,缪森进一步给出了亲社会行为的操作定义:旨在增加或保证他人利益的行为,包括助人、慷慨、牺牲、保卫、无畏、忠诚、尊重别人的权利及感情、有责任感、合作、保护他人、分享、同情心、安慰、抚养他人、关心别人的利益、好心、拒绝非正义事物。

加拿大心理学家麦克奈利(O. McNally)和奥哈拉(O' Hara)则将亲社会行为描述为"任何与他人分享、帮助他人、亲昵地接触他人的身体的行为"。两位学者曾进一步将亲社会行为概括为两大类:第一类指与他人发生身体上有感情的接触,比如一个儿童与另一个儿童出于友爱之情的身体接触，或者儿童之间发生起支撑作用的身体接触；第二类指与他人合作完成任务的行为，比如一个儿童以某种方式帮助另一个儿童，或者儿童之间紧紧联系在一起以便共同完成某项任务。

目前，人们普遍将亲社会行为定义为：一切符合社会行为规范且对社会交际或人际关系有积极作用的行为，具体涵盖谦让（modestly declination）、帮助（helping）、分享（sharing）、同情（sympathy）、合作（cooperation）、捐献（donation）等行为。从广义上看，亲社会行为既包括个体自愿的、不期望得到任何回报的利他行为，又包括个体为了某种目的、有所企图的助人行为。婴幼儿的亲社会行为是个体社会化的结果，也是社会化的重要指标。亲社会行为的发展对婴幼儿心理健康的发展有重要影响，既是婴幼儿个性形成和发展的重要方面，也是婴幼儿成年后建立良好人际关系的重要基础。

二、0—3岁婴幼儿亲社会行为的类型

合作、助人、分享和安慰等是婴幼儿亲社会行为的主要类型。亲社会行为可以使他人得到协助、支持，从中获益，而行为者通常并没有期待外部的酬赏，在很多时候甚至还要承担一定的风险。一般而言在0—3岁婴幼儿身上能够观察到的亲社会行为有同情心、安慰行为、分享行为、助人行为、合作行为等。

（一）同情心

同情心是一种道德情感。在情感层面，表现出对他人处境、遭遇的情感认同，是一种能与他人在感情上引起共鸣的能力；在行为动机层面，表现出想分担他人的苦难忧愁，并发自内心地想给予他人慰藉、关心和帮助。对于0—3岁的婴幼儿而言，共情行为是其同情心的主要表现形式。婴幼儿能够觉察到他人的难过与悲伤，具备初步理解他人想法和情感的能力，并在一定程度上引发情感共鸣，例如，看到妈妈伤心流泪婴幼儿自己也会跟着一起哭泣。

（二）安慰行为

安慰行为是指个体在觉察到他人的消极情绪状态（如烦恼、忧伤、痛苦）后，试图通过语言或行动使他人摆脱消极情绪，重获积极情绪的行为。可见，安慰行为具备两个要素：首先，要能觉察到他人的消极情绪状态；其次，要通过一定的技巧使他人的消极情绪状态得到改善。婴幼儿时期开始出现各种安慰行为，比如满怀同情地跑到需要安慰者的身边观望，轻轻拉一拉正在哭泣的孩子的衣服，把玩具递给闷闷不乐的孩子。可见，婴幼儿的安慰行为虽然非常简单朴素，但却饱含真情实感。

（三）分享行为

分享行为指个人把属于自己的物品、情感、智慧、机会等与他人共享，从而使他人能从中得到益处的行为。分享行为的产生往往受分享观念的支配。分享观念是指个体对与他人共同分享资源的正确看法，其对立面是"独占""多占"。研究表明，婴幼儿大约从1岁半起就能初步形成分享意识，互惠性是婴幼儿分享行为的最主要的动机。

（四）助人行为

助人行为是指个体关心他人并提供帮助的行为，包括助人者、受助者和情境三个要素。婴幼儿各种能力的不断发展和自我意识的形成都对其助人行为的发生有推动作用。婴幼儿很早就出现了助人行为，相关研究表明，基本上1岁多的幼儿就愿意，也能够帮助成人做家务，比如会应妈妈的要求去帮忙拿一张餐巾纸。

（五）合作行为

合作行为是指两个或两个以上的个体通过相互之间的配合和协调活动以达成共同目标的行为，这种行为往往既有利于自己又有利于他人。婴幼儿的合作行为通常发生在游戏过程中，有研究显示，18—24个月的幼儿就能够与父母开展合作游戏了。婴幼儿合作行为的发生对其社会化的发展有重要意义。

三、0—3岁婴幼儿亲社会行为发展的影响因素

（一）认知发展因素

亲社会行为的认知理论认为，婴幼儿亲社会行为的增加与道德判断能力和观点采择能力的提高等认知因素密切相关。

道德判断能力是影响婴幼儿亲社会行为发展的一个重要认知因素。道德判断能力是指个体运用已有的道德概念和道德认知对自己或别人的行为进行分析、判断、评价和选择的心理过程。个体的道德判断能力是在社会生活过程中受自身心理成熟、舆论熏陶和教育影响逐步形成和发展的。而0—3岁的婴幼儿因为身心发展还未成熟，无法真正地理解和掌握抽象深奥的道德原则，所以他们的道德判断和道德行为也是不稳定的。0—3岁的婴幼儿只有一些道德判断和道德行为的萌芽表现，尤其是1岁以内的婴儿还不可能有道德判断，也不可能有意地做出任何道德行为。通常来说，婴幼儿的道德判断能力是在他们具备一定的言语能力以后，在与成人的交往过程中逐步产生和学会的，他们常以成人对行为的评价作为道德判断的依据。凡是成人表示赞许并说"好""乖"的行为，婴幼儿便认为是好的行为；反之，凡是成人表示斥责并说"不好""不乖"的行为，婴幼儿便认为是坏的行为。因此，0—3岁婴幼儿最初的道德判断就是"好"和"不好"两大类别。

观点采择能力是影响婴幼儿亲社会行为发展的又一个重要认知因素。观点采择能力是指个体能够推断他人内部心理活动的能力，即能站在他人的角度，采取他人的观点，设身处地地理解他人的思想、愿望、情感等的认知技能，其本质特征在于个体认识上的去自我中心化。大量研究表明，婴幼儿的观点采择能力水平的高低与其亲社会行为的发生呈高相关。柯尔伯格等人对美国孤儿院婴幼儿的研究也显示，孤儿院里的婴幼儿缺乏相应的亲社会行为的原因之一就是观点采择能力发展迟缓。观点采择能力是在广泛的社会互动、丰富多彩的社会线索刺激下发展起来的。0—3岁的婴幼儿随着身心的不断发展，社会交往经验的不断丰富，其观点采择能力也会相应提高，从而进一步促进亲社会行为的发展。在哈德森

(Hudson)等人的研究中发现,如果需要帮助的幼儿并没有直接表达求助意愿,或其求助意愿不易被觉察,观点采择水平高的幼儿也能识别出这些线索并出现助人行为,而观点采择水平低的幼儿因没有觉察而无动于衷。

(二)家庭因素

婴幼儿的亲社会行为最初是在家庭中开始发展的,因此,家庭环境对婴幼儿亲社会行为的发展有特殊意义。美国心理学家霍夫曼曾专门研究父母的抚养方式对婴幼儿社会化的影响,结果表明,亲子关系、教养方式等家庭内部因素对婴幼儿亲社会行为的发展有很大影响。比如,温和养育型的父母更容易发展出婴幼儿的利他性,父母与婴幼儿之间温和型的养育关系会明显促进婴幼儿亲社会行为的发展。

社会学习理论认为,父母对婴幼儿亲社会行为的影响主要通过两种途径:以身示范和强化。一方面,父母在婴幼儿心中有较强的权威性,尤其当婴幼儿与父母之间建立了温和、友好的关系时,父母的言行对婴幼儿有较强的榜样作用。所以,当婴幼儿经常观察到父母的亲社会行为时,婴幼儿自己也会出现更多的亲社会行为。另一方面,当婴幼儿出现亲社会行为时,若经常受到父母的表扬和奖励,则他们会出现更多亲社会行为。心理学家海(D. F. Hay)和墨瑞(Murry)的研究也证实了此观点。两位心理学家通过观察12个月大的婴儿和成人的"给予—获取"游戏发现:父母如果既作出亲社会行为的榜样,同时又为婴幼儿提供表现这些亲社会行为的机会,则更有利于激发婴幼儿的亲社会行为。可见,父母的榜样教育和对亲社会行为的强化对婴幼儿亲社会行为的发展有较好的促进效果。

(三)社会文化因素

对亲社会行为的鼓励和赞同存在明显的文化差异。一项跨六个国家(肯尼亚、菲律宾、墨西哥、日本、印度和美国)的研究考察了主流文化对0—3岁婴幼儿亲社会行为发展的影响。研究结果表明,工业化程度较低的社会中的婴幼儿亲社会行为得分最高,例如肯尼亚、墨西哥;而工业化程度较高的社会中的婴幼儿亲社会行为得分较低,如美国。对此研究结果,研究者的解释是:工业化程度较低的社会文化背景要求婴幼儿压抑自我,避免人际冲突,注重和他人的合作;而工业化程度较高的社会文化背景则过分强调竞争,认为个人目标要高于集体目标,在此文化背景下成长的婴幼儿更容易以自我为中心,不利于亲社会行为的发展。心理学家讷马拉(Nirmala)与桑尼塔(Sunita)等人在对72组中国和印度的4岁幼儿进行的跨文化研究中也发现,集体主义文化对幼儿的亲社会行为以及分享者和受助者之间的互动产生正面影响。我国学者付艳等人也认为,家庭作为社会文化环境中的一部分,必然会受到主流社会文化因素的影响,这种影响会渗透在家庭成员之间的关系中,渗透在家庭成员的价值观中,进而影响到婴幼儿亲社会行为的发展。

此外,大众传媒也是社会文化环境的一个重要组成部分。大众传媒肩负着传递社会文化和道德价值观的重要职责,电视、电影、杂志、报纸、互联网等主流媒体对婴幼儿亲社会行为的性质和具体形式都具有重要的影响。大量的研究证实,经常观看亲社会性质电视节目的婴幼儿更容易理解和产生亲社会行为,也就是说,定期放映亲社会性的电视节目能促进婴幼儿的亲社会行为发展。针对这一现象,社会学习理论的解释是,婴幼儿更容易模仿榜样的行为,特别是那些婴幼儿所认同的具有权威和影响力的榜样。

第三节 攻击性行为概述

一、攻击性行为的定义

攻击性行为在婴幼儿期就已经出现,是婴幼儿中较常见的一种不良的社会行为。攻击性行为的发展既会影响攻击者的人格和品德发展,也会对被攻击者的身心健康造成不良的影响。攻击性行为又称侵犯性行为,是以伤害他人或他物为目的的有意伤害、敌视或破坏性行为,可以是直接的身体侵犯、语言攻击,也可以是间接的心理攻击。

从发展进程看,个体的攻击性行为是相对稳定的,具有阶段性与连续性统一的特点。例如,一名2岁的幼儿表现出较强的攻击性,那么在他5岁时很可能还是如此。另有一项长达22年的跟踪研究发现,不论男性还是女性,其8岁时的攻击性表现都能预测他们30岁时的攻击性行为和反社会行为。之后的大量研究均证实,个体早期的攻击性行为对其成年后的攻击性行为具有较强的预测作用。因此,近年来对婴幼儿攻击性行为及其控制和矫正的研究逐渐得到了发展心理学家的重视。大家普遍达成共识:婴幼儿的攻击性行为不仅会影响其道德行为的发展,如果不加以干预矫正,任其不断升级并延续到青少年时期,还容易使其发展成为攻击性人格,造成其今后人际关系的紧张和社会交往的困难,严重的甚至还可能会发展为违法犯罪行为。

二、0—3岁婴幼儿攻击性行为的类型

心理学家们从各种不同的维度对攻击性行为作了分类。美国著名心理学家哈特普(W. W. Hartap)将攻击性行为区分为工具性攻击和敌意性攻击两种。工具性攻击行为也称工具性侵犯,它指向的是物品,其根本目的是个体为了获得某物体、权力或空间而做出喊叫、抢夺、推搡、殴打等动作,攻击性行为在这里只是一种手段或工具。例如,有些婴幼儿为了争夺同伴手中的玩具或者绘本书而对同伴实施抢夺、推人等攻击性行为,这种攻击性行为就是工具性攻击。敌意性攻击行为也称为敌意性侵犯,它指向的是人,其根本目的是打击或伤害他人。如果一个幼儿因为生气而有意攻击同伴,让同伴哭,那么这种攻击性行为就是敌意性攻击。总之,工具性攻击是把伤害他人作为达到目的(如渴望得到财物或权力)的手段;而敌意性攻击是源于愤怒的情绪,以人为定向,目的是给他人造成痛苦或伤害他人的身体、情感和自尊等。0—3岁的婴幼儿更多出现的是工具性攻击,敌意性攻击非常罕见。

另外，还有一些学者以言语攻击和身体攻击为分类标准研究婴幼儿的攻击性行为。结果发现，0—3岁婴幼儿阶段，其攻击形式发展的总趋势是身体攻击逐渐减少，言语攻击相对增加。

三、0—3岁婴幼儿攻击性行为的影响因素

很多学者都致力于研究攻击性行为产生和发展的原因，形成了许多流派，提出了各自的观点。习性学理论认为攻击和喂食、逃跑、生殖一起构成了人类与动物的四大本能系统。"挫折—攻击"假说认为攻击是个体遭遇挫折后产生的。认知学习理论则认为攻击性行为是个体学习的结果，是个体社会、文化适应以及观察学习的结果。事实上，个体攻击性行为是在多种因素的影响下形成的，而非某单一因素导致的。

（一）生物学因素

1. 基因

荷兰和美国的相关科学研究表示，某种微小的基因缺陷可能是引发某些男性具有侵略、冲动和暴力行为倾向的影响因素。也就是说，婴幼儿可能遗传了攻击性的基因倾向，但基因并不是婴幼儿攻击性行为产生的决定因素，只是婴幼儿的这种先天性基因倾向可能会在后天的环境中得到表现或强化。

2. 气质

0—3岁的婴幼儿因为神经类型的差异性往往表现出不同的气质类型。有的婴幼儿易于相处，适应性强；而有的婴幼儿经常发脾气，爱哭闹，易激惹，难以照看，这类婴幼儿被认为是困难型的婴儿。鉴于气质这一人格方面的特质在整个婴幼儿期都是很稳定的，因此有学者认为，困难气质与婴幼儿攻击性行为的发展有一定关系，困难型的婴幼儿比其他气质类型的婴幼儿更容易发展出攻击性行为。曾有一项研究发现，那些分别在6个月、13个月、24个月时被评估为困难型的婴幼儿，在其3岁时被评估为具有更高的敌意水平。之后另一项研究结果也证实，早期的气质类型确实能够很好地预测婴幼儿未来的攻击性表现。有研究者对此的解释是，父母们会对不同气质类型的婴幼儿采用不同的抚养方法，面对困难型的婴幼儿，父母可能在抚养过程中更难保持温柔、平和的态度，这反过来也许更易激发出困难气质类型婴幼儿的攻击性行为。

3. 激素

动物学研究者们通过观察发现，同样面临被激怒或者受威胁的情境时，相比雌性动物，雄性动物更容易产生攻击性行为。在进一步的实验室研究中，研究者将雄性激素注射到雌性动物体内后，发现这些雌性动物明显表现出更多的打架行为及其他方式的攻击行为。由此，有学者认为，作为高等动物的人类，其攻击性行为也会受雄性激素的影响。如此看来，也可以以体内雄性激素的差异性水平来解释0—3岁婴幼儿在攻击性行为上的性别差异。

（二）个体发展因素

1. 认知的发展

认知在婴幼儿的攻击性行为中起着重要的中介和调节作用，婴幼儿对他人意图的知觉和归因决定着婴幼儿是否发动攻击性行为。在面对一个意图不明的消极结果时，攻击性婴幼儿容易把它归因为同伴出于敌意造成的，于是便对同伴实施攻击；非攻击性婴幼儿在面对这样的情境时，往往将其归因于同伴无意造成的，也就不会产生攻击性行为。

随着婴幼儿自我意识的增强，其表现的欲望也越来越强烈，为了显示自己的力量，婴幼儿容易发动攻击性行为。另外，在心理发展水平上，婴幼儿正处于"自我中心阶段"，他们不能站在别人的立场上去考虑问题，常常为了得到某种东西去攻击别人，而考虑不到别人为此遭受到的痛苦。

2. 语言的发展

0—3岁的婴幼儿对语言的理解能力不断发展，一般来说，在1.5—2岁这个时期，幼儿对词义的理解逐渐加深，词的概括性也随之形成。当词的语音对婴幼儿已经具有一定的概括性意义时，那么婴幼儿就已经开始掌握词汇了。但是婴幼儿自身的语言表达能力发展较慢，尤其如果成人并不经常和他们说话，不能有意识地引导他们发声表达，那么婴幼儿很难较快地掌握词汇，表达单词句和双词句的发展速度也会减缓，最终导致婴幼儿无法用语言表达自己的意愿。而当婴幼儿还不能用语言表达自己的想法时，他们只能借助于抓人、打人、推人等身体动作来表达意愿。例如，当一个婴儿发现自己的妈妈抱着别的小孩时，他会不高兴，并希望妈妈把别的小孩放下，立刻抱自己，但是他还不会用语言表达，所以就用力推打妈妈，既表达对妈妈的不满意，又表达对妈妈爱的渴望。

3. 身体动作的发展

0—3岁是婴幼儿身体动作发展的敏感期。在这个时期，随着独立行走技能的掌握，婴幼儿无限扩大了自己的活动范围；随着手部精细动作的完善，婴幼儿具备了准确玩弄和操纵他所熟悉的物体的能力。总之，伴随着身体动作的发展，婴幼儿探索事物的主动性越来越强，途径越来越丰富，范畴越来越广泛。以婴幼儿对纸巾的探索行为为例：婴幼儿有时会将纸巾晃一晃，听听有什么声音；有时会将纸巾放到嘴里，尝尝是什么味道；有时会撕一撕，感受其硬度和韧度；有时会扔一扔，看看能扔多远；有时会放进水里浸一浸，再捞出来挤一挤。婴幼儿时期这份令人惊叹的探索能力都是建立在身体动作发展基础上的。换句话说，有时候婴幼儿对某人表现出打、咬、抓、踢、撞等行为，或者对某物表现出抢、夺、摔、扔等行为，貌似带有攻击性，实则可能只是婴幼儿认识探索事物的方式罢了。

4. 情绪的发展

随着婴幼儿情绪情感能力的不断分化、发展，其情绪情感体验越来越深刻，心理需求也愈来愈丰富，很多需求都与知觉、体验、人际交往相联系。有人认为，婴幼儿的攻击性行为通常是发泄内心不满情绪的方式。这一观点与挫折—攻击假说不谋而合。挫折—攻击假说认为，当人类遭受挫折时更会表现出攻击性行为。研究者们用实验研究来证实了自己的观点。

他们在婴儿面前摆上了足够吸引人的玩具,并将被试婴儿分成实验组和对照组,对照组的婴儿可以任意地玩耍面前的玩具,而实验组的婴儿只能看着这些玩具却不能玩,因此,实验组的婴儿被认为是遭受着挫折。实验观察记录结果显示,遭受挫折的实验组婴儿比没有受到挫折的对照组婴儿在以后的游戏行为中表现出较强的攻击性。对此的解释是,当实验组的婴幼儿不允许玩玩具时,必然伴随着不满、愤怒等消极情绪情感体验,在之后的游戏行为中他们表现出的强攻击性是对内心愤怒情绪的宣泄表达。

(三)家庭环境因素

1. 家长的榜样作用

社会学习理论认为,婴幼儿是通过观察和模仿他们日常生活中重要人物的行为而获得攻击性行为的。首先,对婴幼儿来说,主要照料者(如父母)是其最重要的人物,对其具有榜样示范的作用;其次,模仿是婴幼儿最重要的学习方式,而婴幼儿每天绝大部分时间是和主要照料者在一起的。因此,主要照料者的许多行为会在潜移默化中被婴幼儿模仿和学习。例如,快两岁的帽帽经常出现挥手打人的动作,帽帽的父母觉得很奇怪,因为他们夫妻俩都没有这样的行为习惯。帽帽的父母都是医务工作者,工作时间不固定,所以帽帽大多数时间是由外婆照顾的。后来帽帽妈妈留心观察才发现,原来外婆经常在帽帽调皮捣蛋、不听话时做出挥手准备打他的动作,虽然外婆只是想吓唬帽帽,并没有真的打他,但帽帽还是从外婆那里习得了这个攻击性动作。可见,如果主要照料者经常出现攻击性行为,那么与他们朝夕相处的婴幼儿也会在长时间的模仿中习得并重复同样的攻击性行为。所以,家长要注意自己的言行举止,不要在婴幼儿面前表现出攻击性,以免为婴幼儿树立坏榜样。

2. 家长的教养方式

家长的教养方式对婴幼儿攻击性行为的发生有重要的影响。攻击性行为发生较频繁的婴幼儿大多数来自绝对权威的专制型家庭和溺爱的放纵型家庭,这两类家庭的共同特征是对婴幼儿限制失当。在专制型教养方式下,父母的绝对权威会过于压制婴幼儿的自主性,容易导致婴幼儿产生逆反心理并经常遭受父母对其的体罚,在这样的成长环境下,婴幼儿更易习得攻击性行为。在放纵型教养方式下,溺爱会让父母完全放弃对婴幼儿的限制,甚至表现得对婴幼儿"唯命是从",滋长婴幼儿的利己排他行为,一旦遭到拒绝或挫折就通过大哭大闹来达到目的,在这样的环境下,婴幼儿很容易产生攻击性行为。因此,家长在养育婴幼儿的过程中要避免对其溺爱、过分放纵或过分要求、过分限制,否则容易诱发婴幼儿的攻击性行为。

3. 家庭的情感氛围

如果婴幼儿生活在充满负面情绪的家庭氛围中,比如家人之间经常发生争执吵闹,兄弟姐妹之间充满对抗、不友好,那么婴幼儿更容易陷入情绪困扰,产生行为问题,包括攻击性行为发生的频率也会大大提升。卡明斯和其同事的实验研究证实了这个观点。他们将一群2岁大的幼儿随机分成2组,一组幼儿观看一段两个成人愤怒相对的视频,另一组幼儿观看一段两个成人温情相待的视频。实验者观察记录了两组幼儿的情绪反应和攻击性行为倾向,结果发现,观看成人的冲突会使幼儿情绪烦乱,并增加攻击性行为。帕德森(Patterson)在对高攻击性幼儿家庭环境的调查研究更是证实，高攻击性婴幼儿往往成长于反常的家庭环境：他们的家庭成员之间冲突频发，彼此不愿意主动交流，言语交谈中经常充满讥讽、恐吓和挑衅。当然，婴幼儿既会被其家庭的情感氛围所影响，同时，他们也是家庭情感氛围的影响者，也就是说婴幼儿的个体特质也会影响父母的情绪、育儿态度和兄弟姐妹之间的感情。但不管怎样，我们都达成了共识：创设良好的家庭氛围对减少婴幼儿的攻击性行为是非常有帮助的。例如，平平的妈妈在她两岁半时生下妹妹，一开始，平平对这个突然出现的妹妹充满敌意，她经常趁家长不注意就攻击妹妹，比如突然拍打正在爷爷怀里睡觉的妹妹。平平的父母觉察后，并没有指责平平，而是经常告诉平平爸爸妈妈对她的爱不会因为妹妹的出现而减少，而且妹妹也很爱平平，希望平平也能关心和爱护妹妹。在这样充满爱的家庭氛围中，平平渐渐地不再攻击妹妹了。

（四）社会文化因素

1. 文化氛围

个体的攻击性行为在一定程度上受到其所处文化氛围的影响。在一个把攻击性行为当作维护个人利益的最有效手段的社会里，或在一个以武力决定个人威望的文化环境中，婴幼儿热衷于发展自己的攻击性行为就不足为奇了。

2. 大众传媒

随着科学技术的发展进步，如今婴幼儿接触电视、电子游戏，甚至互联网等大众传媒是非常普遍的现象。已有大量研究证实，电视暴力、暴力性游戏，以及互联网的暴力信息都会增加婴幼儿的攻击性行为。对此，有学者用班杜拉的观察学习理论来解释，认为婴幼儿会模仿媒体中的暴力榜样；也有学者用类似于内隐记忆的启动效应来解释，认为媒体中的暴力情节会激活婴幼儿记忆中的攻击性联想，即在观看了暴力节目后，其攻击性的想法、感情和记忆立刻被激活，继而出现攻击性行为。总之，媒体中的暴力信息对婴幼儿攻击性行为的诱发结果必须引起全社会的关注，尤其是家长要对婴幼儿接触的各类媒体信息负起控制监管责任。

第四节　人际交往行为概述

一、人际交往的含义

（一）人际交往的定义

人际交往也称人际沟通，指个体通过一定的语言、文字或肢体语言、动作、表情等表达手段将某种信息传递给其他个体的过程。例如：新生儿通过哭声将自己需要陪伴或者需要换尿布的信息传达给主要照料者；婴儿向妈妈张开自己的手臂寻求拥抱；学步儿摇摇晃晃地跑到同伴身边，观看同伴的游戏；婴幼儿对早教中心教师提出的问题作出点头或摇头的反应,这些都是人际交往的例子。

在《3—6岁儿童学习与发展指南》中,人际交往被视为儿童社会化的重要途径之一:人际交往和社会适应是幼儿社会学习的主要内容,也是其社会性发展的基本途径。幼儿在与成人和同伴交往的过程中,不仅学习如何与人友好相处,也在学习如何看待自己、对待他人,不断发展适应社会生活的能力。

(二)婴幼儿人际交往的种类

对婴幼儿而言,人际交往主要包括亲子交往、同伴交往、师幼交往和与其他人的交往四种类型,其中亲子交往是0—3岁时最重要的人际交往。

亲子交往是婴幼儿最早接触到的一种人际交往,也是0—3岁阶段最重要的人际交往类型。亲子交往是指婴幼儿与其主要照料者之间进行的伴随情感关系的交往过程。由于这种交往主要是在婴幼儿与父母之间进行的,因此人们也常常把它称为亲子关系。新生儿刚刚出生时,通过哭声向父母传达自己的需求,这可以说是最初的亲子交往。对于0—3岁的婴幼儿而言,除了哭声、笑声、眼神、表情和肢体动作等也是表达需求的重要手段;父母通过接收这些信息,了解婴幼儿的需求,同时,父母对于这些需求的反应速度和反应方式也影响着婴幼儿对周围环境的态度。在0—3岁期间,最典型的亲子交往就是依恋。亲子交往是婴幼儿生活中最主要的社会关系,是婴儿期的主导活动。对婴幼儿来说,父母处在亲子关系的主动地位,父母的想法、观念和行为会对婴幼儿产生极大的影响,是婴幼儿安全感的建立和将来人际交往、社会适应能力发展的基础。

同伴交往是指年龄相同或相近的儿童之间的共同活动而产生的心理上相互影响的过程。虽然在3岁前婴幼儿主要是与其父母交往,但也已开始有了同伴交往。早期同伴交往和亲子交往一样,都是婴儿社交系统中的重要组成部分,它们既相互独立又相互作用。随着婴儿认知能力的增长,活动范围的扩大,同伴交往在其生活中所占的地位也日趋重要。有研究表明,婴儿对社会行为及如何与他人相处的许多知识并不是由父母传递的,而是通过与同伴交往习得的。可见,婴儿同伴交往有着其与成人交往所无法替代的特殊作用和重要性。

当婴幼儿进入到早教中心、托育中心或幼儿园时,他们便遇到了在0—3岁期间另一位对他们的人际交往起到很大作用的人——教师。婴幼儿与教师之间的相互交流就是师幼互动。教师可以用多种方式来对婴幼儿产生影响,比如,教师可以直接教导婴幼儿,帮助他们掌握人际交往的基础,也可以示范正确的社会交往行为和态度,让婴幼儿直接模仿与吸收。有研究表明,在积极的、以儿童为中心的社会环境中,教师如果以适当的策略与婴幼儿发生互动,那么婴幼儿就能够表现出与同龄孩子相比更高的社会性交往技能;当婴幼儿与教师处于积极的相互关系中,婴幼儿能够参加更复杂的游戏,表现出更加灵活的行为。

当然,在0—3岁婴幼儿的生活范围内,他们还会遇到一些其他的人,例如亲戚、社区中的服务人员、公共场所中的其他人,在一定的时间和空间内跟他们发生一些交互作用,例如有礼貌地打招呼,听从服务人员的安排。这就是婴幼儿与其他人之间发生的交往,也是婴幼儿人际交往的一种。

（三）婴幼儿人际交往能力

人际交往能力就是指在人际交往中表现出的妥善处理人与人之间关系的能力，包括与周围环境建立联系和吸收、转化外界信息的能力，以及正确处理与同伴、成人等关系的能力。

在0—3岁阶段，由于婴幼儿的认知、语言和动作能力等都处于发展早期，因此他们所表现出的人际交往能力往往带有很强的年龄特征，例如缺乏主动性、不会因外界变化而变化。而且亲子交往、师幼交往和与其他人的交往没有固定的交往模式，基本上是因人而异，受家庭教育的影响极大。

（四）婴幼儿人际交往行为

人际交往行为是指个体在社会交往的过程中表现出的表情、语言文字或肢体动作等。根据马斯洛的需要层次理论，由低到高排列的第三个层次归属与爱的需要便是一种交往的需要。婴幼儿从来到这个世界开始，就对交往有着本能的需求，交往是人与生俱来的行为。例如，新生儿在没有实现物我分化，认知能力存在缺陷的时候，就有抓握、吮吸等条件反射，有哭、笑等表情来唤起照料者的感情和照顾行为，尽其所能地与外界互动，发生联系。在不断与外界互动交往的活动中，婴幼儿进一步获得生存、认知、情感、交往行为与规则等各种信息，并进一步调整自己，以达到更好地适应人类社会生活的目的。实际上，这也就是个体不断社会化的过程。社会化是个体持续终身的经验，这种经验的获得始终伴随着人际交往行为的发生和调试，对于婴幼儿也是如此。

婴幼儿的人际交往行为是指婴幼儿在他人的陪伴下用动作、表情、目光、体态和语言等进行交流沟通的过程。由于婴幼儿认知和语言的发展水平有限，婴幼儿的人际交往行为多以非语言的形式出现。

二、0—3岁婴幼儿人际交往的理论

（一）人际交往能力六要素理论

人际交往能力六要素理论认为，人际交往能力由六个要素构成。

1. 人际感受能力

指对他人的感情、动机、需要、思想等内心活动和心理状态的感知能力，以及对自己言行影响他人程度的感受能力。

2. 人事记忆力

指记忆交往对象的个体特征以及交往情境、交往内容的能力也即记忆交往对象及与其交往活动相关的所有信息的能力。比如，两个好朋友准备见面时，一定会谈论上次见面的地方，并且根据双方的方便与否和喜好来决定这次见面要去的地方。

3. 人际理解力

指理解他人的思想、感情与行为的能力。人际理解力促使个体去理解他人的愿望，体会他人的感受，通过他人的语言、语态、动作等理解并分享他人的观点，抓住他人未表达的疑惑与情感,把握他人的需求,并采取恰如其分的语言帮助自己与他人进行有效沟通。

4. 人际想象力

指从对方的地位、处境、立场思考问题,评价对方行为的能力,也就是设身处地为他人着想的能力。

5. 风度和表达力

这是人际交往的外在表现。指与人交际的举止、做派、谈吐、风度,以及真挚、友善、富于感染力的情感表达能力,是人际交往能力的高级表现形式。

6. 合作能力与协调能力

这是人际交往能力的综合表现,是团队合作的必要能力。

(二)人际交往发展的阶段理论

0—3岁婴幼儿社会交往的发展经历了三个阶段:单纯的社会反应阶段、与照料者建立依恋关系的阶段和发展伙伴关系的阶段。

第一阶段(0—6个月):单纯的社会反应阶段

在这一阶段里,婴儿通过哭、笑、肢体动作和一些表情对外界作出反应,这种交往技巧主要是先天遗传。两周的新生儿就能区别母亲和别人心跳的不同;3个月左右的婴儿就能发出声音和特殊的婴儿式的"迷人的微笑",从而激发他人的好感。此外,婴儿之间的交往也是很早就建立了,只是看似具有很强的生物保护本能。例如,一个婴儿哭,另一个或者另一些婴儿也会一齐哭,这是一种声援、同情,或者叫响应。五六个月以后,一个婴儿哭,另一个婴儿会注视甚至抚慰他。

第二阶段(7—24个月):与照料者建立依恋关系的阶段

6个月的婴儿会认生了,此时他(她)能明显地区分熟悉与不熟悉的人。婴幼儿在和母亲相处时很愉快,还会用哭闹来迫使母亲等依恋对象回到自己身边。同时,婴儿的爬行能力使得他们有了主动与人交往的能力,2岁的幼儿已经愿意到邻居家里,并且愿意亲近陌生人,不再像6个月时那样对陌生人充满恐惧。

第三阶段(24—36个月):发展伙伴关系的阶段

2岁的幼儿身体动作能力逐渐增强,能够自由地走或跑,大大扩展了活动空间,并且开始有了自我表现的欲望。他们越来越喜欢和小伙伴一起玩,与母亲分离的痛苦也减轻了。此时的幼儿主要用身体动作作为交往的手段,表达自己愿意和同伴游戏等。这一阶段的幼儿间也会产生最初的友谊。

三、人际交往对婴幼儿发展的重要性

(一)有助于婴幼儿认知能力的发展

在与人的交往中,婴幼儿的认知能力得到充分和全面的发展。父母的指引和交流对婴幼儿认知发展有非常重要的影响。例如,当父母在和一个10个月左右的婴儿玩躲猫猫游戏的时候,就是在不断地帮助婴儿固化客体永久性概念。又如,当父母带婴幼儿外出走亲访友,婴幼儿就在不断地拓展对事物的认识和看法。有研究指出,在某些行为特质上,父亲对婴幼儿认知发展的影响和作用要大于母亲,例如,父亲往往更能给婴幼儿更多的自由去探究和冒险,从而使婴幼儿获得更多认知发展的可能。

对于1—2岁的幼儿来说,同伴交往也能极大地促进其认知能力。虽然这个年龄段的婴幼儿在大多数时候尚处在独自游戏的阶段,但是在游戏的过程中,他们也会注意到周围其他人,特别是同伴的动作、行为和语言。研究发现,18个月大的幼儿对同伴的行为高度关注,他们更可能模仿同伴的行为,而不去模仿成人同样的行为。这是一种同伴之间的模仿学习。通过观察、模仿,婴幼儿进一步扩大对人类生活中各种事物的认识和理解,获得解决问题的操作方法,为未来的学习打下坚实的基础。

(二)有助于婴幼儿语言能力的发展

婴幼儿的语言发展特别有赖于人际交往。大部分婴幼儿要到1岁左右才说出第一批能被理解的词,这称为前言语阶段,是语言的准备期。而这种准备在与他人的交往过程中就开始了。在交往的过程中,婴幼儿有了语言学习的榜样和环境,了解了语言的功能和交流的规则。

对于语言发展来说,模仿和强化是早期语言的主要手段,父母在其中的作用是毋庸置疑的。在日常生活中,父母往往是婴幼儿最主要的模仿对象和指导者。婴幼儿的学习不仅局限在对榜样机械的复制,还会学习特有的地区口音和语法规则。而作为婴幼儿语言学习的榜样与指导者,父母通过亲子互动中的微笑、回应来强化婴幼儿正确的单词和句子。

婴幼儿普遍有着特定的语音听觉偏好,即更喜爱语词少、语速慢和音调高而夸张的语言。而母亲在与婴幼儿说话时似乎会本能地使用这样的语言,这使得婴幼儿倾向于与母亲的交往更多,因此,母亲对婴幼儿的语言发展更有特殊的意义。母亲经常以扩充、重新塑造和澄清问题这三种方式对婴幼儿不正确的陈述作出反应,从而更好地对婴幼儿的语言发展进行反馈和指导。

(三)有助于婴幼儿社会认知的发展

社会认知的发展有赖于广泛的人际交往。婴幼儿在与同伴的交往过程中习得了一系列重要的社会技能,如模仿、轮替、帮助、分享。这些技能的获得使得婴幼儿的交往更加有效。当然,在这个过程中也常常会发生冲突,但冲突往往也正是社会认知发展的契机,婴幼儿通过在其中不断地调整和适应,形成自我概念,完善社会发展。

(四)有助于婴幼儿情绪情感的发展

婴幼儿的交往行为有助于他们积极情绪情感的发展。他们的交往行为首先来自亲密的亲子关系。父母在日常生活中的精心照料和陪伴使婴幼儿的依恋得到满足。父母在照料中的积极表现也是婴幼儿情绪情感发展的榜样。此外,婴幼儿在同伴交往中也常常能获得正面积极的情绪情感。即使是游戏中最纯粹的奔跑和蹦跳也能很快提高幼儿积极情绪情感的表现,同时能达到通过这种积极途径合理宣泄情绪、调节情绪的目的。可见,婴幼儿常常能在同伴交往中获得积极的情绪情感体验,并在这一过程中学习到移情、分享等更多的情绪情感和社会交往技能。

本章小结

本章主要讨论了0—3岁婴幼儿社会性行为的含义和类型。社会性行为是人们在交往活动中对他人或某一事件表现出的态度、言语和行为反应。按动机和目的的不同可将社会性行为划分为亲社会行为与反社会行为。0—3岁婴幼儿社会性行为的主要类型是亲社会行为、攻击性行为和人际交往。亲社会行为指一切符合社会行为规范且对社会交际或人际关系有积极作用的行为。攻击性行为是针对他人的敌视、伤害或破坏性行为，分为工具性攻击和敌意性攻击两种。0—3岁婴幼儿的攻击性行为受生物学因素、个体身心发展水平、家庭环境、社会文化等多重因素的影响。人际交往指个体通过一定的语言、文字或肢体语言、动作、表情等表达手段将某种信息传递给其他个体的过程，是婴幼儿社会化的重要途径之一。婴幼儿人际交往主要包括亲子交往、同伴交往、师幼交往和与其他人的交往四种类型，其中亲子交往是婴幼儿阶段最为重要的交往。人际交往能力由六要素构成，婴幼儿社会交往的发展经历三个阶段。人际交往能力和行为因人而异，受个体、家庭和社会多重影响。

延 伸 学 习

 拓展阅读

亲子关系中父亲对儿童发展的影响

自儿童出生起，父亲和儿童之间就存在着一种不可忽视的联系。此后，父亲对儿童的身心发展起着越来越重要的作用。现代科学在探索婴儿心理发展的过程中发现：仅6周的婴儿就能够分辨出母亲和父亲说话声音的差别；8周时，婴儿就能够分辨出母亲和父亲照料方法的差异；婴儿生来就有一种寻找与自己的父亲连接起来的驱动力，在他们开始说话时，"爸爸"这个词常常比"妈妈"先会说，其原因尚不知晓；学步儿往往明确显示他们对父亲的需要，他们会去寻找自己的父亲，当父亲不在时要父亲，电话里听到父亲的声音极为惊喜，在可能的情况下会去了解父亲身体的各个部位。尤其在进入幼儿期以后，父亲在儿童个性形成和行为塑造方面起着更为重要的作用。到了幼儿时期，他们会把更多的注意力转向父亲，开始对父亲那粗犷的形象感兴趣，并需要从父爱中感受力量和刚毅，这种需要随着儿童年龄的增长日益明显。在青少年时期，父亲的作用更为显著。例如，十来岁的少年以更复杂的方式表达他们对父亲的需要，与父亲展开竞争，对他持有的价值观、信念及其局限提出挑战。温迪·莲恩（Wendy Lane）和道伯尔·艾普斯坦（Dawber Epstein）等人的研究发现，父亲的角色投入对青少年的心理健康和学业成就都具有重要的影响效果，而且父亲对儿童学校生活的参与程度与儿童的学业成绩、心理健康发展水平都有相关。一份来自英国剑桥大学的最

新研究发现,如果父亲在儿童婴儿期很好地承担起照顾家庭的责任,那么子女在16岁时的犯罪率最低,并且子女的精神也更健康。

研究者们发现:父亲对一个孩子的发展,特别是对其自我认同的发展,具有相当重要的作用,尤其是父亲的积极参与和高度责任感明显对孩子的一生都有益处。许多研究表明,大多数孩子,尤其是男孩子希望有更多的时间与他们的父亲相处。在游戏中,父亲诱导婴幼儿的积极情绪,给婴幼儿带来快乐和满足,这种快乐和满足对婴幼儿及其以后的生活有着巨大的意义:它使婴幼儿从中得到对世界、对社会以及对人的信心和自信,得到对人宽容和忍耐的力量,得到应付环境的能力,帮助婴幼儿成为心理功能完备的人。父亲帮助孩子从心理上与母亲分离,教导他们控制自己的冲动,学习各种法律和规范,并作出适当反应。父亲的支持给孩子带来信心和胜任感,从而有效地克服不良情绪的障碍。因此,父亲成为孩子除母亲之外另一个能提供指导的人,同时他还能帮助母亲避免过度情绪化地处理自己和孩子之间的关系。另外,父亲对孩子在经济上的影响作用同样是不可忽视的。研究者发现,那些与亲生父母生活在一起的孩子成人后找到工作的概率比父亲缺失家庭中的孩子高出两倍,而且他们获得稳定的经济地位的概率比后者大一倍以上。有趣的是,那些所谓的"长期继父"则未能表现出相同的影响。威尔逊在1980年指出了父亲在减少儿子犯罪的可能性中起到了关键性作用。大量研究证明,父子互动能增加一个孩子的社会适应性、学业成就,甚至对子女成人后婚姻的稳定状况也有影响。这些研究结论表明,父亲的关爱、积极指导等有助于婴幼儿在社会性方面的发展,并更有利于他们今后的发展。

传统社会学习理论强调父亲作为儿子的道德传输者的重要性,霍夫曼研究发现:父亲缺失家庭中的男孩比父亲存在家庭中的男孩在内部道德判断、愧疚、接受批评、道德价值和规则一致性上得分要低。桑特洛克(J. W. Santrock)研究了120个处于低下阶层且父母在很早(儿童6岁前)就离婚、后来(儿童6—10岁时)离婚的家庭以及父母都存在的家庭的儿童,同时考虑了:母亲的管教和情感,具体是通过问母亲如何处理孩子的越轨行为(专断、放纵和爱的收回);儿童的道德行为,通过抵制诱惑任务、自我批评、利他性和补偿等测量。研究发现,当相关变量,比如智商(IQ)、社会经济地位(Social Economic Status, SES)、年龄、兄妹状况等被控制后,父亲缺失和父亲存在的儿童之间很少有差异,但父亲缺失儿童在教师报告中比父亲存在儿童道德上得分要低;离婚女性带的男孩具有更多的"社会背离(social deviation)",并且比从小就失去父亲的孩子在道德判断上有更高的得分。

菲夫纳(L. J. Pfiffirer)等人研究了父亲缺失和儿童的反社会行为之间的关系。研究发现,父亲存在家庭的儿童比父亲离开的儿童表现出更少的反社会行为,在多种社会经济地位(SES)状况下都如此。反社会行为在社会经济地位(SES)处于最低且父亲缺失的家庭中表现最高,表明家庭中父亲的参与可以降低儿童的反社会行为;同时,父亲缺失儿童较高的反社会行为并没有因为继父的出现而有所减弱,并且它也不能被较低的社会经济地位(SES)所解释。辛西娅(C. H. Cynthia)等对少年犯的研究发现,在父亲缺失家庭中儿童面临高犯罪的风险,在存在继父继母的家庭中,特别是母亲—继父的家庭中儿童的犯罪率最高,说明父亲的作用不能被继父代替。它从一个侧面反映了父亲在儿童健康成长中的重要作用。

（资料来源：钱文.0—3岁儿童社会性发展与教育［M］.上海：华东师范大学出版社，2014.）

 学习活动

讨论0—3岁婴幼儿人际交往能力主要受到哪些因素的影响，是如何产生作用的。

复习与思考

1. 什么是社会性行为？婴幼儿社会性行为的主要类型有哪些？
2. 亲社会行为与攻击性行为都是习得的吗？
3. 婴幼儿人际交往行为的理论有哪些？

第九章 0—3岁婴幼儿社会性行为的特征

学习目标：

1. 了解婴幼儿亲社会行为和攻击性行为的特征。
2. 了解婴幼儿人际交往中的亲子交往和同伴交往的特征。

第一节 0—3岁婴幼儿亲社会行为的特征

一、0—3岁婴幼儿亲社会行为发展的总体特征

（一）婴幼儿亲社会行为的行为表现

婴幼儿的亲社会行为在其情绪表达、依恋行为和游戏活动中都有所表现。比如，1岁前的婴儿会表现出这样一些亲社会行为：指点自己所熟悉的亲人，用亲昵的姿势显示自己和谁更亲近，或是同自己喜欢的人分享玩具和食物等。到了1岁半左右，婴幼儿不仅会对周围的人表达自己的喜欢和依恋，还出现了一些助人行为。比如，看到别人的玩具坏了他会把自己的玩具给别人玩，看见家人受伤了会帮家人吹一吹。当然，这样的一些助人行为可能是针对特定的对象，如有困难的人、需要旁人帮助的人，而且是在他的能力范围之内的。

婴幼儿的亲社会行为会伴随着年龄的增长而发展变化。相关的研究最早来自皮亚杰在1932年发表的观察记录。皮亚杰认为，8—12个月的婴儿就已经具有同情行为、利他行为和分享倾向。但是这一研究受到其他学者的反对，他们认为婴儿产生亲社会行为主要是出于生理的需要，没有高层次的动机系统参与。他们还进一步指出，婴幼儿的这些行为与他们的自我意识、思维的发展特点，以及情绪情感等心理发展的特点都密切相关。因此，在皮亚杰之后的一段时间，有关婴儿早期的亲社会行为的研究比较少，直到卡洛莱·查恩-威克斯勒（Carolyn Zahn-Waxler）的研究发现：在9个月时间里，24个1—2周岁的幼儿共出现了几百次的亲社会行为。这一研究支持了皮亚杰的研究。婴儿一开始对别人的痛苦没有反应，但随着年龄增长逐渐对别人的痛苦表现出关注并出现积极的反应。当看

到别人有痛苦的表现时,平均有1/3的18—24个月的幼儿会表现出亲社会行为,主要的表现方式有轻拍对方、拥抱对方、给对方玩具,或者用迂回的方式安慰对方,如说同情话、提出解决办法、为对方鼓劲加油。但是,其他有关的研究仍然较少,学者们认为,婴幼儿的这些亲社会行为的早期表现往往与具体的、确定的奖励相联系,具有明显的个体差异和不稳定性。

现有的心理学理论中,班杜拉的社会学习理论与婴幼儿亲社会行为发展关系最为密切。该理论重视研究婴幼儿外显的可观察的社会行为,并认为亲社会行为主要是婴幼儿通过观察、模仿他人的社会行为而获得的。与此同时,婴幼儿还通过运用自我控制的奖赏和惩罚而有了荣誉感的体验,进而在情感方面强化和肯定了自身的亲社会行为。

(二)婴幼儿对他人情绪的敏感性及其外显反应特征

要研究婴幼儿亲社会行为的特征,首先要揭示婴幼儿对他人情绪的敏感性及其外显反应特征。这是因为已有的研究表明,体验他人的情绪并做出相应的反应是亲社会行为的基础。在这方面,国外开展了一些研究,包括婴幼儿对他人情绪情感的反应和辨别他人不同情感表现的能力。

国外有研究发现:3个月大的婴儿就能区分友善和不友善的行为,并作出不同的反应;六七个月的婴儿能分辨愤怒与微笑的面孔。勒温(K. Lewin)对18个月大的幼儿的行为进行了研究,他认为"在对社会事件的理解意义上的社会敏感性是早期婴幼儿的突出特点"。沙利文的研究也证明了这一观点,他认为婴儿对他人的需要表现出极大的敏感性和同情心。1924年,斯滕从观察中得出结论:即使2岁的幼儿也已经有感受他人悲伤的能力,并试图安慰帮助他人,甚至为他人去报复。莱茵戈德(H. Rheingold)在实验室里观察了15—18个月的幼儿与父母相互作用后得出结论:婴幼儿的许多行为反映了他们给予他人及与他人分享的早期能力。斯坦杰克(K. Stanjek)对德国幼儿的观察表明:2—3岁幼儿会自发地赠送物品和玩具。布雷瑟顿(I. Bretherton)等人认为:婴幼儿开始使用语言后不久,他们的语汇就表现出对他人的需要和意向等内部状态的理解和推测。

(三)婴幼儿亲社会行为萌芽状态的特征

随着年龄的增长,婴幼儿的身心都得到了迅速发展,他们的社会认知能力和自我再认(self-recognition)都有明显的发展,他们的亲社会行为表现也从一开始的"对情感的过分概化和简单的反射反应"向"比较分化的、自发的、自我维护的、社会敏感"的形式发展。婴幼儿在3岁前还没有出现真正的亲社会行为,因为他们的自我意识还处于生理自我的水平上,并没有转向社会自我。他们虽然能感受到他人的悲伤、快乐、痛苦等情绪情感,也有外显的情绪和行为反应,但是这些只是婴幼儿亲社会行为发生的心理基础,还不能称之为真正意义上的亲社会行为。考虑到婴幼儿的行为具有不稳定性和在不同环境下的多边性等特点,因此把这样的行为理解为亲社会行为的萌芽更容易让人接受。真正自发的、主动的亲社会行为,包括合作、分享等利他行为,要等3岁以后才能真正出现。

二、0—3岁婴幼儿具体亲社会行为的发展特征

（一）帮助

婴幼儿很早就表现出了助人行为。研究者曾观察三组年龄分别为18个月、24个月和30个月的幼儿在家里帮助父母做家务，如整理散乱的杂志、叠衣服、扫地、整理床铺的情况发现，65%的18个月的幼儿和所有的30个月的幼儿能够且愿意帮助成人做这些家务。婴幼儿可以通过上述活动而获得成人的认可，在活动中练习自己的活动技能并与成人交往互动。由此可见，助人行为是婴幼儿期望参加社会互动的结果。

（二）合作

合作是指两个或两个以上的个体为达到共同的目标而协调活动，以促进一种既有利于自己又利于他人的结果出现的行为。婴幼儿的合作行为迅速发展和分化是在18—24个月时开始的，并且婴幼儿的合作行为有显著的年龄差异。海（D. F. Hay）的研究发现：12个月的婴幼儿中只有1/8在游戏中表现出了合作，而18—24个月的幼儿中有7/8都在游戏中表现出了合作行为。埃克曼（C. Eckerman）等人发现，18—24个月的幼儿比更年幼的婴幼儿表现出更多的与同伴和成人交往的游戏。布朗（R. W. Brown）发现：24个月的同龄伙伴间能够相互协调地行动以达到目标，而这对18个月的幼儿来说还比较困难；2岁以后，幼儿能更有效地进行社会性交往，更经常地进行合作性游戏。布鲁内尔（Brownell）和卡内基（Carriger）的研究结果发现：12个月的婴幼儿基本上不能解决合作性问题，50%左右的18个月的幼儿能偶然地解决合作性问题，大多数24—30个月的婴幼儿能重复性地解决合作性问题；在合作性行为上，24—30个月的幼儿更能根据任务采取相应的相互配合的行为。随着年龄的增长，交往经验的增多，婴幼儿同伴之间合作的目的性、稳定性逐渐增强，他们能够为实现共同目标而努力。另外，婴幼儿的合作范围不断扩大，由两人间的合作逐渐发展到三四人之间乃至更多人之间的合作。

（三）分享

分享是指个人拿出自己拥有的物品让他人共享从而使他人受益的行为。分享的特点是使交往双方共享物品拥有者的资源并使双方受益。婴儿12个月时就已表现出指向动作的分享行为，例如，他们会把物体放在人们的手上或腿上，然后继续操作这个物体，这是分享行为的萌芽。研究者认为，婴幼儿通过分享真实物品来保持与他人的积极交往，当他们能够以其他方式与他人交往时，分享行为就不突出了。所以，12—24个月的婴幼儿的分享行为随年龄增长而增多，而24—36个月的幼儿的分享行为随年龄增长而减少。

（四）同理心与安慰

研究者认为，同理心又称为移情，它是一种替代性的情绪情感反应，具体指一个人（观察者）在观察到另一个人（被观察者）处于一种情绪状态时，产生与另一个人相同的情绪体验。当一个人产生同理心时，他会设身处地地为他人着想，识别并体验他人的情绪和情感，这也就是移情的过程。心理学家一致认为，移情是婴幼儿亲社会行为的重要促进因素。

个体早在婴幼儿阶段就有移情的产生和发展。我们知道，刚出生两天的婴儿会跟着另

一个婴儿的哭声一起哭,这种现象被称为"情绪传染"。虽然婴儿还不能理解他人的感觉,但是这种类似于先天反应的早期的"同情哭喊"就像婴儿自己也有同样的感觉一样。

在与照料者的交流过程中,婴幼儿逐渐学会使用社会参照体系。他们逐渐注意与他们自身安全有关的照料者的情感反应,并通过观察照料者的反应来调整自己的情绪,比如通过观察照料者对陌生人的反应来调整自己的焦虑水平,获得安全感。1岁的婴幼儿开始安慰他人,而且助人行为发生的频率随着年龄的增长而增多。14个月的幼儿可以对兄妹表示关心,知道可以用哪些方式让兄妹高兴并让兄妹喜欢自己,并以自己特有的方式向兄妹提供注意、同情、关心、分享和帮助。

2岁左右,当幼儿的自我意识开始萌发后,他们对他人的反应有了不同的认识。例如,当幼儿面对痛苦的人时,他们能够明白这是别人的痛苦,不是自己的痛苦。正是基于这种认识,幼儿可以将注意力从对自身的关心转移到对别人的安慰上。

研究发现,婴幼儿移情行为的短期效果明显,例如,当婴幼儿看到另一个孩子哭泣时,他在一定时间内会表现出同情,或者试图去安慰另一个孩子,但是这种移情持续的时间非常有限,往往同情或安慰一下就离开了。随着年龄的增长,移情会进一步刺激其他亲社会行为,如分享的出现。因此,婴幼儿对社会环境中情感线索的积极认知活动是他们产生和维持亲社会行为的基础。

第二节 0—3岁婴幼儿攻击性行为的特征

一、0—3岁婴幼儿攻击性行为的总体特征

对攻击性行为的研究可以追溯到20世纪30年代,以彪勒(C. Buhler)、格林(E. H. Green)、舍莉(M. M. Shirley)为代表的一批发展心理学家开展了很多观察研究。他们的研究表明,在婴幼儿出生后的第二年,他们与同伴之间就出现了社会性冲突。美国心理学家霍姆伯格(M. S. Holmberg)1977年的研究也得到了相似的结果。他在《12—42个月婴幼儿社会交流模式的发展》报告中指出,12—16个月的婴幼儿相互之间的行为大约有一半是具有破坏性或冲突性的。他还发现,婴幼儿之间的冲突行为会随着年龄的增长呈下降趋势。到了两岁半,幼儿与同伴之间的冲突行为比一开始下降了80%。

二、0—3岁婴幼儿攻击性行为的具体特征

(一)攻击性行为发展的频率和时间

1984年,D. F.海系统地研究了前50年里发表在3个国家的有关刊物上的10篇研究婴幼

儿冲突行为发展的报告,这些报告共包括31组婴幼儿冲突行为的发生发展情况。海在对这些报告进行梳理的基础上对婴幼儿冲突行为的发生频率和冲突行为持续的时间进行了较为全面的评估。他对这些报告中的数据作了换算,结果发现:31组幼儿(年龄在18.4—62个月之间)的冲突行为发生的平均频率为每小时5—8次,冲突行为持续的时间一般为31秒左右。艾森伯格(A. R. Eisenberg)的研究发现,92%的幼儿与同伴之间的言语冲突持续在10个回合之内,66%在5个回合之内。其他学者,如奥凯菲(O' keefe)和比纳特(Benoit)的研究也很相似,他们发现2—5岁幼儿之间的言语冲突平均持续5个回合。

（二）攻击性行为形式的变化

在20世纪早期,一些研究者认为婴幼儿的侵犯形式主要分为言语侵犯和身体侵犯两大类。他们的研究结果发现,2—4岁幼儿的侵犯形式发展的总体倾向是:3岁以前,婴幼儿的踢、踩、打等身体侵犯逐渐增多;3岁以后,身体侵犯的频率降低,但同时言语侵犯的频率却升高了。

之所以产生这样的现象,美国心理学家哈特普认为:首先,年龄小的婴幼儿更多的是工具性侵犯,而年龄较大的幼儿则较多地表现为敌意性侵犯。其次,年龄较小的婴幼儿由于语言水平的限制,更多地依靠身体上的攻击,而年龄较大的幼儿由于言语和沟通技能的发展,更多地采取言语而不是身体的攻击。

三、0—3岁婴幼儿攻击性行为的性质

关于婴幼儿早期冲突行为的性质,存在两种不同的观点。20世纪30年代的蒙德雷(M. Maudry)、那古拉(M. Nekula)等早期的一批发展心理学家认为婴幼儿早期的冲突行为在本质上是一种"社会性盲目"(socially blind),其性质不同于大龄婴幼儿以及成年人之间的冲突,后者的特点是敌意性动机,即使他人感到痛苦。因此,婴幼儿早期的冲突行为不具备特定的社会意义。

另有研究者持不同的观点,他们认为婴幼儿早期的冲突行为具有社会意义,因为婴幼儿在冲突中"可能既受引起冲突的客体所具有的社会意义的影响,又受其客观刺激特性的影响"。海和罗斯(H. S. Ross)的研究发现,婴幼儿之间的冲突包含着具有社会意义的事件,这些事件与以后各年龄阶段中发生的侵犯性相互作用是相同的。婴幼儿不仅关心空间和物品的问题,还会因同伴的行为是否违反了社会规范等问题发生争吵。这与大龄婴幼儿的争吵内容有相似之处。因此,虽然婴幼儿之间的冲突只有大龄婴幼儿和成年人的侵犯行为的部分特征,但是这些行为也具有一定的社会性,不能轻易地称之为"社会性盲目"。

1982年,海和罗斯对24对年龄为21个月的婴幼儿的冲突行为进行了观察研究。他们在游戏室里进行了4次观察,每次观察时间为15分钟。结果发现:87%的婴幼儿至少参与了一次冲突,其中79%的冲突是在没有成人干预的情况下由婴幼儿自己终止的。大多数冲突(72%)与争夺物品有关,其余的或是纯粹的人际冲突,或是争夺物品与人际冲突的混合。实验结果显示,婴幼儿做出的不同行为会引起同伴不同程度的让步。例如,操作性行为(即

拖拉玩具、积极抵抗)比交际性行为(手势、言语表达、请求)更容易使同伴让步。该实验还表明,在婴幼儿的冲突中,他们的言语活动通常与他们的社会性定向一致,他们的动作(行为)并非随意选择的。通常情况下,婴幼儿喊叫物品的名称是为了成功地得到同伴的物品(49%),或者是为了保护自己的物品不被抢走(33%)。相反,否定词("不""不能")和人称代词("我""我的")则在防卫和抗议同伴时使用。该研究涉及婴幼儿早期冲突的社会性质问题,为我们了解婴幼儿早期的社会性相互作用与侵犯行为发展之间的关系提供了一定的证据。

第三节 0—3岁婴幼儿人际交往行为的特征

0—3岁是婴幼儿人际交往发生与发展的重要时期。这与婴幼儿的生理发展规律有着密不可分的关系。随着婴幼儿从爬行到站立再到自由行走,他们对自己身体的控制能力越来越强,他们的活动能力越来越强,他们对探索外部世界的渴望也越来越强。他们的活动范围从家庭到社区,从社区到早教机构,日益广泛。随着活动范围的不断扩大,他们遇到越来越多各种各样的人,此时,人际交往的需求就显现了。由于受到语言、认知和生理等多种因素的限制,婴幼儿在人际交往中会遇到各种困难。但与此同时,他们也在不断地交往和困难中发展,形成自我意识,提高认知、行为等各种能力。0—3岁婴幼儿的人际交往有其特有的发展规律和特点。

一、0—3岁婴幼儿人际交往的总体特征

(一)自我中心

自我中心是著名心理学家皮亚杰提出的用来描述婴幼儿认知发展特征的术语,指婴幼儿不能理解他人的立场与观点,只能从自己的立场出发来理解周围事物的特征。1岁半至3岁左右的幼儿处于自我中心阶段,这个阶段的幼儿以自己的需要作为衡量事物的唯一标准。婴幼儿在1岁至1岁半时开始获得自我意识,到两三岁时能够正确使用第一人称代词"我"来称呼自己时,进而学会准确地使用其他人称代词,这是自我意识形成和发生质变的重要时期。幼儿经常说"我自己来"就透露出他们独立性的增强。

在交往活动中,0—3岁婴幼儿表现出以自我为中心的行为特点。例如,婴幼儿自己不想睡觉时,也不想让父母睡觉,会吵着要父母陪自己玩游戏。又如,在早教机构中,婴幼儿不愿意参与某项活动时,即使教师一再鼓励,父母一再劝说,婴幼儿依然会很固执地不愿意参与活动。

(二)借助动作

运用肢体动作或神态来代替语言进行交流,表达想法和需要是婴幼儿通常使用的手段。

这主要是因为婴幼儿的语言发展还不成熟,缺乏足够的词汇和组织语句的能力。比如,他们会用手指着水杯表示想要喝水;又比如在动物园里,他们通过指东指西来表达需要父母解释"这是什么动物"。

肢体动作对婴幼儿的人际交往有着积极的意义,是帮助婴幼儿主动交往的一种重要手段,但也有着明显的不足。首先,肢体动作往往不能准确表达婴幼儿真正的意愿,即人们可能会误解婴幼儿的动作。依然以表达想要喝水为例,当桌子上有许多物体时,成人就可能无法快速了解婴幼儿的实际需求是水杯还是其他物体。其次,运用肢体动作表达的内容常常会受到限制。例如,有的婴幼儿常常会重重地、不分位置地拍打一下同伴,这个动作在成人看来是十分无礼的,但对婴幼儿来说却是他表达主动交往意愿的一个动作。最后,基于前两者的不利情况,婴幼儿常会因为肢体动作没有达到表达的目的而产生挫败的负面情绪,甚至还可能引发进一步的消极情况,如气急败坏或退缩放弃。

虽然借助动作进行人际交往有诸多不足,但这种方式却是0—3岁婴幼儿交往行为的特征,这是由婴幼儿的心理发展特征决定的。

（三）易受影响

受限于认知发展的不完善,婴幼儿的人际交往容易受到外界的影响。这是由于婴幼儿在注意发展方面以无意注意为主,因而在人际交往中,婴幼儿常常会被新鲜事物所吸引。这也就是为什么婴幼儿的同伴交往常常是从一个新玩具开始的原因。

另外,婴幼儿的人际交往还易受父母的影响。婴幼儿通过模仿父母与他人交往的方式、方法积累人际交往的经验。我们常说希望家长和教师之间要形成良好的家园合作关系,因为只有当幼儿了解到父母和教师之间友好融洽的关系后,才能更好地与教师形成亲密的师幼关系,为更多的学习与发展打下基础。当然,在不断地与父母交流学习的过程中,婴幼儿也在逐渐建立"自我",将自己与他人区别开来。自我概念的形成反过来又进一步影响婴幼儿的人际交往。

二、0—3岁婴幼儿亲子交往的特征

（一）先天性

新生儿的偏好研究表明,早期的亲子交往具有先天性的特征。所谓新生儿偏好研究指的是研究者利用各种技术,让新生儿对呈现在当前的刺激进行选择性反应,从而筛选出新生儿天生比较喜欢的刺激。

刚出生的婴儿还不会说话,不能有效表达,研究者必须通过观察婴儿的行为来推断他们所感知的世界是什么样子的,例如,通过观察婴儿吃奶、转头、面部表情等来研究婴儿对声音刺激的反应。研究技术的改进允许人们利用一些生理测量,如测量呼吸和心率的变化,来观察研究新生儿所具有的在感官上的偏好。从新生儿的感知觉偏好中不难发现,新生儿对于脸、人声、母亲的味道等都存在着偏好,这种天赋是新生儿人际交往的基础。

1. 视觉偏好

婴幼儿的视觉发展非常快，一个6个月的婴儿的视觉功能就已经发展得非常接近成人了。新生儿一出生就已经具有眨眼反射和瞳孔反射。15天左右的婴儿便能较长时间地注视移动的玩具，并对偏好的颜色表现出长时间的关注。研究显示，对于颜色的偏好，婴儿更喜欢鲜明的基本色，而不喜欢中间色。

生理学家范茨首先采用视觉偏爱法（一种研究婴儿知觉的技术）对新生儿进行观察，发现出生仅2天的婴儿就能顺利地辨认视觉图形，并且表现出了偏爱。在实验中，他给新生儿提供了三个图形：一个是正常人的面孔图形，一个是五官被打乱的复杂的类似面孔的图形，一个是一半亮一半暗的类似面孔的图形。结果发现，新生儿对五官打乱的复杂的类似面孔的图形和正常人的面孔图形同样感兴趣。

视觉偏爱法这种研究方法所带来的一系列研究成果打破了传统观念认为新生儿无知的看法。范茨还通过进一步实验证明新生儿对有环形、条纹，以及明暗对比强烈的图形更喜爱，这也就是为什么黑白棋盘和人脸一样都能吸引新生儿的缘故。随着婴儿年龄的增长，他们会越来越喜欢看更加复杂的图形。当然，母亲对于婴幼儿总是特别的存在。有研究显示，新生儿在出生后的几个小时内就学会了识别母亲面孔的视觉特征。

2. 听觉偏好

个体的听觉是从什么时候开始发展的？新生儿有听觉吗？婴儿喜欢听什么？这些都是曾引起过激烈讨论的话题，近年来大量的实验对这些问题有所解答。

许多研究者已达成共识，早在出生前的胎儿时期，听觉系统就开始发挥作用了。25周的胎儿就能够对声音刺激作出身体运动反应，并伴随生理指标的变化，也就是说，在胎儿6个月左右的时候，听觉就建立了。

新生儿出生后就有明显和敏锐的听觉能力。比如，他们如果听到周围新生儿在哭也会跟着哭，但如果他们听到的是自己哭声的录音，那么就会很快停止哭泣。

在所有的声音中，新生儿还是最喜欢母亲的声音。有研究对比了新生儿在听到母亲和其他女性的声音后的反应发现，当听到母亲的声音时，新生儿吸吮奶嘴的频率明显加快。这可能与胎儿在子宫里就经常听到母亲的声音有关。相对来说，新生儿更喜欢音调较高的声音，因此，父母也应该常和还在母亲肚子里的宝宝说说话，而且要适当地提高音调，以便孩子出生后更好地与其建立亲密关系。

此外，婴儿对某些极高频和极低频的声音也比成人敏感，这种敏感性在2岁之前会逐渐增强，过了2岁便会下降。

3. 味觉偏好

酸、甜、苦、咸是四种基本的味道，其他味道都是由这几种味道混合而成的。婴儿的味觉辨别能力比成人还要敏锐，味觉是新生儿所有感觉中最发达的。研究显示，味蕾在胎儿期的最后三个月发育成熟。味觉对于婴幼儿来说具有保护生命的价值。新生儿能区分酸甜苦咸，并对苦味有天生的排斥，这是因为人类认为苦味可能是自然界发出的警报，把苦味等同于饮食中存在的危险物质,如变质的蛋白和脂肪、植物毒素。

婴幼儿喜欢甜味,在新生儿的舌头上放一点有甜味的液体,他们便会作出类似微笑的表情。实验人员对出生2—5天的新生儿分别给予浓度为5%、10%、15%的蔗糖溶液,结果发现,给予浓度为15%的蔗糖溶液的新生儿吮吸时间最长,好像是在细品这份糖水。此外,还有研究表明,婴儿的食物偏好与其营养需要有关,这些偏好决定了婴儿进食的选择,那就是优先选择母亲的乳汁。这也就是为什么母亲在给1岁以内的婴儿断奶时困难重重,婴儿总是不依不饶哭闹的缘故,当然其中也有依恋的原因。因为母乳喂养的过程实际上也是建立亲密亲子关系的过程。对于小月龄的婴儿而言,母亲的乳汁就是全世界,所以难以割舍。

4. 触觉偏好

皮肤是人体最大的感觉器官。触觉是胎儿最早得到发展的感觉。胎儿在母亲的子宫里感受羊水的温度,感受来自子宫的包裹,这就是触觉的开始,而且这种触觉记忆非常深刻,因此,新生儿对温暖的拥抱和依偎感到愉悦。婴儿一降生就对触觉有了反应,在一些先天的无条件反射,如抓握反射、吮吸反射、巴宾斯基反射中就有触觉的参与。也就是说,触觉系统的完善对新生儿的生存有着重要的意义。

我们常常看到婴幼儿很享受父母给自己做身体抚触的过程,他们对手心和脚心的接触非常敏感。婴幼儿喜欢在柔软的垫子上接受父母带着关爱的抚触。婴幼儿对不同的温度、湿度和材料质地都有触觉感受能力。口腔和手的触觉是最敏感的,这也是为什么婴幼儿通常喜欢通过吮吸手指来获得安全感和愉悦感。当他们感到紧张害怕时,也常常通过吮吸手指来降低焦虑。在超声检查中发现,24周大的胎儿就有吮吸拇指的表现。

综上所述,触觉是婴幼儿早期与世界接触、交往的一种重要途径,在整个婴幼儿阶段都发挥着重要作用。触觉偏好主要指向父母对婴幼儿无微不至的照料,特别是母乳喂养给婴幼儿提供了充分吮吸的机会,这些都是亲子关系建立的基础。

5. 嗅觉偏好

嗅觉和味觉有些相似,在胎儿时期就已经开始发展了。最近的研究表明,胎儿在6个月时就能在子宫里闻到母亲吃的食物的气味。嗅觉就像一个雷达系统,不断向大脑提供信息,并要求大脑记住,是婴幼儿认识世界的重要手段。

新生儿的嗅觉表现就更令人惊讶了。有研究者对出生不到12小时的新生儿进行嗅觉实验,发现他们已经能对各种味道作出不同的反应。具体来说:当新生儿闻到巧克力、蜂蜜等的气味时,他们的面部肌肉放松,表情愉悦,并伴有吸吮的动作;反之,当闻到臭味时,他们就会扭转头,紧闭双眼。如果我们观察出生第一天的新生儿会发现,当他们躺在母亲身边时,小脑袋就会不由自主地转向母亲的乳房。

有研究者对出生12—18天的母乳喂养婴儿和人工喂养婴儿对母亲、父亲和陌生人的嗅觉认知进行实验,结果发现,母乳喂养的婴儿对母亲的气味有偏好,而人工喂养的婴儿对所有的气味都未表现出偏好。这表明,新生婴儿可以辨别不同气味并作出不同反应。同时也从另一方面说明婴幼儿的嗅觉是建立亲子关系的先天优势,父母应充分利用这种先天优势。

（二）情感性

0—3岁的婴幼儿在亲子交往中有较强的情感性特征,这主要体现在依恋关系上。在发展心理学中,依恋是指婴儿寻求并企图保持与另一个人（通常是指主要照料者,特别是母亲）亲密的身体联系的一种倾向。这种倾向就是亲子依恋的相互作用过程中的感情联结。英国的精神分析师约翰·鲍尔贝在二战期间基于对孤儿的观察提出了依恋理论。依恋关系是个体在幼儿期为了生存而建立起来的,并在个体以后的人生中不断发生着作用。依恋关系是人际交往发展中建立的第一个人际关系。一旦建立了良好的依恋关系,婴幼儿在探索世界时就会更加充满勇气和信心,在人际交往中更加主动积极,也就能更好地适应社会生活环境。依恋作为婴幼儿最早出现的心理模式之一,对婴幼儿未来心理的发展具有重要的影响。

依恋是在婴幼儿与主要照料者的互动中形成的。依恋形成的主要阶段是在6个月至3岁,而且多是在母亲与婴儿之间形成的,这可能是因为在日常生活中,母亲对婴幼儿的照料和关注更为普遍。尤其是母乳喂养的婴幼儿与母亲之间通过哺育、目光注视、动作依偎等亲密的交流和接触,形成深切的依恋关系；婴幼儿满足的表情和依赖的模样也反过来深深地吸引着母亲对婴幼儿产生相同的依恋。所以依恋往往首先是在母婴之间形成的。当然,这并不意味着只有母亲才能和婴幼儿形成依恋。发展心理学家哈洛的恒河猴实验证明,"接触安慰"在依恋的过程中起着重要的作用。也就是说,虽然母亲是婴幼儿早期的依恋对象,但是父亲如果多多参与教养婴幼儿,那么父亲与婴幼儿之间也可以建立依恋关系。依恋的质量对日后婴幼儿的情感、认知能力和社会交往能力的发展都有很重要的意义。

（三）情境性

婴幼儿的亲子交往还受到环境的影响,也就是情境性。以布朗芬布伦纳为代表的生态发展观强调,儿童的各项发展都受到了来自家庭、机构、社会等情境的影响,亲子交往也是如此。当然,其中最重要的还是父母教养方式和家庭系统结构的影响。

1. 父母教养方式

父母教养方式是指父母在教育抚养子女的过程中表现出的一种行为倾向,它是对父母各种教养行为、态度的特征概括,具有稳定性,反映了亲子关系的性质。

美国心理学家鲍姆令德在对父母的教养行为与儿童人格发展的关系进行了长达10年的研究后提出,从要求和反应性两个维度可以将父母的教养方式分为四个类型,分别是权威型、专制型、沉溺型和忽视型。其中,权威型教养方式被认为是最有利于婴幼儿社会发展的教养方式。权威型父母在教养方式上是高"要求/控制"与高"接纳/响应"的结合。这类父母会对婴幼儿提出许多合理的要求,并且会谨慎说明理由,保证婴幼儿能够遵从指导,他们会立下清晰的规矩并贯彻始终。他们在要求婴幼儿的同时,与婴幼儿之间充满温和的感情,亲子交流多。在这种教养方式下成长的婴幼儿,社会能力和认知能力都比较出色,在与同龄婴幼儿交往的过程中表现更自信,自控能力更强。这种优势直到青春期依然有体现,即这类青少年更自信,社会化程度更高,学业成绩也较好。相比之下,专制型、沉溺型和忽视型教养方式都会对婴幼儿的社会性发展产生负面影响:专制型教养方式下成长的婴幼儿表现出较多的焦虑、退缩等负面的情绪和行为;沉溺型教养方式下成长的婴幼儿在各方面表现都不成熟,这点在男孩身上表现更为突出;忽视型教养方式下成长的婴幼儿则表现为社交能力不良,自控能力较差。

近年来,我国研究者也对父母的教养方式作了大量研究。由于文化差异的影响,我国学者对教养方式的分类与国外有所差异,但结果基本相似。

2. 家庭系统结构

任何环境因素都比不上家庭在婴幼儿成长中所起的作用,而家庭系统作为社会系统的一个子系统,本身又是一个复杂的系统。因此,家庭系统结构也是影响依恋的重要因素,特别是家庭系统中各因素之间的相互作用和影响。

在家庭系统的众多因素中,父母的婚姻状况、家庭收入水平、父母的文化水平等都会间接地影响依恋关系的形成。布朗芬布伦纳称这些间接影响因素为第三方效应。如果父母的婚姻和谐美满,那么他们在抚养子女的问题上就会更倾向于合作,与婴幼儿的亲子关系就更积极、融洽,从而更容易形成良好的亲子依恋。相反,如果父母的婚姻关系紧张,那么他们在抚养子女的过程中就容易相互干扰,容易对婴幼儿产生责备、不满的情绪,进而导致不理想的依恋关系。

父母的文化水平对依恋关系的影响主要体现在:受教育程度高的家长,在家庭教养中往往能体现出更科学的育儿态度,更能理解婴幼儿的心理,提供适合婴幼儿的照料。这些都有利于良好依恋关系的建立。

此外,作为嵌套在社会系统中的子系统,家庭系统必然受到社会文化的影响。例如,家庭若能在育儿时期受到社会的大力支持,使得家长拥有充分的时间和精力与幼儿形成高质量的互动,那么这将大大有利于良好依恋关系的形成。

三、0—3岁婴幼儿同伴交往的特征

(一)个体认知发展视角下同伴交往的特征

个体认知视角下的大量观察和研究证实,婴幼儿早期交往的发展以一种固定的程序展开,分为三个阶段。

第一阶段:以客体为中心的阶段

在这一阶段中,婴儿之间的交往主要集中在玩具或物品上,而不是婴儿本身。有研究表明,6—8个月的婴儿之间通常只有极短暂的接触,如看一看、笑一笑或碰一下同伴,基本处于互不理睬的状态。1岁内的婴儿交往大部分是单方面发起的,并且一个婴儿的社交行为往往不能引发另一个婴儿的反应。然而,这种单方面的社交是社交的第一步,因为一旦一个婴儿的社交行为引起了另一个婴儿的反应,婴儿之间最简单的相互影响也就发生了。

第二阶段:简单交往时期

在这一阶段中,婴幼儿已能对同伴的行为作出反应,即婴幼儿的行为有了应答的性质。研究者针对这一阶段的婴幼儿提出了"社交指向行为"的概念。"社交指向行为"指婴幼儿意在指向同伴的各种具体行为。婴幼儿在发生这些行为时总是伴随着对同伴的注意,也总能得到同伴的反应。这些行为的目的都在于引起同伴的注意,与同伴取得联系。

在一项对1—1.5岁婴幼儿交往的研究发现,所有婴幼儿对其周围其他婴幼儿都非常注意,并经常对同伴表现出身体接触、互相对笑、说话、相互给予玩具等。研究结果表明,婴幼儿在进行独立活动的同时,通过留意环境获取同伴的信息,并且由于观察或模仿同伴的行为,婴幼儿之间有了直接的相互影响、接触,简单的社会交往便由此产生了。

第三阶段:互补性交往时期

在这一时期,婴幼儿之间的相互影响持续的时间更长,内容和形式也更为复杂,并出现了合作、互补或互惠等行为。这一时期婴幼儿交往最主要的特征是同伴之间社会性游戏的数量有了明显增长。

在一项对10—24个月的婴幼儿同伴间社会性游戏发展的研究中,研究者将婴幼儿分成10—12个月、16—18个月和22—24个月三组,每组婴幼儿和自己的母亲、不熟悉的同伴及同伴的母亲在一起,观察婴儿与他们的交往情况。结果表明:16—18个月、22—24个月的幼儿社会性游戏明显多于单独游戏;16—18个月和22—24个月的幼儿较10—12个月的婴儿更喜欢与同伴玩,与同伴游戏的数量明显多于与母亲玩的数量。可见,16—18个月是婴幼儿社会性游戏迅速增长的转折点。到2岁左右时,社会性游戏的数量绝对超过单独游戏,同时其社会伙伴更多为同伴,而与母亲的交往明显呈现下降态势。

(二)社会技能发展视角下同伴交往的特征

研究者从社会技能发展的角度对婴幼儿的同伴交往进行了大量的观察和研究,把婴幼儿的同伴交往划分为简单社交行为、社会性相互影响、同伴游戏和早期友谊四个阶段。

第一阶段:简单社交行为阶段

在此阶段,婴幼儿所有的社交行为都已经出现,但多数行为都是单方面的。研究者认为,从本质上来说,这些最早的社会行为是建立社会性相互影响的基础上的,同时,作为交往的第一步,它也无须回应。

第二阶段:社会性相互影响阶段

一个婴幼儿的社交行为引起了另一个婴幼儿的反应,那么社会性的相互影响也就随之发生,从而进入婴幼儿同伴交往的第二阶段。这种能引起同伴反应的行为比单方面的行为更具技巧性,因为婴幼儿不但要对另一个婴幼儿发出行为,而且还要能够引起对方的反应,而对于另一个婴幼儿而言,他也必须迅速地对行为作出判断和反应。随着婴幼儿月龄的增加,同伴间相互影响持续的时间也将不断增长。

第三阶段:同伴游戏阶段

随着对社会性相互影响、相互作用的掌握,婴幼儿同伴间社交游戏的明显特征也逐渐显现,广泛表现在一般的社交行为之中。20世纪70年代,有研究者对婴幼儿的游戏提出了四个指标:主动加入、轮流替换、重复和灵活性。研究者对照这些指标分析了24对婴幼儿28个典型游戏交往实例,发现这一阶段的同伴游戏中存在两种不同复杂程度的技能类型,即模仿和互补。通过游戏,婴幼儿的社交能力发展进入到第四阶段,出现最初的友谊。

第四阶段:早期友谊阶段

早期友谊的出现是婴幼儿社交技能发展的顶点,它表现为同伴之间出现亲近、共享、积极情感交流和共同游戏等,婴幼儿开始出现偏爱的同伴,且两个朋友在交往中具有明显的互选性。

(三)个体交往发生论视角下同伴交往的特征

从20世纪60年代初起,苏联著名心理学家丽西娜在其研究的基础上提出了个体交往发生理论,并依据其研究成果将学前儿童同伴交往的发展分为情绪-实际性交往(2—4岁)、情境-活动性交往(4—6岁)和非情境-活动性交往(6—7岁)三个阶段。可见,从个体交往发生论的视角来看,0—3岁婴幼儿的同伴交往基本出于处于第一阶段,即情绪-实际性交往。

婴幼儿的同伴交往是在摆弄各种物体和玩具,即实物操作活动中和模仿性游戏的背景下进行的。在操作过程中,婴幼儿不仅为自己的游戏动作而感到高兴,也希望同伴"参加"自己的娱乐活动,并渴望在同伴面前表现自己。情绪-实际性交往阶段中,交往行为的主要手段是表情性和实物-动作性手段。

本 章 小 结

本章主要阐述了0—3岁婴幼儿亲社会行为、攻击性行为和人际交往行为的特征。亲社会行为作为早期教育中的重要内容是需要重点关注的行为,必须把握婴幼儿亲社会行为发展的总体特征。亲社会行为的发展特征具体表现在帮助、合作、分享、同情心与安慰等方面。婴幼儿的攻击性行为的频率和时间、形式的变化和性质方面有其年龄特征,把握这些特征将有助于家长和教育者控制并减少婴幼儿的攻击性行为。婴幼儿的人际交往具有自我中心、借助动作和易受影响的总体特征。亲子交往具有先天性、情感性和情境性的特点。

延 伸 学 习

戴维·迈尔斯(David Myers),密歇根州霍普学院心理学教授,开设多门社会心理学课程。戴维·迈尔斯著有《社会心理学》一书,该书广受欢迎,自出版以来成为许多高校的首选教材,多次再版。请阅读《社会心理学》(第8版)中第三编《社会关系》,精读第10章《攻击行为:伤害他人》和第12章《利他:帮助他人》。

学习活动

在实习中运用观察法,记录下婴幼儿典型的亲社会行为和攻击性行为的类型、发生情境和发生频率,并讨论如何在教育中强化婴幼儿的亲社会行为,抑制攻击性行为。

复习与思考

1. 简述婴幼儿具体亲社会行为的发展特征。
2. 思考0—3岁婴幼儿攻击性行为产生的原因。
3. 依据婴幼儿人际交往发展的阶段理论,简述婴幼儿人际交往发展的三个阶段的特点和主要表现。

第十章　0—3岁婴幼儿社会性行为教育

学习目标：

1. 掌握婴幼儿社会性行为教育的主要任务。
2. 了解培养亲社会行为和人际交往行为的各种途径。
3. 分析教育活动案例，体会活动设计如何反映婴幼儿社会性行为的特征。

第一节　0—3岁婴幼儿亲社会行为和攻击性行为教育活动设计

一、针对0—3岁婴幼儿亲社会行为和攻击性行为的教育任务

（一）培养婴幼儿的亲社会行为

1. 帮助他人

助人行为是婴幼儿期望参加社会互动的结果，大约从能够自由行动并且能听懂父母的指令开始，婴幼儿就能按照成人的指令来实施帮助行为。婴幼儿经常想要和父母一块"干活"，因此，父母在日常生活中不要因为怕麻烦而拒绝婴幼儿的帮助。相反，只要婴幼儿感兴趣、想做，父母就应该尽量地放手让婴幼儿做。例如，当他看到妈妈在拖地会说"给我"，然后夺走妈妈的拖把也学着拖地。这时候，父母可以让婴幼儿先做，等他们累了放手了，父母别忘了鼓励他们，可以说："宝宝真棒，帮妈妈拖地。"父母还可以做一个适合婴幼儿使用的专用小拖把，让婴幼儿和父母一块分享劳动的乐趣。

2. 合作

合作是成人世界中必不可少的社会性行为之一。虽然0—3岁的婴幼儿已经开始进行某种意义上的合作活动，但是他们的合作基本上都是在成人的发起与推动下进行的，离真正意义上的分工合作还有一段距离。因此，合作行为的培养应该成为亲社会行为教育中的重要课题。

3. 分享

虽然有研究表明在很小的学步儿身上就出现了分享行为，并且2岁时分享行为就达到了

较高的水平,但其实在生活中更多见到的是婴幼儿不愿意分享的情况。

婴幼儿不与人分享的原因归纳起来大致可以分为三个方面:一是婴幼儿的分享观念没有形成。在调查中,研究者根据婴幼儿的实际设计了几个类似的情境,如:妈妈给你买了一本新书,小朋友没有,你能给他们看吗?对于这样的问题,40%的婴幼儿回答"不",理由是一致的,那就是"这是我的""这是我的妈妈给我买的",或者"你让他的妈妈给他买一本嘛"。二是家庭教育不当。婴幼儿的回答中,"把新买的玩具给别人玩的话,我爷爷要骂我的""爸爸说了,奥特曼让小朋友玩坏了,他就不给我买玩具了",这类回答占37%。三是缺乏分享技能。在与小朋友共同活动的过程中,有的婴幼儿不知道怎样与他人分享,比如他们会说:"我只有一个橘子,给他们吃我就没有吃的了。"

基于以上三种原因,0—3岁婴幼儿分享行为的教育任务应该是促使婴幼儿分享观念的形成,让婴幼儿掌握合适的分享技能,并且帮助家庭要形成正确的教育观念。

(二)控制婴幼儿的攻击性行为

攻击性行为从发生情况来说可以分为偶发性和习惯性。一般来说,偶发性的攻击性行为会随着婴幼儿的成长而逐渐消失,但是如果婴幼儿在成长过程中养成习惯性攻击性行为,就需要引起家长足够的重视了。研究证明:3岁时爱打架的幼儿,5岁时仍然爱打架;6—10岁时攻击性行为的多少预示着10—14岁时打架、嘲笑、戏弄、争斗行为的倾向性。这种稳定性对男孩、女孩都适用。我们应该采取恰当的措施,对0—3岁婴幼儿的攻击性行为进行合理有效地引导、干预和矫正。

二、培养0—3岁婴幼儿亲社会行为的主要途径

(一)训练移情能力

美国著名心理学家霍夫曼指出:"移情是诸如助人、抚慰、关心、合作、分享等亲社会行为的动机基础。它激发、促进人们的亲社会行为,是个体亲社会行为的推动器。"所以说,训练婴幼儿的移情能力能够极大地提升他们的亲社会行为。

移情包括两个方面:一是识别和感受他人的情绪情感状态,二是能在更高级的意义上接受他人的情绪情感状态,即将自己置身于他人的处境,设身处地地为他人着想,产生相应的情绪情感。所以我们在培养婴幼儿移情能力的时候,首先是要引导他们注意和体会别人的情绪情感状态,然后在自己心中产生相应的情绪情感。能深刻体验他人情绪情感的婴幼儿,以后每遇到类似情境便会回忆起以往的经验,感受到同伴的痛苦,进而做出互助、分享、谦让等积极行为。家长和教师可以创设"困境中的同伴"的情境来帮助婴幼儿体验他人在困难中的情绪情感,培养婴幼儿的移情能力,产生同情心,从而促发其亲社会行为。移情-同情-亲社会行为这一模式在日常生活中有很多表现。例如,看到小朋友跌倒了,腿流出血来疼得直哭,这时成人可以引导:"你看那位小朋友摔破了腿,多疼呀!如果你自己摔倒了会不会疼呀?那我们过去安慰安慰他吧。怎么安慰他呢?"通过这样的引导让婴幼儿体验

摔倒的小朋友的感受,产生同情心理,进而可能实施安慰行为,甚至可能是助人行为。

（二）树立榜样

心理学的研究表明,婴幼儿获得相应的社会行为的一条重要途径就是模仿。婴幼儿亲社会行为的获得与表现在一定程度上与模仿有密切的关系。因此,为婴幼儿提供亲社会行为的榜样是培养其亲社会行为最基本的方法。婴幼儿模仿性强,可塑性大,榜样对他们具有很大的影响。

首先,家长在养育婴幼儿的过程中要为婴幼儿提供亲社会行为的榜样。有关研究表明,民主型的教养方式有利于发展婴幼儿的社会适应能力和亲社会行为。这是因为采用民主型教养方式的家长一般采用非强制性、较为温和的方式来教育婴幼儿,婴幼儿也从家长的教养行为中习得了以同样的方式对待他人。因此,家长养育婴幼儿的不同方式会影响着婴幼儿社会行为的发展。

其次,家长、教师注意在自己的日常生活中为婴幼儿树立良好的行为榜样。如果父母、教师的言语不美,行为不正,又怎能教育出言语美、行为正的婴幼儿呢？因此,在日常的生活中,家长、教师要切实提高自身的修养,规范自己的行为,注意与周围的人和睦相处,积极合作,热心为他人排忧解难等,切实优化婴幼儿的生活环境,以身作则,做婴幼儿学习、模仿的好榜样。

再次,教师、家长可以通过优秀的、有教育意义的故事书、电视节目等多种途径为婴幼儿提供良好行为的榜样。比如《天线宝宝》的节目就有利于培养婴幼儿关心他人、集体合作的好行为。家长和教师要充分利用这些生动可爱、富有童趣的形象来提高婴幼儿对亲社会行为的认识,发展他们的同情心、自豪感、内疚感等情感,进而培养婴幼儿的亲社会行为。

（三）身教与随机教育

与社会认知领域不同,婴幼儿社会行为领域的学习主要是通过观察学习,即通过观察周围成人和同伴的行为及结果来获得,因此,成人的言传身教就显得尤为重要。例如,当父母带着孩子去亲戚朋友家做客的时候,父母会首先向主人打招呼问好,孩子通过观察父母的行为来获得最初的关于交往礼仪的印象。孩子可能并没有马上显示出他已经掌握了问好的行为,也不会主动地表现出该行为,但是他已经将问好的行为印刻在自己的记忆中,并且会在将来的某一天在一个适当的场合表现出来。婴幼儿的这种观察学习的特点要求教育者在婴幼儿社会性行为培养的过程中应特别重视自身的行为,即身教的作用。

除了身教外,随机教育也是培养婴幼儿社会性行为的重要途径。随机教育是指成人在系统的教育计划之外,利用婴幼儿日常生活或其他活动中出现的教育契机,对婴幼儿实施的教育。随机教育具有偶发性、即时性的特点,生活中的很多事件都能成为随机教育的契机,例如,抱孩子进入电梯后,引导孩子一起对帮忙按楼层按钮的人说"谢谢"。要想使随机教育更为有效,成人应注意以下几个方面:

第一,应重视社会性行为的随机教育。现在的教师越来越重视随机教育,将其作为计划教育的有机补充,但主要是针对科学领域和认知领域,例如,在散步时告诉婴幼儿所见植物的名称,引导婴幼儿进行观察。而针对社会性行为的随机教育往往不多,有的往往是等孩子出现了不适宜的行为时才会去纠正。因此,成人应加强对社会性行为随机教育的重视。

第二,成人自身要具备关于社会规则、社会事件等的相关知识,只有自己具备了这些知识才能更准确地把握婴幼儿社会性行为随机教育的时机。

第三,随机教育需要后续的巩固。很多成人在某次随机教育之后就没有后续的教育了,无论是社会认知还是社会行为,都需要不断地重复才能被婴幼儿掌握。因此,在随机教育之后,成人应该创造条件让婴幼儿进行复习巩固,或者依据婴幼儿表现出的行为水平进行深化,这样才能将随机教育与有目的地的教育结合起来,有效促进婴幼儿社会性行为的获得。

(四)角色扮演

斯陶布(Staub)曾通过实验检验了角色扮演对婴幼儿道德行为发展的影响。实验结果发现,受过角色扮演训练的婴幼儿比没有受过这种训练的婴幼儿表现出更多的助人行为。虽然这个实验并不能进一步说明究竟是扮演帮助人的角色还是扮演被帮助的角色对培养婴幼儿的利他行为更有作用,但是无论扮演哪种角色,对婴幼儿利他行为的培养都是有作用的。

三、控制0—3岁婴幼儿攻击性行为的主要途径

(一)创设良好的生活环境

美国婴幼儿教育专家指出:与其运用惩罚来矫正婴幼儿的侵犯行为,不如通过创设良好的生活环境来矫正其侵犯行为。首先,主要照料者要为婴幼儿树立正确的行为榜样,做到言行一致,以身作则。父母如果在平时生活中友善待人,彼此尊重,并且对婴幼儿有耐心,悉心教育,那么婴幼儿的亲社会行为会逐渐增多,攻击性行为会逐渐消退。也就是说,在一个良好的家庭氛围中,婴幼儿是最大的受益者。其次,家长可以为婴幼儿提供营养丰富的食品、足够的空间、适宜的玩具、合适的运动器材、有趣的书籍等,以满足婴幼儿成长和社会化发展中的各种需要,促进他们积极情感的产生,减少工具性攻击行为发生的概率。

(二)正确对待婴幼儿的攻击性行为

如果婴幼儿出现了比较严重的攻击性行为,家长或者教育者又该如何来对待和干预呢?

第一,家长和教育者要使婴幼儿明白攻击性行为是不被允许的。如果婴幼儿发生了攻击性行为,父母可以马上表明自己的态度,直接告诉婴幼儿"我很不喜欢、不满意你打人的行为""对于你刚才的行为我感到很失望"等。需要注意的是,父母应该说清楚是对侵犯这一行为的不满意,而不是针对婴幼儿。第二,通过移情来让婴幼儿认识到攻击性行为的后果。比如,让婴幼儿听听被侵犯者痛苦的声音,看看其痛苦的表情,然后让婴幼儿想象一下自己被侵犯后的感受。这样可以让婴幼儿学会站在别人的角度上看问题。第三,有时婴幼儿出现攻击性行为是为了吸引成人的注意。这时候如果成人立马对婴幼儿的侵犯行为作出回应,那么婴幼儿会认为这是得到成人关注的有效手段,从而出现更多的攻击性行为。家长和教育者可采用冷处理的方法,也就是暂时对婴幼儿的行为表示冷漠,不理睬,在一段时间内

不理他,用这种方法来"惩罚"他的攻击性,直到他自己平静下来。

（三）引导婴幼儿正确使用情感宣泄法

弗洛伊德认为,在人们受到挫折后,除非允许他们宣泄自己的攻击性,否则攻击性能量将受到抑制而产生压力,由于这种能量要寻找一条输出通道,因而便产生暴力行为。为了控制攻击性行为而让婴幼儿压抑自身的侵犯情绪和动机不利于婴幼儿的健康发展。并且不良情绪压抑到了一定的程度,超出了阈值,就会像火山爆发一样难以控制。因此,成人应教会婴幼儿用各种合理的方式来宣泄体验到的侵犯性情感,做到"疏"而不"堵",这样既减少了其攻击性行为的发生,又使他们的不满情绪得到了释放。比如,可以引导婴幼儿在适当的时间和场合内哭喊一通,及时疏导内心无法排遣的情感;还可以转移婴幼儿的注意力,让他们参加各种有趣的游戏和运动项目来消耗侵犯情绪所累积的能量。需要提醒的是,不能让婴幼儿通过摔打物品的方式来发泄内心的不满情绪,大量的研究表明,这样的宣泄不仅不能减少婴幼儿的攻击性行为,反而有可能使其在宣泄后习得更多的攻击技能,产生更加强烈的攻击倾向。

四、0—3岁婴幼儿亲社会行为的教育活动设计

（一）家庭亲子游戏

1. 我帮妈妈拿（19—24个月）

游戏目的：能听懂妈妈的指令,帮助妈妈传递东西,培养帮助行为。

游戏准备：家长平日做家务时,多让幼儿帮忙取一些东西,让幼儿熟悉各种东西所在的位置。

游戏过程：

（1）妈妈带幼儿一起做家务,发现东西不够,对幼儿说:"宝宝,能不能帮妈妈拿一个东西啊?"

（2）妈妈发出指令,让幼儿去拿取所需物品。妈妈发出不同的指令若干次。

（3）对幼儿表示感谢:"今天多亏了宝宝的帮助,妈妈才顺利地做完了家务。"

游戏建议：

拿取东西的过程中,妈妈不要让幼儿离开自己的视线,确保幼儿的安全。

2. 一人一粒开心果（25—30个月）

游戏目的：学习分享,在分享中体验快乐。

游戏准备：剥好的开心果若干,数量要多于家庭成员的人数。

游戏过程：

（1）成人示意幼儿有一盆开心果,妈妈表示非常想吃。

（2）引导幼儿分一颗开心果给妈妈,妈妈吃了以后表示非常好吃,并感谢幼儿。

（3）提示幼儿给家庭其他成员分开心果。

（4）家庭成员感谢幼儿,表达开心的情绪。

游戏建议：

（1）事先和家庭各成员沟通好，不要拒绝幼儿的分享，不要说诸如"奶奶不吃，宝宝自己吃"这样的话。

（2）可以在节假日大家庭聚会时进行这个游戏。

3. 沙包（31—36个月）

游戏目的：体验和家长一起制作和玩沙包的快乐，形成初步的合作意识。

游戏准备：一个未完成的沙包（留一边不要缝合）、米、针、线。

游戏过程：

（1）活动导入。

妈妈：宝宝看这些白白的一粒粒的是什么？这就是我们平时吃的米。除了吃以外啊，它还可以用来做玩具。你看妈妈手上就有一个用它来做的玩具，它的名字叫沙包。让我们一起来做一个吧。

（2）做沙包。

让幼儿左手拿袋子，右手握一把米，使米顺着手掌进入袋子。手势放低，提醒幼儿不要举得太高，否则米粒会四散，不易收拾。如果幼儿装米时没有耐心，家长应鼓励幼儿坚持把米装完。幼儿装好米后，家长将袋口缝上。

（3）玩沙包游戏。

沙包做好后，家长和幼儿一起玩沙包。

（二）早教机构中的教育活动设计

1. 我来分果果（13—18个月）

活动目标：

在同伴交往中学习分享行为，体验分享所带来的积极情绪。

活动准备：

儿歌《我来分果果》、苹果和香蕉图片若干。

活动过程：

（1）教师向家长介绍活动目标，介绍游戏开展的形式和方法。

（2）展示图片，教师边念儿歌边做动作：

苹果圆圆，（向幼儿展示苹果图片，并用手比出圆形。）

香蕉弯弯，（向幼儿展示香蕉图片，并用手比出弯弯的形状。）

你一半，我一半，（一手拿苹果图片，一手拿香蕉图片。）

一人一半吃得欢。（向幼儿展示这两张图片，并左右摇动。）

（3）家长带领幼儿一起做。

（4）夸奖幼儿的表现，指导家长回家进行复习。

注意事项：

（1）教师要引导幼儿边听儿歌边做动作，增加活动气氛。

（2）家长一开始可以握着幼儿的手比画圆和弯弯的线条，给幼儿直观的感受。

家庭延伸：

家长可以在家引导幼儿分享食物，体验分享的积极情绪。

2. 搬家公司（13—18个月）

活动目标：

增强交往能力及助人意识。

活动准备：

音乐《搬家公司》，大吹塑玩具（如皮球、游泳圈）20个左右，自制大熊猫的家和熊猫手偶。（大熊猫的家和大吹塑玩具分别位于教室的两侧。）

活动过程：

（1）教师向家长介绍活动名称及活动目标。用熊猫手偶引起幼儿注意，引入情境，告诉幼儿熊猫要搬家了，问幼儿能否帮助它。

（2）教师示范双手搬东西的动作，在帮助熊猫搬家的同时嘴里说："熊猫我来帮助你。"

（3）家长和幼儿面对面坐好，听音乐一起帮助熊猫搬家。

（4）赞扬幼儿，指导家长回家练习。

注意事项：

（1）活动过程中要注意秩序，防止幼儿之间碰撞。

（2）活动过程中家长和教师要用表情和动作感染幼儿的情绪。

家庭延伸：

家长可以在平时的生活中培养幼儿的助人意识，提高幼儿的交往能力。

3. 盖楼房（25—30个月）

活动目标：

（1）锻炼双手的控制能力。

（2）初步形成与人合作的意识。

活动准备：

教室一侧装饰成砖厂，将废纸盒制作的积木堆放其中。

活动过程：

（1）教师向家长介绍活动名称及活动目标。

（2）两名教师配合，一起用积木搭一幢"楼房"，告诉幼儿楼房是一层一层盖起来的，请幼儿一起合作搭一座大楼房。

两名教师传递合作完成楼房搭建的喜悦之情。

（3）组织家庭两两组合，合作盖"房子"。

（4）赞扬幼儿，引导幼儿欣赏合作完成的作品，体验合作的快乐。

注意事项：

（1）提醒幼儿一次只拿一块积木。

（2）活动过程中家长和教师要用表情和动作感染幼儿的情绪。

家庭延伸：

家长在家中可以和幼儿合作搭积木、纸盒等。

4. 共享一个形状（31—36个月）

活动目标：

（1）能与其他幼儿分享空间。

（2）能够辨认基本的形状。

活动准备：

教师从绘图纸上剪出三角形、圆形、正方形和长方形。形状的大小应适于幼儿站在上面。每种形状都有两种不同的颜色。每种形状的数量是幼儿数量的二分之一。

活动过程：

（1）教师：今天老师带来一个游戏和大家一块玩。这个游戏包含了各种各样的形状。我们先来认识一下这些形状吧。

（2）认识形状。

教师依次举起各种形状，告诉幼儿各个形状的名称，并与幼儿讨论每种形状的特征。

教师将各种形状的剪纸贴在地板上，介绍游戏规则："老师唱一首歌，歌曲中会告诉宝宝们需要找到哪种形状，然后你们就去站在它的上面。"

（3）第一次游戏，教师唱完儿歌后，幼儿会发现该形状数量不够，需要和别人分享形状，教师与幼儿讨论怎样才能让所有的人都站在形状上，引导幼儿尝试一个形状上站两个人，体验与他人分享有限的空间。

（4）改变歌词中的形状，多次练习。

附歌词内容：

去站在圆上，站在一个圆上，
去站在圆上，站在一个圆上，
噢，去站在一个圆上。

5. 小鸭池塘游啊游（31—36个月）

活动目标：

合作完成一幅画，体验合作游戏的快乐。

活动准备：

彩色印泥、大白纸（白纸上画有池塘等装饰）、黑色中性笔、小围裙人手一个。

活动过程：

（1）教师讲述故事情境："这是一个池塘，有很多小鸭子想来这个池塘游泳！"教师伸出右手故作神秘地说："宝宝仔细看一看，老师的手能变出小鸭子哦！"

（2）教师示范手形画，整个手掌在印泥中按一按，在白纸上使劲一摁，再用中性笔在手印上添画其他细节。

（3）教师把幼儿分成若干组，每组2—3个幼儿、一张池塘画纸。幼儿负责摁手印，家长帮助幼儿画小鸭子的细节部分。

（4）画好后，教师从每组请一位幼儿上前介绍自己的画，跟教师一起数一数有多少只小鸭子在游泳。让幼儿都站在自己小组完成的画前，教师做最后的总结："宝宝们一起完成这幅画，每组宝宝都非常棒，为自己和小伙伴鼓鼓掌吧！"

第二节 0—3岁婴幼儿人际交往能力的教育

一、0—3岁婴幼儿人际交往能力教育的主要任务

（一）亲子交往能力教育的主要任务

1. 提高父母的教养质量

父母的教养方式是婴幼儿依恋风格的影响因素，在各类教养方式中，权威型教养方式被认为是促进婴幼儿最初社会性发展的最佳方式。因此，关注父母的教养方式，提高教养质量是促进婴幼儿社会性发展的极其重要的一环。父母要时刻检视自己在处理某一具体问题时所采用的方法，并对该方法所表现出的教养方式进行反思。

2. 加强婴幼儿和父亲的交往

父亲在婴幼儿心理发展中的重要作用已逐渐得到重视。有研究表明，父亲积极参与抚育程度越高，婴幼儿对父亲的依恋越深，依恋安全感越强。父亲与婴幼儿交往的形式更多的是游戏，父亲常常爱玩把婴幼儿高高地举起、来回晃荡等较为激烈的、带有刺激性的身体游戏，此类游戏会带给婴幼儿新奇和刺激。此外，父亲具有的坚毅、果敢、自信、独立、挑战精神和冒险精神以及宽厚、大方、热情的个性特征是婴幼儿学习和模仿的榜样，无形中渗透于婴幼儿的精神生活中。因此，在婴幼儿的成长过程中，父亲是重要的游戏伙伴，也是重要的依恋对象。

3. 丰富婴幼儿的活动空间

有些婴幼儿会有恋物行为，这些依恋物在一定程度上满足了婴幼儿的心理需要，但要是父母对婴幼儿的恋物行为不闻不问、听之任之，也会产生负面效果。重度的恋物行为会使婴幼儿根本无法离开所恋之物，强行使其分离会让婴幼儿的心理遭受重大考验。因此，父母要多带婴幼儿到他所喜欢的地方去走走、看看、玩玩，让他感受到家长的可亲、可近、可信，得到情感需求上的各种满足，这样做可以增强婴幼儿依恋的广度，使其从单一集中性依恋转向多角色的分享性依恋，为他们社会性情感的进一步发展打好基础。

（二）婴幼儿同伴交往能力教育的主要任务

同伴关系在婴幼儿的发展中具有成人无法替代的独特作用，同伴关系不良不仅会影响婴幼儿阶段的发展，还会影响儿童后期的社会适应。因此，同伴交往能力对0—3岁婴幼儿而言是极为重要的教育内容。婴幼儿阶段同伴交往能力的教育任务主要有以下几方面：

1. 创造同伴交往机会

应尽可能为婴幼儿创造相互交往、自由交谈和玩耍的良好机会。成人要鼓励幼儿与邻居或好友的孩子一起玩，并积极参加社区组织的亲子活动和游览儿童乐园等活动。在这些活动中，不仅可以使婴幼儿之间多接触、多交往，更重要的是能使婴幼儿逐渐了解和认识他人，逐步体会到人与人之间的关系，学会如何与别人沟通和一起活动的能力。

2. 培养同伴交往策略

曾有研究表明，运用有效的干预方法能培养婴幼儿的交往策略，帮助婴幼儿克服自我中心主义，建立良好的同伴关系。因此，成人有意识地培养婴幼儿的同伴交往策略将促进其同伴交往能力，有助于其社会性的发展。在游戏中培养婴幼儿同伴交往的策略不失为一个好方法，"找朋友"和"娃娃家"等简单的游戏都能使婴幼儿体会到交朋友的快乐，并在游戏中逐渐积累同伴交往的策略。

3. 提供交往物质支持

同伴交往的物质支持主要包括玩具等物品。玩具等物品会影响婴幼儿的同伴交往。婴幼儿通过摆弄玩具、重新组合玩具，赋予玩具以新的含义，同时促使其产生更多的合作行为，提高社交技能。研究发现，大型的玩具（如滑梯、荡船、攀登架）比可独占的小型玩具更有助于提高婴幼儿同伴间交往的积极性。

4. 增强言语交流能力

言语在婴幼儿认知和社会性发展过程中具有重要作用，因为它是人类心理交流的重要工具和手段，对人的心理发展具有深远影响。在交往中，言语往往是交往成功或失败的决定因素。言语过程主要包括言语感知、言语理解和言语表达三个方面，这是所有言语交流活动所必经的三个阶段。婴幼儿言语的发展也是这三个方面能力发生发展的过程，其中言语知觉能力是婴幼儿最早获得的能力。在0—3岁婴幼儿同伴交往教育中不能忽视对婴幼儿言语能力发展的推动，应鼓励婴幼儿学会运用口头语言和肢体语言与同伴进行交流。

二、0—3岁婴幼儿人际交往能力培养的主要途径

（一）专门的训练

1. 行为训练法

根据社会心理学家班杜拉的替代学习原理，行为训练法强调行为训练的三个步骤：第一，观察学习。带领婴幼儿观察受欢迎儿童在游戏和活动中能提升人际关系的行为表现，如助人、分享、合作、友善、同情、快乐和领导。第二，模仿。模仿受欢迎儿童的交往行为，如微

笑、分享玩具、主动交谈、给同伴支持与赞赏。第三，强化。组织婴幼儿参与游戏和活动，在活动中安排他们完成一项任务或实现一个目标，感受、体验交往与合作的重要性，当婴幼儿出现曾学习过的交往行为时教师要及时给予鼓励与强化。

2. 情感训练法

情感训练法包含以下三个步骤：第一，移情。利用图书、录像和讲故事的方式引导婴幼儿产生并体验故事中角色之间交往的情感变化。第二，情感体验。创设一定的情境，逐步培养婴幼儿友好合作、热心助人的快乐感，破坏性行为的内疚感，参与活动的满足感，成功的自信感等。第三，情感追忆。在活动结束后，引导婴幼儿回忆自己在活动中的各种情感体验，进一步给予强化和训练。

3. 认知训练法

针对婴幼儿会遇到的几种主要的人际交往情境对其进行认知训练，包括如何加入同伴的活动，如何与同伴轮流和分享，如何有效地与同伴交流、协商，如何作出让步和等待，如何给同伴帮助等。认知训练要避免讲大道理，可以选择相关的绘本，利用绘本故事来说明人际交往的规则、技能。例如，绘本《我有友情要出租》就是通过讲述一个出租自己友情的大猩猩的故事来说明友情是无价的，不能用金钱来衡量，其中还介绍了交朋友的技巧。

需要注意的是，认知训练法不适用于2岁以下的婴幼儿，因为他们的理解能力和认知能力有限，还不能理解认知训练中所表述内容的真正含义。

以上这些训练方法成人可以在日常生活中根据不同的情境来灵活使用。例如：当和婴幼儿一起玩积木时适合用行为训练法；陪婴幼儿一起阅读图画书可以使用认知训练法；当婴幼儿摔倒感到疼痛时，待安抚好婴幼儿后，可以因势利导让婴幼儿体验不同的情感，采用情感训练法。

（二）树立良好的人际交往行为的榜样

婴幼儿的社会性发展离不开成人的言传身教，其中身教尤其重要。对于婴幼儿来说，家长和教师本身的人际交往行为就是模仿的对象，在某种意义上甚至比"言传"对婴幼儿的影响更大。

首先，教师与家长无论是在与婴幼儿交往，还是与其他成人的交往中，都要体现出"自愿"的人际交往原则，即尊重婴幼儿的意愿，不过分勉强婴幼儿。从婴幼儿认知、语言、情感等方面的发展水平出发，"自愿"应该是婴幼儿人际交往中首要的原则。人际交往始于个体间的接纳、肯定、支持、喜爱。家长和教师应当教育婴幼儿，当别人对自己表示友好的时候，一定要对对方的友好表示"应答"，而当这种"应答"反应得到强化之后，将会刺激交往进入一种良性的循环状态，有利于更进一步的交往关系的建立。

其次，教师与家长在人际交往中要表现出与文化相适应的礼仪行为。基本礼仪行为的学习是婴幼儿获得人际交往行为的开端，父母和教师应该以身作则为婴幼儿树立良好的礼仪行为学习的榜样，让婴幼儿在潜移默化中获得初步的礼貌行为。

最后，家长和教师要重视与婴幼儿交往过程中的良好行为。由于家长和教师都是成年人,因此在和婴幼儿交往的过程中容易表现出强制倾向以及居高临下的姿态。这种不平等的人际交往会让婴幼儿从小就接触到强制性的交往方式,而强制性的交往方式并不是婴幼儿人际交往中常用的模式,成人的这种交往方式对婴幼儿获得适宜的交往模式是不利的。教师和家长在与婴幼儿交往过程中要本着平等、协商的原则,以便婴幼儿更有效地获得良好的人际交往行为。

(三)创设交往情境,提供同伴交往的机会

交往能力是在不断的交往实践中提高的。人类学家和心理学家认为,生活在社会群体中的人,必须在团体的规则限制和个人自由之间找到一种精神上的平衡,婴幼儿也不例外。

家长和教师在日常活动中要多为婴幼儿创设同伴交往的条件,提供交往的机会,让婴幼儿得到锻炼。尤其是游戏,在各类活动中,游戏是婴幼儿最喜欢的活动形式,因此,创设情境让婴幼儿共同游戏能为他们的人际交往提供很好的平台。

与同伴游戏是婴幼儿社会化的重要途径。与成人交往对幼儿来说,就是进入成人的社会,支配权往往在成人,婴幼儿基本处于被动状态,顺从性、服从性特别突出;而与同伴交往,大家年龄相近,兴趣一致,没有来自成人的压力,支配权平等,有一种自由宽松的氛围,婴幼儿可以充分表现自我、发现自我、肯定自我,心理感受积极而愉悦,这对婴幼儿来说,是真正属于他们的社会。

为婴幼儿创设人际交往的游戏环境的同时,要特别注意心理环境的开放性,即为婴幼儿创设一个轻松、愉快的精神环境。精神环境主要是指环境中的人际关系。开放的心理环境对婴幼儿的发展,特别是情绪、社会性、个性品质的形成与发展具有十分重要的作用。只有为婴幼儿提供一个能使他们感到安全、温暖、平等、自由,能鼓励他们探索与创造的精神环境,婴幼儿才能活泼愉快、积极主动、充满自信地生活和学习,获得最佳的发展。

三、0—3岁婴幼儿人际交往能力的教育活动设计

(一)家庭亲子游戏

1. 黑白配(0—5个月)

游戏目的:发展视觉分辨能力,建立良好的亲子关系。

游戏准备:父母的黑白照片,黑白对比度强的黑白图片8幅,如同心圆、棋盘格、斜纹、波浪。

游戏过程:

(1)家长将黑白对比度强的棋盘举到婴儿眼前30厘米处,对婴儿说:"这是黑白棋盘。"

(2)家长应注意观察婴儿的眼球是否在黑白两个画面上来回移动。

(3)当婴儿的视线注意到家长手中的棋盘后,家长将棋盘缓缓向婴儿的左侧或右侧移动。

(4)从婴儿开始注视图片到视线离开,用秒表记录婴儿注视的时间。

(5)让婴儿休息一段时间后,可用父母的照片重复以上过程。

游戏建议：

一般来说，婴儿最爱的还是母亲的照片，所以，若孩子对其他图片没有兴趣，家长不必强迫孩子进行游戏。

2. 边缘意识（6—12个月）

游戏目的：通过与他人的交往，增强对边缘的危险意识。

游戏准备：桌子（高约45厘米）。

游戏过程：

（1）将婴儿抱到桌子上，让婴儿自由地爬行。

（2）家长用声音吸引婴儿朝向边缘处爬行，观察婴儿到桌边时，是会自己停下来还是会继续爬行。

（3）若婴儿继续爬行时，家长用手轻轻地阻止婴儿，让他停下来。

（4）多次练习，第二次开始时，可以用手和声音提醒幼儿。

游戏建议：

若婴儿不会自动停下来，继续爬行，家长要扶住婴儿，以免其因落空而掉下桌子。桌下可垫上厚棉被以防危险。

3. 开心华尔兹（13—18个月）

游戏目的：安静欣赏音乐，促进亲子间的亲情交流。

游戏准备：一首三拍子的歌曲。

游戏过程：

（1）家长抱着幼儿边听边随音乐慢慢摇晃身体。

（2）家长抱着幼儿踮起脚尖随着音乐走圆圈。

（3）尝试在走圈的过程中，时而踮脚，时而转圈。

（二）早教机构中的教育活动设计

1. 礼貌歌（9—12个月）

活动目标：

（1）愿意并能够模仿成人的动作。

（2）学习礼貌用语，发展社会交往能力。

（3）了解肢体语言表达的含义。

活动准备：

音乐《礼貌歌》、仿真娃娃一个。

活动准备：

（1）教师向家长介绍活动目标，介绍游戏开展的形式和方法。

（2）教师以仿真娃娃作示范，将娃娃放在腿上，边念儿歌边做动作：

点点头，您好！（家长向婴儿点点头。）

握握手，谢谢！（家长伸出右手和婴儿握手。）

抱一抱,再见!(家长满怀爱意地拥抱婴儿。)

(3)带领家长听着音乐说着儿歌带领婴儿一起做。做完这些动作后,家长夸奖婴儿:"你真棒!真是一个有礼貌的好孩子!"同时用眼神和表情与婴儿交流。

(4)指导家长回家进行复习。

注意事项:

(1)教师要向家长说清楚游戏的正确玩法及关键点,指导家长做出正确的动作,在家长与婴儿游戏的过程中给予帮助、指导和配合。

(2)家长对婴儿进行语言刺激时语速一定要慢,嘴型要夸张,声音要轻柔,以充分引起婴儿的注意。

(3)家长要在熟悉儿歌和动作的基础上带上愉快的情绪与婴儿互动,以此感染和培养婴儿的愉快情绪。

家庭延伸:

家长可以带着婴儿进入社区,在遇到相应情境时,引导婴儿做出同他人握手、谢谢他人、再见等动作。

2. 找朋友(13—18个月)

活动目标:

(1)在游戏中感受交往的快乐情绪。

(2)在与成人的交流中发展语言能力。

活动准备:

音乐《找朋友》、彩虹伞。

活动过程:

(1)教师向家长介绍活动目标,介绍游戏开展的形式和方法。

(2)教师与助教站立,将彩虹伞对折,拉直举高,家长抱着幼儿分两排站在彩虹伞两边,教师边抖动彩虹伞边唱儿歌:

找呀找呀找朋友,找到一个好朋友。(教师突然落下彩虹伞。)

敬个礼呀握握手,你是我的好朋友。(请面对面站立的两位家长和幼儿互相热情地打招呼,握握手,抱一抱。)

教师拉起彩虹伞,让家长抱着幼儿互换位置,再次游戏。

(3)指导家长听着音乐带领幼儿一起做。

(4)夸奖幼儿的表现,指导家长回家进行复习。

注意事项:

(1)家长在引导幼儿与其他幼儿打招呼时,情绪要快乐,以自身情绪感染幼儿,让幼儿感受交往的快乐。

(2)若游戏过程中幼儿有害怕情绪产生,家长可抱着幼儿先在一旁观看,直到幼儿愿意参加。

家庭延伸：

家长要经常带幼儿外出，碰到小伙伴时要引导幼儿主动尝试与其他幼儿拉拉手，感受交往的乐趣。

3. 鸡妈妈找宝宝（19—24个月）

活动目标：

喜欢交往游戏，会将沙蛋主动交还给老师。

活动准备：

母鸡手偶一个、沙蛋若干。

活动过程：

（1）教师向家长介绍活动名称及活动目标。

（2）家长带幼儿面向教师坐成半圆形，教师演示母鸡手偶，挥手向大家问好："大家好，我是鸡妈妈。宝宝们，向鸡妈妈问声好吧！"家长握着幼儿的小手挥手回应："你好，鸡妈妈。"

教师用母鸡手偶边唱《母鸡下蛋》，边将沙蛋一一放到每个幼儿手中，唱完后逐一询问幼儿："谁捡到了我的蛋宝宝？"

家长带幼儿进行自我介绍："×××捡到了蛋宝宝。"并将沙蛋交给"鸡妈妈"。教师带动其他家长、幼儿一起拍手表扬："谢谢你，×××。"

游戏继续，直到每个幼儿都介绍过自己。

（3）赞扬幼儿的表现，指导家长回家练习。

注意事项：

家长引导幼儿捡蛋和还蛋，大声介绍幼儿的姓名，呼应"鸡妈妈"的问话。

4. 交朋友（25—30个月）

活动目标：

愿意在创设的情境中交往，体验交往的愉快。

活动准备：

毛绒玩具1个。

活动过程：

（1）教师出示毛绒玩具："大家好，我是小熊，今天我要来这里找朋友，请你和我做朋友好吗？当小熊来到你的面前时，你就和小熊握握手，说'我就和你做朋友'"。

（2）引领幼儿和家长一起练习。

（3）教师拿着毛绒玩具逐一来到幼儿面前，与幼儿对话。

教师和家长及时表扬能大胆表达的幼儿，大家一起为幼儿鼓掌，家长用拥抱和亲吻等方式对幼儿表示称赞和鼓励。

5. 怎样解决问题（31—36个月）

活动目标：

（1）遇到冲突时能用和平的方式解决问题，学习初步的人际交往技能。

(2)增强洞察力和协商能力。

活动准备：

两个木偶玩具、一篮子小玩具。

活动过程：

(1)教师用情境导入："今天我们邀请两个木偶客人来做客，欢迎它们！"引导幼儿欢迎木偶的到来。

(2)教师操作两个木偶玩具，创设情境引起冲突和挑战。比如，一个木偶把另外一个木偶搭的积木塔弄倒塌了，另外一个木偶非常生气，用打、咬或者叫喊等暴力方式解决问题。教师与幼儿一起讨论，鼓励幼儿想办法帮助它们解决问题，并确保所有解决问题的办法都是和平的。

(3)教师总结："撞倒积木的人要主动道歉，并帮忙重新把积木塔搭好。被撞倒积木的人可以生气，但是不能打、咬和叫喊，要尝试着原谅他人。"

家庭延伸：

在日常生活中遇到这样的冲突情境时，家长首先要安抚幼儿的情绪，再耐心地跟幼儿讨论遇到这种问题时应该怎么办。

6. 杂技团（31—36个月）

活动目标：

(1)体验合作游戏的快乐。

(2)练习一一对应，根据形状进行匹配。

活动准备：

一张较大的动物园杂技表演图画、动物表演贴纸（数量多于幼儿的数量）。

活动过程：

(1)介绍故事情境，引起幼儿兴趣。

教师：为了给宝宝们表演精彩的节目，杂技团的小动物们正在刻苦地练功呢。请宝宝们在圆球上贴上跑动着的小动物，在方凳上贴上顶着碗的小动物，在三角形木块上贴上单腿站立的小动物，在钢丝上贴上骑着自行车的小动物。宝宝们要仔细观察哦，不要将小动物贴错位置了哦！

(2)带领幼儿一起游戏。

教师出示杂技图，放在地毯上，示范贴一个贴纸："这个小动物头上顶着碗，应该贴在哪里呀？对了，应该贴在方凳上。"教师介绍游戏规则："每位宝宝一次只能拿一张贴纸，贴在相应的位置，贴好后再去拿另外一张。慢慢来，注意不要撞到别的宝宝哦！"

教师播放欢快的音乐，幼儿从小筐里拿出贴纸，家长在一旁鼓励支持。

全部完成后，教师请一位幼儿上前介绍自己最喜欢哪个小动物。教师最后总结："在全体宝宝的合作下，杂技团的小动物终于能顺利地练功了！为自己和其他宝宝鼓鼓掌吧！"

注意事项：

(1) 在活动中要提供足够数量的贴纸,避免幼儿为了贴纸发生争抢。
(2) 如果幼儿人数较多,教师可以准备两张背景图画,将幼儿分成两组进行活动。

本 章 小 结

本章主要讨论了0—3岁婴幼儿社会性行为的教育内容和途径,并介绍了相应的游戏与活动案例。亲社会行为有助于儿童更好地适应社会,为儿童的终身发展奠定扎实的基础,也有利于学校素质教育实践的深入发展。成人可通过训练移情、树立榜样、角色扮演等方法培养婴幼儿的亲社会行为。人际交往有助于婴幼儿认知、语言、社会认知、情绪情感的发展,对婴幼儿的发展有重要意义。因此,应多途径地培养0—3岁婴幼儿的人际交往能力:一要运用正确的方法,例如用行为训练法、情感训练法、认知训练法训练婴幼儿的人际交往技能,提高婴幼儿的人际交往能力;二要树立良好的人际交往行为的榜样;三要为婴幼儿创设同伴交往的具体情境,尤其是游戏情境,以提供同伴交往的机会。家庭可通过一些亲子游戏促进婴幼儿人际交往能力的发展,早教机构也可创设多种情境让婴幼儿体验交往的愉快。

延 伸 学 习

拓展阅读

家庭中婴幼儿的攻击行为及对策

婴幼儿期的教养比较特殊,在托幼机构中可以接触到的最小的婴幼儿一般是18个月。在18个月前,婴幼儿完全由家庭成员教养,也就是说,婴幼儿18个月之前主要由家长采取各种引导措施,18个月之后由教师和家长共同教育引导。家庭教养的最大优势在于对婴幼儿的全面照顾,可以对婴幼儿进行一对一、二对一甚至比例更大的有针对性的教养,家长更容易全面观察婴幼儿的行为,并作出及时的反应。但如果教养方式不当,也会适得其反。因此,我们不仅强调家园合作的重要性,另外还要注重指导家长形成正确的教育观念和教育方式。

【案例】

齐齐是14个月的幼儿,特别喜欢摔东西,他可以不停地反复这种投掷动作,只要手里有东西就会用力扔在地上,大人帮他捡起来他会再扔掉,以此为游戏。被大人抱着的时候,齐齐则喜欢用力拍打大人的脸,发现大人有了疼痛的反应便十分高兴,打得更加来劲。他还特别喜欢咬各种物体,如自己的手指、脚趾,拿在手上的玩具、物品。大人抱着他逗他乐,他一边"咯咯"笑一边扑向大人的肩头,狠狠地咬上一口。

为此,成人提供了各类安全的物品转移齐齐的注意力,如鼓励齐齐玩扔皮球、软球或沙包等游戏,用大枕头让他拍打,让他啃咬安抚奶嘴、磨牙棒或手指饼干。在最初的几个星期里，齐齐对物体和人都会拍打抓咬，成人就在这样的动作刚出现时便立刻将安全物品交给他。几个星期后，齐齐学会了玩皮球等游戏，并在游戏中消耗精力，攻击成人的现象开始减少。

0—3岁婴幼儿期是身体动作发展的敏感期，这个时期的婴幼儿学会了随意地独立行走，手的动作也有了相当的发展，因而可以准确地玩弄和操纵他所熟悉的物体。动作发展扩大了婴幼儿的认知范围，使他们不但能主动地接触物体，还能从各方面来认识物体。当周围的人或物成为他们动作操纵的对象时，常表现为打人、咬人、抓人、踢人、冲撞别人、夺取别人的东西或摔打东西等行为。

齐齐爱扔东西、咬人是大动作发展的表现，他并没有意识到这种行为对他人或物品可能造成的伤害，他只是以不断重复摔打的动作及其结果作为乐趣。婴幼儿会发现"打人"会让人作出反应，比"打物"而物体没有反应更有趣，如果这时成人并不阻止或引导转移，就会强化婴幼儿的攻击性行为，无意攻击即转化成有意攻击。

婴幼儿出现抓、咬、踢等行为皆是缘于大动作的发展，在安全许可的范围内，要帮助、鼓励婴幼儿练习各种动作。当发现婴幼儿的动作出现暴力时，采取转移的方式继续鼓励其发展，而不是简单阻止。这个阶段的婴幼儿刚出现攻击性行为时，绝大多数属于无意攻击，只是满足自身的动作发展需要。我们可以像案例中的成人一样，提供各种替代物满足婴幼儿的动作发展需要。另外要多带婴幼儿参加丰富有趣的活动，或在家中变化游戏内容，在新鲜的环境和游戏中婴幼儿会更专注于探索玩乐而不是搞破坏。

（资料来源：邬绮文.婴幼儿攻击性行为的原因及对策分析［D］.上海：上海师范大学教育学院，2012.）

 学习活动

在实习的过程中记录下有关社会性行为的活动方案，并分析活动方案的优缺点。

 复习与思考

1. 简述针对0—3岁婴幼儿的亲社会行为和攻击性行为的主要教育任务。
2. 总结归纳人际交往中亲子交往和同伴交往的差异。
3. 设计一个帮助婴幼儿发展合作行为的教育活动。

参 考 文 献

［1］L. E. Berk.婴儿、儿童和青少年［M］.桑标,译.上海：上海人民出版社,2008.

［2］陈会昌.儿童社会性发展量表的编制与常模制定［J］.心理发展与教育,1994（4）：52-63.

［3］庞丽娟,李辉.婴儿心理学［M］.杭州：浙江教育出版社,1993.

［4］张文新.儿童社会性发展［M］.北京：北京师范大学出版社,1999.

［5］Marjorie. J. Kostelnik.儿童社会性发展指南：理论到实践［M］.邹晓燕,译.北京：人民教育出版社,2005.

［6］C. U. Shantzs. Social Cognition, Handbook of child psychology, Vol.3［M］. New York: Wiley, 1983.

［7］J. H. Flavell. The development of inferences about others. Understanding other persons［M］. Oxford Press, 1974.

［8］W. Damon, R. M. Lerner.儿童心理学手册(第六版)第二卷(上)(下)［M］.林崇德,李其维,董奇,总主持.上海：华东师范大学出版社,2009.

［9］J. H. Flavell. Cognitive development［M］. Englewood Cliffs: Prentice Hall, 1977.

［10］L. J. Pfiffner, K. McBurnett, P. J. Rathouz. Father absence and familial antisocial characteristics［J］. Journal of Abnormal Child Psychology, 2001, 29（5）：357-367.

［11］J. W. Santrock. Father absence, perceived, maternal behavior, and moral development in boys［J］. Child Development, 1975, 46(3): 753-757.

［12］K. Verschueren, A. Marcoen. Representation of self and socioemotional competence in kindergartners: different and combined effects of attachment to mother and to father［J］. Child Development, 1999, 70(1): 183-201.

［13］D. R. Shaffer.发展心理学：儿童与青少年［M］.北京：中国轻工业出版社,2004.

［14］H. R. Schaffer.发展心理学的关键概念［M］.胡清芬,译.上海：华东师范大学出版社,2008.

［15］刘明,邓赐平,桑标.幼儿心理理论与社会行为发展关系的初步研究［J］.心理发展教育,2002（2）：39-43.

［16］张萍.儿童亲社会行为及其培养策略［J］.成都大学学报（教育科学版）,2007,21（1）：83-85.

后　记

随着国家生育政策的调整和贯彻实施,0—3岁婴幼儿保育教育问题得到了社会各界广泛的关注与讨论。一方面,家庭亟需专业支持与指导;另一方面,现有的公共托育服务机构远远无法满足实际需要。为了更好地服务家庭、提升0—3岁婴幼儿保育教育质量,国家积极制定、颁布纲领性文件,加强对我国0—3岁婴幼儿保育教育的规范和管理。为了响应国家政策,顺应社会发展的需要,促进我国0—3岁婴幼儿保育教育事业更好更快地发展,上海科技教育出版社积极发起并组织全国部分高校长期从事早期教育的专家学者,编写了一套关于0—3岁婴幼儿保育教育的丛书,并且邀请参与讨论、制定相关文件的专家对本套丛书进行审核,力求保证本套丛书具有鲜明的理念引领性、教育科学性和实践指导性。

婴幼儿保育教育质量关系到人一生的身心健康,但是要顺利实施科学有效的保育教育却是非常困难的。一方面,目前关于婴幼儿保育教育的理论阐释还比较少,没有形成完善的理论体系。为了弥补这一缺憾,本套丛书广泛收集国内外相关资料开展深入研究,深入浅出地阐释了婴幼儿动作、语言、认知、情感与社会性、心理等方面发展的相关理论。同时,结合托育服务机构多年的实践经验,撰写了大量的教育教学活动观察案例,辅助实施保育教育活动的教师更好地理解和运用。另一方面,由于0—3岁的婴幼儿还不能完全表达自己的需要与情感,对教师和家庭的主要抚养者而言,如何准确地觉察他们的需要和情感,提供适宜的支持性环境显得至关重要。因此,本套丛书从实践需要出发,就婴幼儿行为观察、婴幼儿家庭保育教育、特殊婴幼儿的保育教育等方面进行翔实的阐述,以期对家庭和早教机构起到积极的指导作用。与此同时,为了更好地推动我国0—3岁早期教育健康发展,提升0—3岁婴幼儿保育教育质量,本套丛书还对如何研究婴幼儿身心发展、如何推进家庭保育教育、如何管理早教机构等问题进行了思考与总结,相信这些努力会对0—3岁婴幼儿保育教育发展产生广泛而深远的影响。

本套丛书的组织编写与出版凝聚了许多人的心血与汗水,也得到了多方面的帮助与支持,正是基于此,本套丛书才能按时顺利出版。在此,首先感谢丛书的所有编者们,大家对丛书的编写倾注了大量的心血和努力。其次,感谢上海科技教育出版社领导的理解与支持,感谢有关编辑为本套丛书的出版付出了大量的精力与时间。同时,也要感谢幼教界同仁的关心和鼓励。此外,丛书中还引用了国内外同行的研究成果,在此一并表示衷心的感谢。由于时间紧张,本套丛书难免有不妥之处,敬请批评指正,以期不断修正、完善。

中国学前教育研究会教师发展专业委员会

张明红

2017年7月于华东师范大学